국가와 교육

메이지 국민교육사

지은이_이권희(李權熙, LEE, Kwon-Hee)

일본 상대문학 및 근대 교육사상 전공. 단국대학교, 한국외국어대학교, 일본 도쿄대학 총합문화대학원에서 수학. 문학박사. 현재 고려대학교 평화와 민주주의연구소 연구교수 및 동아시아화해협력센터 센터장으로 재직 중이다. 고대가요를 중심으로 하는 내러티브 분석을 통해 『古事記』의 구조론 연구에 진력해 왔으며, 최근에는 근대기 일본 국민국가 형성 과정에 있어 교육의 역할을 제도적·교육사상적 접근을 통해 규명하는 작업에 주력하고 있다. 『古事記 왕권의 내러티브와 가요』(제이엔씨, 2010), 『근대 일본의 국민국가 형성과 교육』(케포이북스, 2013) 등 10여 편의 저역서와, 「근대 천황상 확립과 '황도주의(皇道主義)' 교육에 관한 고찰」, 「국가주의(國家主義) 교육과 의식창가(儀式唱歌)」 등 30여 편의 논문을 발표했다.

국가와 교육 메이지 국민교육사

초판 1쇄 발행 2017년 3월 5일
초판 2쇄 발행 2018년 9월 30일
지은이 이권희 **펴낸이** 공홍 **펴낸곳** 케포이북스
출판등록 제22-3210호 **주소** 서울시 서초구 반포대로14길 71, 302호
전화 02-521-7840 **팩스** 02-6442-7840 **전자우편** kephoibooks@naver.com

값 22,000원 ⓒ 이권희, 2017
ISBN 978-89-94519-97-5 93910

* 이 저서는 2015년 대한민국 교육부와 한국연구재단의 지원을 받아 수행된 연구임(NRF-2015S1A5B5A02010501)

The Nation and it's Education
A History of the National
Education in the Meiji Period

국가와 교육
메이지 국민교육사

이권희 지음

케포이북스
KEPHOI BOOKS

　지난 2015년은 우리가 일본의 식민통치에서 벗어난 지 70년이 되는 해이자 일본과 국교를 회복한 지 50년이 되는 해이기도 했다. 그러나 현재 한일관계는 그 어느 때보다도 경색되어 있고 반목의 골 또한 깊다. 한일 양국의 반목과 갈등의 역사는 그 뿌리가 깊다. 고대 한일관계는 근대 식민사관의 영향 하에 상호 협력과 부조(扶助)의 역사보다는 지배와 피지배의 허구를 구축하기에 급급했으며, 근대의 한일관계는 식민지배라는 굴욕과 그로 인한 피해와 저항의 역사로 점철됐다. 그리고 현재는 종군위안부 문제를 위시한 한 치의 양보도 없는 자국 중심적 역사인식에 독도를 둘러싼 영토문제가 맞물리면서 끝이 보이지 않는 긴 터널 속에 갇혀 버렸다.

　과거사를 둘러싼 미화와 부정의 충돌은 근대사에 대한 '불편한 진실'과 '왜곡'이라는 해결 요원한 무겁고 어려운 숙제를 우리에게 제시한다. 일본의 경우 1990년대 이후 장기불황에 시달리면서 우경화 경향이 두드러지고 있는데, 근대기 제국주의 역사에 대한 무반성과 왜곡, 오히려 이를 미화하고자 하는 저네들의 몰염치를 우리는 정치적 관점에서 대응하거나 혹은 무대응으로 일관한다. 특히 최근 들어 두드러지고 있는 한국 사회의 극단적 민족주의 사고와 아베 정권의 우경화 '폭주'는 서로 같은 곳을 바라봄으로써 한일 양국의 관계 개선을 더욱 어렵게 하고 있다. 이에 자국사 중심의 역사인식을 극복하고 심화한 갈등의 요소들을 상호 이해 속에서 객관적으로 이해하며, 한일 양국의 특정적이고도 부정적인 대결과 해묵은 갈등 구조를 해소함으로써 참된 화해를 통한 미래지향적 한일관계 구축에 이바지할 수 있는 인문학적 성찰이 그 어느 때보다도 절실히 요구된다 하겠다.

오늘날 '공적(公的) 기억'에 대한 인식과 소비의 차이가 한일 양국의 다양한 갈등을 유발하는 원인으로 지목되고 있다. '기억의 정치학(politics of memory)'이라는 표현에서 알 수 있듯이 '공적 기억'이란 '자명한 사실들의 집합체'가 아닌 공공의 이익, 혹은 '공공선(公共善)'을 위해 구성과 재구성을 반복하며 만들어 낸 인위적 산물이다. 이는 과거사에 대해 누구의 기억을 '정통한 기억(authentic memory)'으로 간주하고, 또 어떠한 방식으로 그것을 보존·확산해 나가느냐 하는 문제에 대해 특정 단체나 국가 권력이 개입할 수 있음을 의미한다. 여기에 과장과 왜곡이 작용함은 당연하다. 한일 양국이 과거사 문제로 대립을 반복하는 핵심 이유도 서로가 기억하고 싶은 '공적 기억'이 다르고 이를 만들어내고 소비하는 방식, 즉 역사를 수용하고 인식하는 방식에 결정적인 차이가 있고, 국가와 민족을 우선시하는 집단기억이 보편적 윤리감각을 밀어내기 때문이다.

이에 오늘날 한일 양국의 우경화 문제의 본질을 명확히 들여다보기 위해서는 먼저 보편적 윤리와 보편적 역사인식이 양국의 집단 기억과 내셔널리즘과 충돌하는 문제를 직시해야 한다. 이와 같은 현상은 결코 정치적 접근으로는 해결할 수 없으며 인문학적 방법으로 풀어가야 할 과제이다. 즉, 이는 양국의 특정적 '사유체계(思惟體系)'의 차이에서 오는 것으로, 오랜 세월 서로 다른 문화 속에서 자연스럽게 체계화된 '사유(思惟)'가 아닌, 교육과 미디어 등의 이른바 문화 권력에 의해 인위적으로 형성되어 유전되어 내려온 사유체계의 차이에 기인하는 근원적 문제인 것이다.

한일 양국은 유사하지만 매우 다른 사유체계를 갖고 있다. 여기서 말하는 '사유(思惟)'란 논리학·철학·종교학에서 말하는 형이상학(形而上學)적 개념이 아닌, 감성과 의욕의 작용과 구별되는 개념·판단·추리를 포함하는 지적 작용의 총칭을 말한다. 그런 의미에서 '사고(思考)'의 개념과 가깝고 윤리·도덕·평화·젠더·타자·민족·국가·역사·세계를 지각하는 모든 인식체계를 포함한다고 정의할 수 있다. 그리고 그것이 교육과 경험을 통해 사회적·정치적 성격을 띠게 될 때 이를 규제하고 억압하는 '체계(體系)'를 형성하고, 이는 곧 '사상(思想)'으로 진화한다. 일본의 경우, 지난 시절 교육을 통해 인위적으로 창출된 특정적 사유체계는 국민을 사적 영역에서 감성적 자유를 만끽하는 자기 결정권자의 주체가 되는 것을 용납하지 않았으며, 또한 인민들에게 왜곡된 국가관과 세계관을 심어줌으로써 결과적으로 근린 제국(諸國)을 불행한 역사의 소용돌이로 몰아넣은 비극의 역사를 낳았다.

정치사상가 마루야마 마사오[丸山眞男]는 아시아·태평양전쟁의 종료 후 그와 동시대인들에게 절대적인 가치체(價値體)였던 천황(天皇)과 천황을 정점으로 하는 수직적 국가 질서, 천황과의 거리에 비례하는 권력의 존재 양태 등을 비판하고, 아시아·태평양전쟁에 임했던 일본 지배층의 심리분석을 통해 누구도 책임지려 하지 않는 '무책임의 구조'를 파헤쳐 '국체사상'의 허구성을 폭로함으로써 근대 일본정신사의 문제를 제기한 바 있다. 마루야마는 국체사상으로부터의 탈각을 통해 개인의 주체적 자유를 내면화하는 것, 다시 말해 개인의 주체성 확립을 근대의 완성이라 보았다. 또한 자신의 양심에 따라 판단, 행동하고 그 결과에 대해 기꺼이 책임을 지는 인간 유형의 창출이야말로 근대를 완성하는 길이라 주장했다. 그러나 아쉽게도 마루야마의 바람과는 달리 일본이 근대화되어 가는 전 과정을 통해 국민교육이라는 기재를 통해 창출되고 연습(沿襲)되어 온 국체사상은 21세기 현재도 일본·일본인·일본사회를 지배하는 '절대선(絕對善)'으로 작용하고 있으며, '집단 기억' 창출의 근원적 사유체계를 형성하며 일본인의 보편적 윤리감각을 밀어내고 자기 성찰적 역사인식을 방해하는 지배 사상으로서 굳건히 자리 잡고 있다.

따라서 오늘날 한일 양국의 반목과 갈등을 유발하는 일본 우경화 문제의 본질을 정확히 들여다보기 위해서는 무엇보다도 일본인들의 윤리관과 역사인식이 어떻게 만들어지고 연습 되어 왔으며, 이것이 어떤 방법에 의해 공적 기억과 내셔널리즘을 형성하는가 하는 메커니즘에 대한 분석이 선행되어야 한다. 왜냐하면, 이것은 근대 일본·일본인의 사유 체계의 특징에서 연유하는 근원적 문제이기 때문이다.

한 시대의 교육이념과 이를 실행하고 수용하는 방식에 관한 연구는 그 시대와 사회를 이해하는 효율적 테마 중 하나이다. 왜냐하면 각 시대마다 지향하는 교학이념이 다르고, 교육을 통해 형성된 자아와 다양한 가치관은 오랜 세월 인간의 관념을 강하게 지배하기 때문이다. 특히 어린 시절 보통교육을 통해 공유되는 공공적 가치체계는 일생 개인의 사유와 행동을 통제하는 '규범'으로 작용하며 국가와 민족, 나아가 세계를 인식하는 인위적 사유체계를 형성하기 때문이다. 그러므로 메이지기 국민교육의 형성과 전개과정 등에 관한 제 고찰은 21세기 일본 · 일본인 · 일본사회를 이해하기 위한 출발점이 된다.

일본 내에서의 근대교육에 관한 정치(精緻)한 연구의 역사는 길고, 그 깊이 또한 깊다. 한국 내에서의 연구 또한 그 역사가 짧다고 할 수 없으나 '근대(近代)'라는 긴 스팬(span) 속에서 한일 양국의 교육제도를 비교하거나, 1945년 이후의 한일 양국의 교육사에 대한 개괄적 비교연구가 주를 이루고 있다. 게다가 일본의 교육제도와 이념에 관한 연구는 교육사적 관점에 입각한 일본의 교육제도의 한국에의 영향이라는 비교 프레임 속에서 양국 제도의 상호 영향관계를 비교하거나, 식민지 조선의 굴절된 신교육이라는 점에 주로 초점이 맞추어져 왔다. 대표적으로 강명숙(2011)이나 김한종(2013)의 연구가 그러하다.

또한, 근대 일본의 교육사적 관점에 근거하여 주로 2차 세계대전 이후의 한일 양국의 학제 변천 과정에 대한 비교 연구에는 윤종혁의『한국과 일본의 학제 변천 과정 비교 연구』(2008)가 있고, 교육교류사적 관점에서 일본의 개화기 교육개혁과 한국에의 영향 등을 대한 연구로는 한용진의『근대 이후 일본의 교육』(2010)이 있다. 여기에 특정 분야의 구체적 연구 중 교육령 반포 이후의 수신(修身) 과목에 주목한 김순전 외의『수신하는 제국』(2004) 등은 주목할 만하다. 게다가 최근에 들어서는『일본 초등학교 수신서』I~V기(2005)와 동『普通學校 國語讀本』上 · 下(2011) 등의 다양한 번역서의 출판과 수신교과서와 창가 교과서에 대한 소개가 활발히 진행되고 있음은 시기와 소재의 제한은 있지만 향후 일본 근대교육 연구를 위한 기초 자료로써 활용의 가치가 높다고 할 수 있다.

그렇긴 하더라도 얼마 되지 않는 이들 국내 연구자들의 일본 근대교육 연구는 특정 시기의 특정 교과서를 번역하고 있는 정도에 그치고 있으며, 연구의 형태를 띠고 있는 것 또한 대부분이 1945년 이후의 한일 교육체계 비교를 주된 대상으로 삼고 있어 근대 일본의 문화 권력으로서의 교육에 대한 총체적 모습을 구상화하고 있지는 못하다.

또한, 창가 교육에 관한 일본의 연구사의 특징은 그 대부분이 서양음악 도입의 문화사적 의의에 관한 연구에 집중되어 있다. 그리고 그것을 어린아이들의 신체 발달과 정조(情操) 교육이라는, 음악 교육 본연의 순수한 교육적 측면에서 이를 설명한다. 야마즈미 마사미[山住正己, 1967]의 연구는 그 전형이며 이후의 연구는 대부분 야마즈미의 연구를 수용, 발전시키는 형태로 진행되어 왔다. 그러면서 메이지 10년대의 '덕육논쟁(德育論爭)'을 통해 강화되기 시작해서 1890년의 교육칙어(敎育勅語) 반포를 통해 최고의 정점으로 치닫는, 이른바 도덕 교육의 중시와 편중이라는 현상이 나타난다고 설명하고 있음을 볼 때(東京芸術大学音楽取調掛研究班, 1976) 음악 교육의 역사 또한 근대 일본 교육사상사의 큰 흐름과 궤를 같이하는 발전의 형으로서 파악해 왔음을 알 수 있다. 그리고 이러한 흐름은 최근 일본의 교육사상 분야의 신진연구자로서 주목 받는 오쿠나카 야스토[奥中康人, 2008]나 산토 이사오[山東功, 2008]로 대표되는 신진 연구자에게도 그대로 계승되어, 각각 근대교육의 성립 경위에 관해서는 제설을 제창하지만, 그 이후의 발전 과정과 교육사상사적 의미부여는 종래의 연구사의 흐름에서는 크게 벗어나 있지 않다.

그러나 최근 들어 와타나베 히로시[渡辺裕, 2010]는 음악 교육을 통해 지향하고자 했던 메이지 신정부의 국민교육관에 주목하여 기존 연구의 흐름에 의문을 제기한다. 불요불급(不要不急)의 문화정책, 그 가운데에서 창가를 중심으로 하는 음악 교육 정책이 그 어떤 제도나 인프라의 정비에 앞서 먼저 만들어지고 시행되었다는 것을 근대 국민국가를 형성하는 과정에서 공리(功利)주의적 가치와 공공성, 도덕 교육의 강조를 통한 애국심 함양이라 보고 있다. 저자 또한 기존의 순수예술론적 접근에서 벗어난 국가와 교육이라는 문제의식을 견지하며 창가 교육, 여성 교육, 애국심 교육 등, 주로 근대 전기 국민교육에 대한 제 고찰을 통해 '근대 국민국가 일본의 규범 형성과 교육'이라는 커다란 문제의식에 대한 나름대로 해답을 찾으려 노력해 왔다.

따라서 일본 교육사상사적 관점에 근거해 근대 국민교육을 통한 일본 사회의 이중적이고도 분열적인 사유체계 형성이라는 정신문화사적 연구에 천착하고자 하는 저자의 연구는 교육을 일본인들의 생활세계를 지배하는 사유체계 형성의 가장 효율적 기재로서 이해하며, 권력과 근대라는 관점에서 근대 일본의 교육 실태와 교육사상적 의의를 규명하고자 하는, 지금까지 국내에서는 한 번도 시도된 적이 없는 미개척 분야라 감히 말할 수 있다.

저자는 지금까지 일본 근대교육의 태동기라고도 할 수 있는 메이지기의 학제(學制)와 각종 교육령(教育令) 등의 분석을 통해 근대 일본의 국가주의(國家主義) 교육이 어떠한 방법을 통해 '국민' 내지 '민족'을 형성해 왔는지에 대해 다양한 방법으로 분석을 시도해 왔다. 그것은 다름 아닌 현대 일본인의 에스니시티(ethnicity)의 연원에 대한 규명이었으며, 한일 양국의 화해와 미래지향적 관계를 방해하는 심화한 갈등 요소들을 객관적으로 규명하고자 했던 인문학적 성찰임에 다름 아니었다. 총 3부 9장으로 구성된 본서는 한국연구재단의 지원을 받아 지난 몇 년간 메이지기 일본의 근대 교육체계의 성립 과정과 교육사상의 창출과 변용 양상에 대한 고찰을 통해 근대 일본·일본인의 자기 분열적 사유체계 형성의 메커니즘과 그 한계를 분석했던 몇 편의 연구 성과물을 대폭 수정·보완해 엮은 것이다. 하지만 특정 시기의 특정 사항만을 개략적으로 살펴보는데 그치고 있음은 무엇보다도 저자의 능력 부족 탓이다. 이 점에 대해서는 혜량 바란다.

한일 양국 국민은 현재의 한일관계를 비롯하여 과거사를 바라보는 인식에 큰 차이를 보인다. 그러나 그 이유를 단순히 미디어의 왜곡된 정보 전달과 선동에만 있다고는 할 수 없다. 더욱 근본적인 이유는 한일 양 국민의 과거사 인식의 차이, 즉, 과거부터 현재로 이어지는 '국가'라는 공동체를 인식하는 양 국민의 '사유'의 차이에 기인하는 것이라 봐야 한다. 원컨대 본서를 통해 21세기 현대 일본사회에 대두하고 있는 네오내셔널리즘(neo-nationalism) 현상이 1990년대 이후 새롭게 창출된 사유체계에 기인하는 것이 아니라 그 연원을 거슬러 올라가면 이미 메이지기 국가주의 교육을 통해 형성되어 반복·재생산되어 온 것임을 확인함으로써 현재뿐만 아니라 앞으로도 반복될 유사(類似) 내셔널리즘을 지탱하고 있는 일본인의 에스니시티를 분석하는 마중물이 될 수 있기를 기대해 본다.

이 책이 나오기까지 많은 분의 도움이 있었다. 사랑하는 딸 리사와 아내 정유강, 그리고 늘 곁에서 지켜봐 주고 격려해 주시는 많은 학형과 사랑하는 벗들에게도 감사의 마음을 전하고 싶다. 끝으로 여러모로 부족한 나의 책을 두 번 이나 흔쾌히 출판을 허락해 주시고 이렇게 멋진 책으로 만들어 주신 케포이북스의 공홍 대표님 이하 출판 관계자 여러분께도 감사의 마음을 전한다.

2017년 2월

저자 이 권 희

제2부 음악 교육을 통한 국민국가 만들기

제1부

근대 국민국가와 교육

제1장 근대교육의 출발

1. 들어가는 말

일본의 근대교육은 도쿠가와 막부[德川幕府] 말기 급변하는 대외 정세 속에서 국가 존망의 위기를 맛보았던 메이지 신정부의 유신(維新) 정책의 일환으로 시작되었다고 이해되며, 1872년의 '학제(學制)' 반포에 그 출발을 상정하고 있다. 그리고 메이지기 일본 교육의 특징과 전개 과정을 '지육(智育)'과 '덕육(德育)'의 길항이라는 이항 대립식의 구도로 파악하며, 시대의 추이에 따라 '지육에서 덕육으로'라는 단선적 혹은 수직적 이행 관계로 이를 도식화하고 있다. 그러나 적어도 메이지기에 국가권력이 교육에 기대했던 것, 다시 말해 일본의 근대 국민국가 형성과정에서 국민교화를 위한 기재로써의 지육과 덕육이라는 교학이념은 그때그때의 시대상에 따라 어느 쪽을 우선하느냐의 차이는 있었을지언정 늘 공존하며 상호보완적인 관계에 있었다. 혹 차이가 있었다면 그것은 메이지 천황을 중심으로 하는 이른바 '왕정복고파(王政復古派)' 세력이 천황 친정(親政) 체제 구축 그 자체를 목표로 유교주의·황도(皇道) 사상을 바탕으로 한 교학이념을 설정하고, '만세일계(萬歲一系)'의 전제군주로서의 천황상 확립과 천황을 정점으로 하는 국가관 형성, 나아가 '인의충효(仁義忠孝)' 사상을 바탕으로 하는 국민의 규범 형성을 교학(教學)의 최우선 과제로 설정하고 이를 실현하기 위해 부단히 노력했던 것에 비해, '개명파(開明派)' 관료들은 근대 국민국가의 성원으로서의 '민족' 내지는 '국민'이라는 상상의 공동체를 창출하기 위한 수단으로써 천황제를 옹호하고 이를 이용했을 뿐이다. 결과적으로 '황도주의 교육'과 '국가주의 교육'이란 말로 등치될 수 있는 근대 국민교육의 교학이념은 마치 동전의 양면과도 같이 국가가 개인의 사유를 물리적으로 억압하는 반민주적 교육체제였으며, 이를 통해 만들어지고 계승된 '국체사상(國體思想)'이라는 일본 특유의 사유체계는 결과적으로 일본 자신과 근린 제국(諸國)을 불행한 역사의 소용돌이로 몰아넣은 근인(根因)이기도 했다.[1]

본 장에서는 자기 결정권자의 주체로서 독립하지 못했던 근대적 자아로서의 개인이 민족과 국가, 나아가서는 세계를 인식하는 사유체계를 형성함에 황도주의 교육이란 말로 상징되는 메이지 전기 국민교육이 담당했던 교육사상사적 의의를 살펴보고자 한다. 다시 말해, '이성적 자유'의 주체로서의 개인과, 국가와 민족을 강하게 의식하는 근대 일본인들의 분열적 사유체계 형성에 근대 교육이 어떠한 방식으로 관여했었는지

---

1 '칙어교육(勅語教育)'이라는 말로도 불리는 근대 일본의 황도주의·국가주의 교육은 1945년 아시아·태평양전쟁 패전으로 말미암아 미군정의 지령으로 만들어진 '교육기본법(教育基本法)'이 종전의 교육령(教育令)을 대신하기 이전까지 약 80년 동안 중단 없이 전개되었다.

에 대해 생각해 보고자 한다. 구체적으로는 1872년 일본 최초의 교육법안인 '학제' 반포 이전의 황도주의 교육의 발흥과 전개, 좌절 등을 근대 일본의 교육사상사적 관점에서 살펴보고, 개명(開明)적 보통교육의 성립으로 이어지는 과정을 추적해 봄으로써 국체사상이라는 사유체계 형성의 메커니즘과 그 한계의 실증적 분석을 시도한다. 이를 통해 21세기 현대 일본 사회에 다시금 불붙고 있는 네오내셔널리즘(neo-nationalism) 현상이 1990년대 이후 새롭게 창출된 사유체계를 이론적 배경으로 삼고 있는 것이 아니라 이미 메이지기의 황도주의, 국가주의 교육을 통해 형성되어 단절 없이 이어져 내려온 국가관과 세계관에 그 뿌리가 있음을 명확히 제시함으로써 현재뿐만 아니라 앞으로도 반복될 유사 내셔널리즘의 메커니즘과 일본인의 에스니시티(ethnicity)를 분석하는 하나의 실마리를 제공해줄 수 있기를 기대한다.

2. 황도(皇道) 이데올로기의 대두

메이지유신은 '역성혁명(易姓革命)'이란 말로 상징되는 중국식의 왕조교대 '혁명(革命)'도 아니었으며 프랑스와 같은 계급투쟁의 결과에 따른 'Revolution'도 아니었다. 유신(維新)은 에도의 장군이 260여 년간 위임받았던 국가의 '대정(大政)'을 교토의 천황에게 '봉환(奉還)'한 것이기에 이는 복고, 또는 복원이라는 의미에서 지극히 일본적인 'Restoration'이었다.[2] 일본은 에도[江戶] 시대 260여 년 동안 막번 체제(幕藩體制)라는 봉건 지배 체제를 통해 독자의 문화와 경제기반을 구축해 오긴 했으나 오랜 쇄국정책으로 말미암아 당시의 국제 정세를 제대로 파악하지 못했고, 밀려오는 서구 제국주의 세력에 맞서 싸울 능력을 갖추고 있지 못했다.

이에 막부 말기 국가 존망의 위기를 맛보았던 메이지 신정부는 천황을 정점으로 하는 강력한 중앙집권국가 체제하에서 '식산흥업(殖産興業)'과 '부국강병(富國强兵)'이라는 국가적 과제를 정하고 서구의 선진화된 기술과 제도 이식에 힘을 쏟았다. 그리고 무엇보다도 이를 선도할 고급 인재를 양성하고, 교육된 양질의 노동력 확보를 위해 해외로부터 외국인 교사를 초빙하여 공리주의(功利主義)적 실학사상에 입각한 고급 엘리트를 양성함과 동시에 선진 교육제도를 모방한 교학 체제를 구축하고 '국민개학(國民皆學)'이라는 슬로건 하에 공평·평등의 이념과 능력주의에 입각한 보통교육 시행을 계획했다.

그러나 유신 정부는 무엇보다도 막번 체제 질서의 해체와 이에 따른 정치·사회적 혼란, 그리고 번(藩)의 틀을 뛰어넘는 상위의 개념으로써 통일된 '일본' 의식 고양을 통해 인민들의 정신을 한데 묶을 수 있는 구심점이 필요했다. 이에 '스메라미쿠니[皇國]'와 '스메라미코토[天皇]'사상, 즉 황국사상과 국체사상의 결정체인 천황제에 주목한다. 천황제는 각종 정치개혁 과정에서 필연적으로 발생하는 가치관의 혼란 속에서 모든 국민에게 동질의 가치관을 심어주기 위한 최적의 기재였다.

유신 정부는 먼저 천황에 대한 종교적 권위를 부여함으로써 '만세일

2 　所功, 「『教育勅語』の成立と展開」, 『産大法学』 44(4), 京都産業大学, 2011.2, 893면.

20 　제1부 | 근대 국민국가와 교육

계'의 절대군주의 이미지를 만들어낸다. 서구에서는 천주교가 국가권력과 밀착되어 있으며 러시아에서는 정교회가 국가권력을 뒷받침하고 있음에 착목하여 천황과 신도(神道)를 합체시킨 모의종교(模擬宗敎)인 '국가신도(國家神道)'를 발명해 낸 것이다. 천황을 마치 로마 교황과 같은 존재로 설정하고 이세신궁에 교황청과 같은 역할을 부여함으로써 천황에 대한 신성불가침의 성성(聖性)을 부여했다. 신도는 기본적으로 조상숭배적 관념과 더불어 자연숭배 관념에서 발생한 일본의 민족종교이다. 제신은 서양의 기독교와는 달리 다신교이며 기본적으로 유일신적 배타성이 없다. 공동체 성원의 이익이 된다면 다른 마을의 신까지도 합제(合祭)하는 경우가 다반사다. 교리도 경전도 없으며 주신(主神)은 마을 공동체가 모시는 토착신인 우지가미, 즉 씨신(氏神)이다. 따라서 전국에 산재해 있던 10만여 신사와 '야오요로즈노카미[八百萬神]'라 불리는 다양한 제신들은 천황가의 우지가미 아마테라스오카미[天照大神]나 이를 제신으로 모시는 이세신궁[伊勢神宮]과는 아무런 관계가 없다. 이에 메이지 신정부는 고대 율령제(律令制)의 신기관(神祇官)이라는 관직을 부활시키고 전국의 신사를 이세신궁을 정점으로 하여 그 하위에 편입시키는 의사일신교(擬似一神敎)를 발명해 냈다.[3] 이것이 바로 국가신도의 기원이며, 이는 천황제의 종교적 이용이었음에 다름 아니었다.

　루스 베네딕트는 유신 당시 일본의 정치가들이 마치 미국인들이 성조

3　1868년 제정일치(祭政一致) 제도를 부활시켜 전국의 신사와 간누시[神主] 등을 신기관의 관리하에 두었다. 그리고 1871년에는 이세신궁 이하 모든 신관사가(神官社家)의 세습을 금지하고 신기관과 지방청에 신직(神職)의 임면권(任免權)을 부여했다. '官社以下定額及神官職員規則等'(1871년 5월 14일, 태정관포고)에 따라 이세신궁을 정점으로 관국폐사(官國幣社), 부번현사(府藩県社), 향사(郷社)의 위계를 정했다.

기에 대해 경의를 표하듯이 국가신도를 필수 국가의식(國家儀式)으로 만들어내고 학교에서 이를 가르친다고 지적한다.

종교 분야에서 메이지의 정치가들은 정치에 비해 훨씬 기묘한 형식적 제도를 만들어냈다. 하지만 그들 역시 같은 일본의 모토를 실천했던 것이다. 국가는 특히 국민적 통일과 우월의 상징을 숭상하는 종교를 국가가 관할해야 한다고 생각했고, 다른 모든 종교는 개인의 신앙의 자유에 맡겼다. 이 국가의 통제를 받는 영역이 국가신도였다. 국가신도는 미국에서 국기에 경례를 하는 것과 마찬가지로 국민적 상징에 정당한 경의를 표하는 것을 본지로 하는 것임에 "이것은 종교가 아니다"라는 것이 그들의 주장이다. 그리하여 일본은 서구식 신교자유의 원칙에 조금도 저촉됨이 없이 모든 국민에게 국가신도를 요구할 수가 있었다. 그것은 마치 미국이 성조기에 대해 경례를 요구해도 조금도 신교의 자유를 침해하지 않는 것과 같았다. 그것은 단순한 충성의 상징에 지나지 않았다. (…중략…) **일본은 그것을 학교에서 가르칠 수가 있었다. 국가신도는 학교에서는 신대 이래의 일본역사와 '만세일계의 통치자' 인 천황을 숭배하는 것이었다.**[4]

그러나 국가신도는 천황에게 국민 총의(總意)를 한 데 묶는 구심점 역할을 부여하려 했던 애초의 의도와는 달리 '황국사관(皇國史觀)'이라는 극단적 이데올로기를 낳았고, 결과적으로 국체사상이라는 근대 일본의 지배적 사유체계 형성의 연원이 되어 버렸다. 즉, 단순히 인민의 정신과

4　ルース・ベネディク, 長谷川松治 驛, 『菊と刀 日本文化の型』, 社會思想社, 1967, 101면. 한국어 번역과 강조는 인용자.

사상을 통일시키기 위한 상징적 존재로서만 존재해야 했던 천황이 '현인신(現人神)'으로 탈바꿈하는 순간 근대 일본인들의 사유를 강하게 억압하는 신앙의 대상이 되어 버린 것이다.

또한 유신 정부 직접 혹은 부번현(府藩縣)으로 하여금 '인민고유(人民告諭)'를 공포하게 하여 천황 지배의 당위성을 설명하도록 했다. 오랜 세월 동안 인민들과는 동떨어진 세계에서 상징적 존재로만 존재했던 천황을 만세일계의 황통을 잇는 절대군주로서 위치시킴과 동시에 이를 직접 인민의 뇌리에 각인시키려 했다.

　　천자님은 천조황태(天照皇太) 신궁의 자손님으로서 이 세상의 시작 때부터 일본의 주인이십니다. (…중략…) 실로 신보다 존귀하고 일척의 땅도 한 사람의 인민도 모두 천자님의 것으로 일본국의 부모님이심에[5]

'오우인민고유(奧羽人民告諭)'는 1969년 2월 보신전쟁[戊辰戰爭]이 끝난 지 얼마 되지 않아 전쟁의 상흔이 채 가시지 않은 오우지방(지금의 동북지방)의 인민들에게 천황이 직접 공포한 고유로 인민을 위무하는 내용으로 되어 있다.

또한 정부는 '교토부하인민고유대의(京都府下人民告諭大意)'를 전국에 보급했다.

　　신주(神州)의 위풍이 외국보다 뛰어나다는 것은 태고 적에 천손이 이 나

5　원문은 생략. 한국어 역은 인용자. 원문은 국립국회도서관 근대디지털라이브러리 (http://kindai.ndl.go.jp)에서 확인할 수 있다.

라를 여시고, 윤리를 세우신 이래 황통이 잠시도 끊어진 적 없이 대대로 승계되어져 이 땅을 다스리시고, 하민(下民)을 아끼시는 마음이 깊으시고 하민 또한 대대의 천황님을 숭상해 받들어 (…중략…) 천손께서 여신 나라임으로 이 나라에 있는 모든 것, 이 모두가 천자님의 것이 아닌 것이 없다. (…중략…) 마침내 이번 왕정복고는 제사(諸事) 공명정대하고 상하 마음을 하나로 하여 구석구석에 이르기까지 그 뜻을 이루게 하고, 더욱 더 안온하게 도세(渡世)케 하여 영원히 황국이 외국을 압도하는 위풍을 지키고, 널리 황위를 세계에 떨치는 것으로 잘 이 마음을 감대(感戴)해 받들고[6]

이 문서를 전국에 보급함에 정부가 첨부했던 포고문에는 다음과 같은 내용이 보인다.

목민(牧民)의 요령은 정교(政敎) 병행에 있다. 금반 교토부교유대의라는 문서를 작성해 신주(神州)의 국체국시(國體國是), 왕정의 취의(趣意), 세계의 형세 등을 서민에게 설유한다. 그 말이 간이하고 이속(俚俗)에 전달되기 쉬워 집집마다 배포해 이를 외우게 해 상하의 취의를 오해함 없이 정교병행의 기본으로 삼아야 한다.[7]

'교토부고유대의'는 정치의 극의(極意)는 정교병행, 즉 제정일치(祭政一致)에 있으며, 일본은 신국(神國)이라는 국체와 천황 친정이라는 국시

---

6 遠山茂樹 校注, 『天皇と華族』日本近代思想大系 2, 岩波書店, 1988, 25~27면. 한국어 역은 인용자.
7 위의 책, 24면.

(國是)를 이해하기 쉽게 설명하는 것이었다. 이를 각 가정에 두고 모두에 게 이를 암송케 하면 천황제는 안태(安泰)할 것이라는 취지문이다.

그리고 신정부는 인민에게 오랜 세월 교토의 고쇼[御所]에서 어렴풋한 상징적 존재로만 각인되어 있던 천황을 세상 밖으로 나서게 함으로써 새 로운 세상은 천황이 직접 최고 통치자가 되는 군주국가임을 알리고 신성 불가침의 천황상을 구축한다. 오쿠보 도시미치[大久保利通, 1830~78]는 1868년 '오사카천도 건백서(建白書)'에서 다음과 같이 주장한다.

지금까지와 같이 주상이 옥렴(玉簾) 안에 계시면서 극히 한정된 구교(公 卿) 분들 이외에 배알조차 할 수 없어서는 인민의 부모라는 직장(職掌)과는 크게 어긋나는 셈이어서 이 직장이 정해진 이래 처음으로 내국사무도 생겼 다 (…중략…) 주상이 계시는 곳을 운상(雲上)이라고 하고 구교 분들을 운 상인(雲上人)이라고 해서 용안은 뵙기 어려운 것이라 생각해 너무나 지나치 게 숭배하여 과도하게 존대 고귀한 것처럼 생각되어 결국 상하격절(上下隔 絶)하여 오늘날의 폐습이 되었다. 경상하애(敬上愛下)는 말할 나위도 없지 만 지나치면 군도(君道)·신도(臣道)를 잃게 할 해가 있다. 외국에서도 제 왕이 종자 하나, 둘을 거느리고 나라 안을 다니며 만민을 위무하는 것은 실로 군도를 행하는 것이다.[8]

이때 비록 오사카천도론은 채용되지 않았지만 천황은 같은 해 3월 오 사카, 9월에는 도카이도[東海道]로 순행(巡幸) 길에 오른다. 이 후 천황의

---

8   松本三之介 編, 『近代日本思想大系』 30, 筑摩書房, 1976.

지방순행은 1876년 도호쿠[東北]·홋카이도[北海道], 1878년 호쿠리쿠[北陸]·도카이[東海], 1880년 야마나시[山梨]·미에[三重]·교토[京都], 1881년 야마가[山形]·아키타[秋田]·홋카이도 등으로 이어졌다. 1879년 호쿠리쿠·도카이 순행 시 소학교를 직접 시찰한 것을 예외로 순행시 천황이 직접 인민들과 마주하는 일은 거의 없었다. 순행 중에는 옥여(玉輿) 속에서 단 한 번도 얼굴을 내보이지 않은 경우가 많았다. 그러나 과거 옥렴 속에서 한정된 구교들만을 상대하던 천황이 직접 가마를 타고 전국을 순행했다는 것 자체가 분명 전례가 없는 큰 사건이었다. 게다가 패전 직후 쇼와[昭和] 천황에 의한 전국 순행이 있기까지 이때만큼의 대규모 순행은 없었다.[9] 인민들은 이때 처음으로 천황의 권위와 권력을 직접 목격할 수 있었음에 천황순행이 갖고 있던 정치적 상징성은 실로 컸었다고 할 수 있다.

　유신 정부는 그 밖에도 왕정복고의 '대호령(大號令)' 반포,[10] '대교선포(大敎宣布)', '5개조서문(誓文)' 등으로 대표되는 천황칙유 공포와 도쿄 천도와 같은 대규모 퍼레이드, 천황의 초상화나 사진을 제한적으로 배포

9　스즈키 마사유키, 류교열 역, 『근대 일본의 천황제』, 이산, 1998, 30~31면.
10　왕정복고 대호령의 대략은 다음과 같다. ① 요시노부의 장군직 사직을 칙허한다. ② 교토수호직[京都守護職]·교토쇼시다이[京都所司代]를 폐지한다. ③ 막부를 폐지한다. ④ 섭정(摂政)·관백(関白)을 폐지한다. ⑤ 새롭게 총재(総裁)·의정(議定)·참여(参与)의 3직을 둔다. "德川內府, 従前御委任ノ大政返上, 将軍職辞退ノ両条, 今般断然聞シメサレ候. 抑癸丑以来未曾有ノ国難, 先帝頻年宸襟ヲ悩マセラレ御次第, 衆庶ノ知ル所ニ候. 之ニ依リ叡慮ヲ決セラレ, 王政復古, 国威挽回ノ御基立テサセラレ候間, 自今, 摂関·幕府等廃絶, 即今先仮ニ総裁·議定·参与ノ三職ヲ置レ, 万機行ハセラルベシ. 諸事神武創業ノ始ニ原キ, 縉紳·武弁·堂上·地下ノ別無ク, 至当ノ公議ヲ竭シ, 天下ト休戚ヲ同ク遊バサルベキ叡慮ニ付, 各勉励, 旧来驕惰ノ汚習ヲ洗ヒ, 尽忠報国ノ誠ヲ以テ奉公致スベク候事." 太政官 編, 『復古記』第1冊, 内外書籍, 1931. 원문은 일본 국립국회도서관 근대디지털라이브러리(http://kindai.ndl.go.jp/info:ndljp/pid/11481331931)를 통해 확인할 수 있다.

하는 방법 등으로 체제 변화에 따른 혼란과 무질서를 해소하고, 인민의 총의를 한 데 묶는 구심점으로서 절대군주라는 천황상의 확립과, 만세일계의 황통을 잇는 천황통치의 당위성 혹은 신성불가침성을 전 인민의 뇌리에 각인시켜 나갔다. 그리고 교토와 에도에서 국학자와 유학자들에 의해 계획되고 시도되었던 고등교육은 베네딕트의 말처럼 '만세일계의 통치자'로서의 천황상 확립에 교학의 최우선 목표를 두고 있었다.

3. 근대 천황상의 확립과 '황도주의' 교육

유신 초기 정부는 교육정책에 관한 구체적인 계획을 갖고 있지 않았다. 그런 의미에서 본격적인 근대 보통교육 시행을 위한 심각한 '모색의 시기'라고도 할 수 있겠다. 그런 가운데 정부가 처음으로 움직인 것은 다름 아닌 국가의 지도자급 인재를 양성하기 위한 고등교육기관인 대학(大學)의 설립이었다. 그러나 대학 설립과 교학이념의 설정이라는 고등교육의 주도권을 놓고선 신구 세력 혹은 각 세력 내에서도 치열한 대립 양상을 보인다. 판적봉환(版籍奉還)을 통해 천황을 정점으로 하는 강력한 중앙집권국가 수립을 꿈꿨던 왕정복고파 세력은 먼저 교토를 중심으로 유학(儒學)과 국학(國學)을 중심으로 한 황도 이데올로기적 교학사상을 전면에 내세우며 고등교육에 대한 헤게모니를 장악하려 했다. 그러나 왕정복고파 내에서도 에도 막부의 관학이었던 주자학을 계승하여 국체사상 확립을 꾀하고자 하는 그룹과 국학이야말로 국체사상을 우익(右翼)하는 학문으로서 중시되어야 한다는 그룹이 서로 대립했다. 이는 막부 말기와 유신 초 정치의 중심이 잠시 기존의 에도에서 천황이 있는 교토로 이행됨에 따라 나타났던 현상이었다.

1868년 3월 15일(음력 2월 22일), 유신 정부의 실질적 수반이었던 이와쿠라 도모미[岩倉具視, 1825~83]는 히라타 아쓰타네[平田篤胤]의 양자이자 당시 신기사무국(神祇事務局) 판사(判事)였던 국학자 히라타 가네타네[平田鉄胤, 1799~1880], 이와쿠라의 최측근이면서 왕정복고파를 주도했던 내국사무국(內國事務局) 권판사(權判事) 다마마쓰 미사오[玉松操, 1810~72], 제정일치를 강하게 주장했던 야노 하루미치[矢野玄道, 1823~87] 3인을 각 코가카리[學校掛, 이하 '학교계'라 함]로 임명하여 학교 설립에 관한 '제도규칙(制度規則)' 등을 조사하게 했다.[11] 이들 3인은 모두 히라타파[平田派]의 국학자로서 신정부의 수뇌가 이들 국학자들에게 학교제도에 대한 조사를 일임했다는 것은 전 시대의 한학 중심에서 국학 중심으로 교학 내용을 전환하려 했음을 의미하는 것이었다. 국학자들로 구성된 학교계는 4월 20일(음력 3월 28일) '학사제(學舍制)'라는 학제 안을 내놓는데, 학교 조사에 관한 명령을 받은 지 불과 한 달이 조금 지난 시점에 학사제를 내놓은 것을 보면 유신 정부에서는 이미 국학을 중심으로 하는 복고주의 교육방안을 구상하고 있었다고 추측해 볼 수 있다. 학사제는 나라[奈良]·헤이안[平安] 시대의 대학료(大學寮)를 염두에 둔 고등교육 구상이었다.

학사제의 내용은 다음과 같다.

---

11 정부의 「今般學校御取立ニ付制度規則等取調申付ク」라는 사령에 의함. 東京帝國大學 『東京帝國大學五十年史』上卷, 107면.

황조대신사 료 안에 청봉하여 대학별당이 신주가 되어 하루에 한 번 장관

에서 학생들까지 그 제사를 올릴 것

도당원 1채 강습을 하는 곳

동청 1채 대학별당이 근무하는 곳

서청 1채 박사가 근무하는 곳[12]

그리고 그 직제(職制)는 대학별당(大學別當), 대학두(大學頭), 대학조(大學助), 대학대윤(大學大允), 대학소윤(大學小允) 등이며, 교관(教官)은 대학박사(大學博士), 대학조교(大學助教), 명법박사(明法博士), 명법조교(明法助教), 명법사생(明法史生), 문장박사(文章博士), 문장조교(文章助教), 문장사생(文章史生) 등이다. 그리고 학과(學科)는 본교학(本教學, 神典, 皇籍, 雜史, 地志, 經傳), 경세학(經世學, 禮儀, 律令, 兵制, 貨殖), 사장학(辭章學, 歌詞, 詩文, 書法, 圖書), 방기학(方伎學, 天文, 醫術, 卜筮, 音樂, 律曆, 算數), 외번학(外蕃學, 漢土, 魯國, 英國, 佛國, 阿蘭, 天竺, 三韓)으로 구성되어 있었다.[13] 학사제의 직제 또한 대학의 장(長) 격인 별당에 친왕(親王)을 임명하는 등 율령제하의 대학료를 규범으로 해서 만들어졌다.[14] 그리고 학과는 신학, 황학 등 국학을 중심

---

12 "皇祖天神社 寮中二請奉テ大学別当其神主卜成リ給二四時二一度長官以下学生以上盡其 祭祀二仕奉ル 都堂院一宇 講習ノ処 東庁一宇 大学別当以下ノ就給フ処 西庁一宇 博士以 下ノ就給フ処". 教育史編纂偕会 編, 『明治以降 教育制度發達史』第一, 龍吟社, 1938, 88 면. 밑줄과 한국어 역은 인용자.

13 위의 책, 88면.

14 시키부성[式部省] 소관의 대학료가 있다. 요로령[養老令]의 '학령(學令)'에 의하면 대학료는 사무 관료 이외에 교관(教官)으로 박사(博士) 1명, 조박사(助博士) 2명, 음박사(音博士) 2명, 산박사(算博士) 2명, 서박사(書博士) 2명으로 구성되어 있으며, 학생은 400명, 산생(算生) 30명, 서학생(書学生)이 약간 있었다. 학생은 5위(位)이상의 13~16세 '총명(聡令)한 자'를 원칙으로, 6~8위의 자제들도 원하면 들어갈 수가 있었다. 井上光貞 外編, 『律令』日本思想体系 3, 岩波書店, 1976, 262면.

으로 편제되어 있다. 또한 외번학(外蕃學)이라는 양학(洋學)을 병설하고 있음이 눈에 띤다. 그렇긴 하더라도 "황조대신사 학내에 두고 대학별당이 신주가 되어[皇祖天神社 寮中ニ請奉テ大学別当其神主ト成リ給ニ]"에서 알 수 있듯이,[15] 종래의 주자학에서 학신(學神)으로 모셨던 공자(孔子)를 대신해 '황조천신(皇祖天神), 즉 아마테라스오카미[天照大神]를 학내에서 제사 지낸다는 것을 맨 첫 머리에서 규정하고 있다는 것은 국학자들의 학사제 전체를 관통하는 교학이념이 황도주의 사상의 확립과 고취에 있었음을 명징(明徵)하는 것으로 주목할 만하다. 이들에게 있어 구시대의 지배적 학문이었던 한학과 신학문의 상징인 양학은 어디까지나 황학(皇學)을 우익하는 보조 학문에 지나지 않았다. 그렇긴 하더라도 이 시점에서 이미 양학을 교과목에 포함하고 있음은 주목할 만하다.

그러나 유신 정부에서는 학사제 안을 기다리지도 않고 왕정복고라는 정치적 혼란 속에서 일시적으로 휴강을 하고 있던 교토의 구게학교[公家學校]인 학습원(學習院)을 재흥해 공경당상(公卿堂上)의 자제들을 위한 교육을 서둘렀다.[16] 국학자 중심의 학교계에서 학사제 안을 제출한 것이 1868년 4월 20일(음력 3월 28일)이었고, 신정부가 교토에 학습원을 재흥해 4월 11일(음역 3월 19일)에 개강한다는 것을 결정한 것이 4월 4일(음력 3월 12일)이었다. 이는 학사제 안이 제출되기 전의 일이다. 게다가 정부는 학사제 안을 채용하지 않았다. 이것은 이와쿠라 도모미가 학교계를 통해 새로운 학제를 모색하는 한편에서 반 이와쿠라파 구게들의 자기 주

15 教育史編纂偕会 編, 앞의 책, 88면.
16 학습원은 닌코 천황[仁孝天皇]이 1847년 교토고쇼[京都御所] 내에 구게[公家]를 대상으로 설립했던 교육기관. 한학을 중심으로 한 교수가 이루어졌다.

장이라는 의미가 있다.[17]

학습원은 "성인의 도를 밟아 황국의 정신을 우러른다[覆聖人之道, 崇皇國之懿風]"는 학칙에서 확인할 수 있듯이, 유학의 전통적 학지(學知)를 통해 황국정신을 우러른다는 교학이념을 갖고 있었다. 게다가 학습원은 5월 7일(음력 4월 15일) '대학료대(大學僚代)'로 이름을 바꾸는데,[18] 이에 대학료(大學寮) 부활을 캐치프레이즈로 내걸고 있던 이른바 '학사제파(學舍制派)'(국학파)는 학습원 측에 '대학료대'라는 명칭을 선점 당함으로써 전통적 교학정신을 계승한다는 명분을 학습원 측에 완전히 빼앗겨버린 형국이 되어 버렸다. 이에 야노 하루미치를 대표로 하는 학사제파는 크게 반발하였고 학습원파와의 대립은 불가피한 것이었다.[19] 그렇긴 하더라도 학습원 측의 교학이념이나 학사제 안에서 제시했던 교학이념이라는 것이 결국 국학이냐 한학이냐는 방법의 차이는 있었을지언정 유신 정부가 지향했던 황도주의 사상의 확립과 고양이라는 교학이념의 실천이라는 점에서는 크게 차이를 인정하기 어렵다. 왕정복고를 통해 천황을 정점으로 하는 근대 국민국가의 정체(政體)를 구상하고 있던 유신 정부 관료들에게는 유학이든 국학이든 그것을 통해 황도주의 사상을 확립하고 고취시킬 수만 있다면 교육의 실질적 내용은 별반 문제 될 것이 없다고

---

17 水田聖一, 「近代日本における教育制度の形成と道徳教育」, 『人文社会学部紀要』 2, 富山国際大学, 2002.3, 139면.

18 「學習院假ニ大學寮代ト被候旨被 仰出候事」이라는 구내사무국의 통달(通達)에 의함. 教育史編纂偕会 編, 앞의 책, 91면.

19 학교계 3인의 연명으로 8월 11일(음력 6월 23일) 11개 항목으로 이루어진 건백서를 조정에 제출했다. 자신들은 조정의 명에 따라 황도를 융성케 하기 위한 학교 설립을 추진해 왔는데 이제 와서 황도 이외에 한학·양학을 받아들이려 하는 것은 유감이라며 신정부의 교육정책의 혼선을 비판했다.

판단했던 것이다. 게다가 유신 초기 최고 권력자로서 국정을 주관했던 이와쿠라 도모미는 구게[公家] 출신이었다는 것 또한 전통적 학문 중시라는 메이지 초기 교육구상에 큰 영향을 미쳤을 것이라 본다.

그러나 학사제파와 학습원파의 대립은 날로 격화되어 갔다. 이에 정부는 1868년 10월 31일(음력 9월 13일) 국학파의 학사제 안을 바탕으로 하는 '황학소(皇學所)'와 학습원파의 '한학소(漢學所)'를 대학료대 안에 두고 2개교 체제로 이행한다.[20] 여기에는 '궁(宮)과 당사(堂上)' 및 '비장인(非藏人)과 제관인(諸官人)' 등의 8세부터 30시까지의 자제 중 희망하는 자에 한해 입학을 할 수 있었다. 양 교를 포괄하는 개강규칙(開講規則)은 다음과 같다.[21]

　一, 국체를 분별하고 명분을 바로 세울 것

　一, 한토서양의 학문 모두 황도를 우익할 것

　　단, 중세 이래 무문대권을 잡고 명분을 잘못 이해하는 자들이 너무 많

20　1868년 9월 13일, 양 파의 세력다툼을 보다 못한 마쓰모토번[松本藩] 번주 하세가와 나카미치[長谷川昭道]가 이와쿠라에게 제출했던 건언서가 계기가 되어 학습원파와 학사제파가 서로 타협해 황학소와 한학소를 설치한다는 지시(行政官御沙汰)가 내려진다. 하세가와는 유학, 국학, 미토학[水戸學]과 같은 전통 학문을 고집해서는 새로운 시대에 걸맞은 학교를 건설할 수 없다고 하며 근대교육을 담당할 기관의 필요성을 역설했다. 하세가와가 이와쿠라에게 보낸 건언서의 내용과 전체 경위에 대해서는 沖田行司, 「王政復古期の教育と伝統主義」, 『人文学』, 同志社大学人文学会, 1983.9, 36~61면에서 자세히 다루고 있다.

21　"一, 国体ヲ辨シ名分ヲ正スへき事 一, 漢土西洋ノ学ハ共ニ皇道ノ羽翼タル事 但中世以来武門大権ヲ執リ名分取違候者許多ニ付後屹度可心得事 一, 虚文空論ヲ禁シ着実ニ修行 文武一致ニ教諭可致事 一, 皇学漢学共ニ是非ヲ争ヒ固我ノ偏執不可有之事 一, 入学ハ八歳ヨリ三十歳迄ニ被定候事 但老輩ト雖モ有望輩ハ可為勝手事 一, 毎年両度学業ノ成否可試事 一, 入学ノ儀毎月初五日ニ被定候尤入学当日正服着用之事". 教育史編纂偕会 編, 앞의 책, 95면.

음에 이후 반드시 명심할 것

一, 허문공론을 금하고 착실히 수행하여 문무 일치하여 교유할 것

一, 황학한학 모두 시비를 다투고 고아편집하지 말 것

一, 입학은 8세부터 80세까지로 정할 것

단, 나이가 들어도 유망한 자는 입학을 허가할 수 있다

一, 매년 두 번 학업의 성부를 시험한다

一, 입학식은 매월 초 5일로 정한다. 입학 당일에는 정복을 착용할 것

"황학과 한학 모두 시비를 다투며 하나의 판단만을 고집하고 자신만이 옳다 함을 고집해서는 안 될 것이다[皇学漢学共ニ是非ヲ争ヒ固我ノ偏執不可有之事]"라 함은 황학파와 한학파의 대립을 의식한 규정일 것이다. 이중에서 "국체를 분별하고 명분을 바로 세울 것[国体ヲ辨シ名分ヲ正スヘき事]"이라는 것이 규칙의 첫 머리에 나오고, 이어서 "한학, 양학은 공히 황학을 우익 하는 것이어야 할 것[漢土西洋ノ学ハ共ニ皇道ノ羽翼タル事]"이라 이어지는 것을 보면 황학을 주축으로 한학과 양학은 그것을 우익 하는 것이어야 한다는 것이 바로 메이지 신정부의 고등교육의 교학이념이었음을 알 수 있다. 황도주의 사상을 이론적으로 뒷받침하기에는 한학보다는 아무래도 국학이 더 유용했을 것이다.

학과는 본교학(本敎學), 경제학(經濟學), 사장학(辭章學), 예기학(藝伎學)의 네 개 과로 구성되어 있는데 이 또한 학사제 안을 그대로 답습한 것이었다. 학사제 안의 외번학은 제외되었다. 게다가 황학소 규칙 중 '학정지사(學政之事)'[22]에서는 황학소에서 학문상의 본종(本宗)으로 삼았던 것은 가다노 아즈마로[荷田春滿], 가모노 마부치[賀茂眞淵], 모토오리 노리나가

[本居宣長], 히라타 아쓰타네의, 이른바 '국학 사대인(四大人)'의 학문이었다. '학정지사'의 본지는 황도주의 교육을 교육의 근간으로 삼고, 한학이나 양학에도 정통하며, 그리고 제가의 말서(末書)를 널리 받아들임으로써 실천적 행사를 중요시하고 실용효과를 올릴 수 있는 교육법을 통해 유능한 인재를 육성한다는 것에 있었다. 즉, 황도교육을 주축으로 하여 널리 동서고금의 학문을 습득케 함으로써 국가가 필요로 하는 인재를 육성한다는 근대 일본 교육의 대명제가 이 시점에서 이미 확고히 수립되어 있었음을 알 수 있다.

이후 황학소는 제정일치를 모토로 하는 왕정복고파의 지원을 받고 또 지원을 하는 형태로 존립을 유지했던 것에 비해 한학소는 학습원 시대와는 달리 오로지 한학만을 교수하는 시설로 시대의 추이와는 동떨어진 교학이념을 추구하게 된다. 그러던 중 정부는 이듬해인 1869년 9월 2일 황학소와 한학소 모두를 폐지한다는 지시를 내리고 9월 10일에는 이를 폐쇄해 버렸다. 이로써 교토를 중심으로 했던 고등교육의 구상은 중지되게 되었다. 이후 정치의 중심이 도쿄로 옮겨감에 따라 고등교육의 구상 또한 도쿄를 중심으로 전개된다.[23]

---

22 "明詔之御聖旨を能々奉體認達材成德して異日国家の御大用に可相成日夜刻苦勉励勿論の事 皇道を遵奉し孔教及外国之方策にも身力の及ふ限り該博貫通可致事 近くは人習テ綱常倫理を明にし修身治国の要務を精察して遠くは神習ふて神聖闥奥幽顕の玄妙を窮極可致事 大宮の禮祀春秋朔望無懈怠崇奉可致事 文武の道悉実用実効を主と可致事 三聖御国忌は格別謹慎可罷在事 内外本末の分を相誤申すましく 立志専一之事 学術は公明正大を主とし私黨相立ましきこと 学方は羽倉東磨岡部眞淵本居宣長平田篤胤をもて本宗とし其他諸家末書を博折衷可致事", 教育史編纂偕会 編, 앞의 책, 95면.

23 정부는 이와 함께 종래 막부의 관할하에 있던 각지의 교육기관을 접수해 부흥시켜 나간다. 1868년 4월에는 막부가 나가사키[長崎]에 영어통역사 양성을 위해 설치했던 사이비칸[済美館]을 고운칸[廣運館]으로, 10월에는 오사카의 세이미쿄쿠[舍密局]를 가가쿠쇼[化學所]로, 나가사키의 세이토쿠칸[精得館]을 의학교(醫學校)로 개칭해 그

34 제1부 │ 근대 국민국가와 교육

한편, 도쿄에서의 고등교육 전개 과정을 극히 간략히 살펴보면, 우선 정부는 1868년 6월 29일, 막부 직할의 창평횡(昌平黌),[24] 개성소(開城所),[25] 의학소(醫學所)를 접수해 메이지 원년 먼저 의학소를 의학교(醫學校)로 개칭하고 주로 서양의학을 교수하게 하였다. 이어서 창평횡을 창평학교(昌平學校)로 개칭하여 주로 한학을 교수하게 했고, 개성소를 개성학교(開成學校)로 개칭해 주로 양학을 교수하게 했다.[26] 그리고 1869년 6월 15일 다시 이들 세 학교를 통합하여 대학교(大學校)라 하고 그 중심에 있던 창평학교를 대학본교(大學本校)교라 개칭했다. 그리고 기존의 개성학교, 의학교에 병학교(兵學校)를 더해 대학교의 삼분국(三分局)으로 편입시켰다. 1869년 대학교를 설치함에 내려 보낸 정부의 포달(布達) 전문(前文)에는 다음과 같이 대학교육의 본지를 명시하고 있다.

조직과 규모를 확대해 나갔다.

24 창평횡(쇼헤이코)은 에도 시대의 최고의 교육기관으로, 그 기원은 학문장려를 위해 3대 장군 도쿠가와 이에미쓰[德川家光, 1604~1651]가 유학자 하야시 라잔[林羅山, 1583~1657]에게 불하한 우에노[上野] 시노부가오카[忍ヶ丘]에 있던 공자묘(孔子廟)에 딸린 학문소(學問所)에 있다. 그 후 장군 쓰나요시[綱吉] 시대 때 이것을 유시마[湯島]로 옮겨 반듯한 성당(聖堂)을 세워 공자를 모시면서 이것을 교학의 중심으로 삼았는데, 이것을 유시마세이도[湯島聖堂]라 불렸고, 또한 부근의 언덕의 명칭을 따서 쇼헤이자카세이도[昌平坂聖堂]라고 부르기도 했다. 당시는 공자를 제사지내는 성묘(聖廟)가 주체였고 린케[林家]의 사숙(私塾) 성격의 학문소가 부속해 있는 형태였는데, 이것을 총칭하여 세이[聖堂]라 부른 것이다. 이것이 훗날 쇼헤이자카가쿠몬조[平坂學問所] 혹은 쇼헤이코[昌平黌]라 불리게 되었다. 이권희,『근대 국민국가 형성과 교육』, 케포이북스, 2013, 185~187면 참조 바람.

25 양학연구와 함께 양학을 가르치는 교육기관으로서의 반쇼시라베쇼[蕃書調所]는 1862년부터는 그 대상언어를 종래의 네덜란드어에서 영어・불어・독일어 등으로 확대해 나갔다. 그 후 반쇼시라베쇼는 1862년 요쇼시라베쇼[洋書調所]라 개칭을 하였고, 1863년에는 다시금 가이세이조[開成所]라 이름을 바꾸었다.

26 교토의 학습원이나 황학소, 한학소가 고관대작들의 자제를 위한 궁정학교의 성격을 띠고 있었던 것에 비해 이들 학교는 메이지 신정부의 개혁정책을 견인해 나갈 고급인재를 양성할 목적으로 계획된 번사계급(藩士階級)의 자제들을 위한 학교였다.

신전국전의 요체는 황도를 숭상하고 국체를 올바르게 아는 것에 있다. 중국의 효제이륜의 치국평천하의 도, 서양의 격물궁리개화일신의 학 또한 모두 이 도에 있음에 학교를 잘 강구 채택해야 하는 이유가 여기에 있다. (···중략···) 구래의 격습을 타파하고 천지의 공도를 바탕으로 하여 지식을 세계에서 구하고 크게 황기를 진기한다는 서문의 취지에 불패, 즉 대학교의 규모이다.[27]

도쿄의 대학교의 교학이념 역시 황도교육을 주축으로 하여 널리 동서 고금의 학문을 습득케 해야 한다는 황학소의 '학정지사'의 내용과 별반 다를 것이 없다. 이는 이미 메이지 원년 천황의 이름으로 공포된 '5개조 서문'을 통해 유신 정부가 천명했던 근대교육의 교학이념이기도 했다.

대학교는 1869년 8월의 개학에 즈음해 그 학신(學神)을 신기관(神祇官) 으로부터 맞이해 학신제(學神祭)를 지냈던 것을 계기로 황조천신(皇祖天神)을 학신으로 모시는 황학파(皇學派)와 공자를 학신으로 모시는 한학파 (漢學派) 사이에 심각한 대립이 발생했다. 황학파와 한학파의 대립은 앞에서 살펴본 바와 같이 국학을 중심으로 한학과 양학이 그것을 우익한다고 규정했던 학사제 안을 둘러싸고 이미 노정되었었지만, 학신제라는 구체적인 장면에 이르러서는 서로 양보할 수 없는 격한 대립 양상을 보였다.[28] 이에 정부에서는 12월 17일 태정관의 지시에 의해 대학교를 대

---

27 "神典国典ノ要ハ皇道ヲ尊ミ国体ヲ辨スルニアリ 乃チ皇国ノ目的学者ノ先務ト謂フヘシ 漢土ノ孝悌彝倫ノ治国平天下ノ道西洋ノ格物窮理開化日新ノ学亦皆是斯道ノ在ル処学 校ノ宣シク講究探択スヘキ所ナリ (…中略…) 旧来ノ隔習ヲ破リ天地ノ公道ニ基キ知 識ヲ世界ニ求メ大ニ皇基ヲ振起スル誓文ノ趣旨ニ不悖乃チ大学校ノ規模ナリ". 教育史 編纂借会 編, 앞의 책, 117면.

28 森部英生,「明治維新期の教育法制」, 人文社会科学 編,『群馬大学教育学部紀要』第37巻, 125면.

학(大學)으로, 개성학교는 대학남교(大學南校)로, 의학교를 대학동교(大學東校)라 각각 개칭한다. 그리고 얼마 지나지 않아 대학(대학본교)의 직능을 교육행정만을 관할하게 축소시키고, 교육기관으로서는 양학과 의학을 교습하는 대학남교와 대학동교만이 남아 양학을 중심으로 하는 고등교육기관으로 발전해 가며 간다. 그리고 머지않아 대학도 폐쇄되는데, 이는 앞으로 근대 일본의 학정을 책임지게 되는 문부성(文部省)의 등장을 예고하는 것이었다.

4. '황도주의' 교육의 좌절과 보통교육 시행

유신 직후 고등교육의 교학이념을 둘러싸고는 교토를 중심으로 하는 국학파와 한학파, 도쿄를 중심으로 하는 양학파의 치열한 주도권 싸움이 있었다. 그러나 최후의 승자는 도쿄의 양학파였다. 이는 거스를 수 없는 시대의 흐름이기도 했다. 유신 정부의 고등교육 정책이 도쿄를 중심으로 하는 양학 중심으로 전환하기 시작했다는 것은 유신 직후 왕정복고파가 추진했던 황도주의 교육의 후퇴를 의미한다. 그러나 여기서 주의해야 할 것은 이것이 어디까지나 후퇴이지 소멸은 아니었다는 점이다.

유신 정부에서는 히라타 가네타네, 다마마쓰 미사오, 야노 하루미치 등의 국학자를 학교계로 임명하여 고등교육제도를 조사하게 하는 한편으로, 초등·중등교육기관에 대한 정비에 나선다. 이를 위해 메이지 원년 10월 27일 미쓰쿠리 린쇼[箕作麟祥, 1846~97], 우치다 마사오[内田正雄, 1839~76], 간다 다카히라[神田孝平, 1830~98][29] 등을 학교조사어용계(學校取調御用掛)로 임명했으며, 12월 2일에는 의정(議定) 야마우치 도요시게[山内豊信], 변사(辨事) 겸 의정 아키즈키 다네타쓰[秋月種樹]에게 학교조사(學校取調)의 겸무를 명했다. 또한 모리 아리노리[森有禮], 마쓰오카 나나스케[松岡七助], 히시다 분조[菱田文蔵] 등을 학교조사어용계로 충원하여 초·중등교육 시행을 염두에 둔 학제를 강구케 했다.

위의 인물들은 대부분 양학자들로 이들에 의해 '대학규칙(大學規則)', '중소학칙(中小學則)'이 만들어진다.[30] '중소학칙'은 '중학(中學)', '소학(小學)'에 대한 규정을 정한 것인데, 신정부가 처음으로 대학 이하 중학, 소학을 대상으로 하는 종합적인 교육체계에 관한 계획을 세웠다는 점에서 1872년 일본 최초의 교육 법제라 할 수 있는 학제(學制)의 선구(先驅)로서의 의의를 인정할 수 있으나, 이 시점에서 구상한 초·중등교육은 어디까지나 고등교육기관에 직결되는 예비적·특권적 성격이 강했다.

그중에서 '대학규칙'은 '학체(學體)', '학제(學制)', '공법(貢法)', '시법(試法)', '학비(學費)', '학과(學科)'의 여섯 항목으로 구성되어 있는데, '학

---

29 간다 다카히라는 메이지 시대의 계몽가로서, 에도에서 유학과 난학을 1862년 반쇼시라베쇼[蕃書調所]의 교수에 취임. 메이지 시대에 들어서는 신정부의 관료가 되었다. 1874년 설립의 메이로쿠샤[明六社]의 멤버로『메이로쿠잡지[明六雜誌]』에 많은 논고를 발표 하는 등 계몽가로서 활약한다.

30 대학에서는 이 규칙을 전국적으로 시행하기 위해 부번현(府藩県)에 반포를 할지에 대해서 태정관(太政官)에게 답을 요구했지만 태정관에서는 전국적 반포를 인정하지 않고 학칙에 대해서 문의가 있을 시에만 이를 복제해 배포해도 좋다는 소극적인 태도를 취했다. 따라서 이 규칙은 전국적으로 시행되지는 않았지만 부현이나 제번(諸藩)에서는 이 규칙에 준거하여 학제 개혁을 시행해 중학·소학을 만든 곳도 있어 이 규칙이 신정부가 정한 학교제도로서 당시의 부현·제번에 대해서 상당한 영향력을 갖고 있었음을 알 수 있다.

체'는 이른바 대학교원이 갖춰야 할 기본자세에 대해 규정한 것이다.

학체의 내용은 1869년 2월 대학교를 설립함에 정부가 내려 보냈던 포달 전문에서 밝힌 신정부의 교학이념과 거의 같은 내용이라 봐도 무방하다. 그러나 여기서 주목해야 할 것은 포달 전문에 보이던 "신전국전의 요체는 황도를 숭상하고 국체를 올바르게 아는 것에 있다, 즉 황국의 목적을 배우는 것이 선무이어야 한다[神典国典ノ要ハ 皇道ヲ尊ミ国体ヲ辨スルニアリ乃チ 皇国ノ目的学者ノ先務ト謂フヘシ]"라는 부분이 삭제되어 있다는 점이다. 즉, 국학 중심의 교학이념을 삭제하고 "천지의 공도에 따라 지식을 세계에 구하라는 성지에 따르는 것을 요체로 한다[天地ノ公道ニ基キ知識ヲ世界ニ求ムルノ聖旨ニ副ハンコトヲ要ス]"만을 제시하고 있다는 점이다. 이것은 국학을 대신해 한학이 양학과 더불어 다시금 고등교육의 전면에 자리잡기 시작했음을 의미한다. 즉, 유신 초기 황도파가 주도했던 국학을 중심으로 하는 황도주의 교육의 쇠퇴를 의미하는 것인데, 그 배경에는 양학을 중시하는 신정부 관료들의 보통교육에 대한 구상이 있었다. 신정부의 요직에 포진되어 있던 이른바 '개명파' 관료들이 지향했던 계몽주의적 보통교육의 구상과 국체사상을 전면에 내세우는 황도주의 교육의 교학이념은 서로 병립할 수 없는 것이었다. 또한 인간의 기본 도덕과 윤리를 전면에 내세우는 전통적 교학이념이었던 한학은 '인의충효(仁義忠孝)'라는 시류에 부합하는 이론을 부활시키며 다시금 교학의 전면에 나설 수가 있었는데, 여기에는 천황의 시강이었던 모토다 나가자네[元田永孚, 1818~91]의 영향이 있었다.[31]

---

31 모토다 나가자네는 구마모토번[熊本藩] 출신 유학자로서, 1871년 오쿠보 도시미쓰[大久保利通]의 추거로 궁내성(宮内省)에 출사하여 메이지 천황의 시독(侍読)이 되었

근대 국민국가는 자본주의 체제를 기본으로 하며, 자본주의 체제는 공동체로부터의 개인의 독립을 전제로 한다. 이러한 맥락에서 볼 때 유신 초기 주로 고등교육을 통해 구현하고자 했던 황도주의 사상의 확립과 고취는 그 아무리 고등교육이라는 특수 상황을 고려한다 할지라도 개인의 자립이나 사적 이익 추구라는, 서구 국민국가에서 보이는 보통교육의 보편적 가치, 천부인권이나 사민평등, 자유민권주의(自由民權主義)라는 말로 대표되는 자아의 각성과 실현이라는 개인의 독립된 사상을 키우는 근대 국민교육이 지향하는 교육관과 충돌하는 것이었다.

계몽사상가들의 결사 '메이로쿠샤[明六社]'의 멤버였던 니시 아마네[西周, 1829~97]는 『메이로쿠잡지[明六雜誌]』 제32호에 기고한 '국민기풍론(國民氣風論)'을 통해 천황제 자체에 대한 비판을 가한다. 니시는 창업 이래 황통(皇統)이 면면히 이어져 2535년이나 군상(君上)을 받들어 스스로 노예시하는 것이 중국에 비해 훨씬 더하다"고 지적하면서 천황제가 존속되어 온 것은 일본인들의 '노예적 심정' 때문이라 비판했다.[32] 그는 또 일본인의 '충량역직(忠良易直)'에 대해 전제 정부하에서는 "비할 데 없이 뛰어난 최상의 기풍"이었으나 "외국과 교제가 시작되어 (…중략…) 지력(智力)으로 위력(威力)을 이기는 현세에서는 '무기력'의 대명사에 지

다. 이후 20년 동안 천황에게 진강(進講)을 하는 등 메이지 천황의 두터운 신임하에 신정부의 교육정책에 깊이 관여하게 된다. 『유학강요(幼学綱要)』(1881)를 편찬하고 '교육칙어(教育勅語)'의 기초(起草), '국교론(國教論)' 등을 통해 여타 종교에 대한 배척적인 태도를 분명히 하고 천황제로의 절대귀의를 주장하는 등, 유교에 의한 천황제 국가사상 형성에 크게 기여한 인물이다.

32 山室信一・中野目徹校注, 『明六雜誌』 下, 岩波文庫, 2009 또는 일본 국립국어연구소 데이터베이스를 통해 확인할 수 있다.(http://db3.ninjal.ac.jp/ninjaldl/show.php?title=meirokuzassi&issue=32&num=3&size=50)

나지 않는다"고도 하였다. 이제 황도주의 사상의 고취는 국가신도라는
종교의 영역에서 담당하게 되었다.

유신 정부가 '국민개학'을 목표로 양학을 중심으로 하는 보통교육 시
행을 위해 학교조사어용계 등을 임명하고 구체적인 움직임에 나서게 되
기까지는 메이로쿠샤를 중심으로 하는 개명파 인사들과 기도 다카요시
[木戸孝允, 1833~77], 이토 히로부미[伊藤博文, 1841~1909] 등, 서양 학문
을 중심으로 하는 계몽적 근대교육 체계 확립과 전 국민을 대상으로 하
는 보통교육 시행의 필요성을 강하게 주장했던 이른바 개명파 관료들의
활동이 있었다.

막부 말기부터 유신 초기에 걸쳐 일본 사회는 민관의 구별 없이 서양
에 대한 공포와 두려움을 극복하기 위해 시간과 경비를 아끼지 않았다.
서양사정을 소개하는 각종 계몽서의 출판이 붐을 이루었으며, 많은 지
사들이 공식 혹은 비공식 루트를 통해 직접 서양을 경험하고 돌아왔다.
그중 한 사람이 메이지 일본의 대표적 계몽사상가 후쿠자와 유키치[福澤
諭吉, 1935~1901]였다.[33]

후쿠자와는 만엔[萬延] 원년인 1860년 2월 일미수호조약(日米修好條約)
의 비준서를 교환하기 위해 막부에서 파견한 견미사절단(遣米使節團)[34]을

---

[33] 후쿠자와 유키치는 1835년 1월 10일 오사카[大阪]에서 태어났다. 하급 무사였던 부
친 햐쿠스케[百助]가 단명했을 때 "문벌제도(門閥制度)는 부모의 원수다[門閥制度は
親のかたきでござる]"(『福翁自傳』)라고 했던 말은 유명하다. 이는 다름 아닌 철저한
신분제를 사회통치 기반으로 삼고 있던 봉건제도에 대한 하급 무사 집안 출신의 소외
감이 묻어나 있는 비판이었다.
[34] 막부의 사절단은 미국 군함 포해턴을 타고 도미하였으나, 이와는 별도로 일본의 국위
를 위해 일본인이 조선(操船)하는 수행선을 함께 파견해야 한다는 가쓰 가이슈의 주
장에 따라 나가사키해군조련소에서 훈련함으로 쓰던 간린마루가 포해턴호와 함께 태
평양을 횡단했다.

태운 포해턴(Pawhatan)호를 호위했던 간린마루[咸臨丸]의 군칸부교[軍艦奉行] 기무라세쓰노카미요시타케[木村摂津守喜毅, 1830~1901]의 종자(從者)로 미국으로 건너가 서양문화를 체험하고 돌아와서는 1860년 현재의 외무성에 해당하는 막부의 가이코쿠가타[外国方]에 출사하기 시작한 것을 계기로, 1862년에는 견구사절단(遣歐使節團)의 일원으로 프랑스·영국·네덜란드·독일·러시아·포르투갈의 6개국을 회람(回覽)했다.[35] 이러한 외국경험을 바탕으로 후쿠자와는 1866년 서구 제국의 정치·조세·화폐·사회·외교·병제(兵制) 등과 함께 문학기술, 학교 등을 소개하는 『서양사정(西洋事情) 초편』을 세상에 내놓았다.[36] 『서양사정』에서 후쿠자와는 서양 각국에는 도시뿐만 아니라 농촌에 이르기까지 학교가 없는 곳이 없고, 학교는 정부와 민간에 의해 만들어지며 맨 처음 들어가는 학교가 소학교이고, 소학교에서는 글자를 배우고, 자국의 역사·지리·산술·천문·궁리학(窮理學) 초보·시·회화·음악 등을 7,8년 걸쳐 배운다는 등 서양의 교육 사정에 대해 자세히 소개하고 있다.[37]

후쿠자와의 『서양사정』이 막부 말기 또는 메이지 초기에 서양의 다양

---

35 후쿠자와가 미국에서 귀국한 1860년 8월, 최초의 저역서인 『增訂 華英通語』를 출판했던 것을 계기로 막부의 번역가타[飜譯方]로 고용된다.

36 『서양사정 초편』을 보면 예전에 주류를 이루었던 그리스의 학문의 쇠퇴를 다시금 아라비아인들이 부흥·발전시킴으로써 구주(歐洲)에서의 학문 전체의 발달을 가져왔다는 것, 갈릴레오의 지동설, 뉴턴의 만유인력이 나타남에 따라 서양의 학문은 면목을 일신하였고, 지금 각국의 연구자는 절차탁마(切磋琢磨)하여 학문의 융성을 이끌어가고 있다는 등, 그의 서양 학문에 대한 깊은 조예(造詣)를 알 수가 있다. 또한 18세기서부터 19세기 중엽까지의 증기기관, 전신기(傳信機), 전기(電氣) 등의 대발명을 열거하며 새롭게 발명해낸 기계(器械)를 말하자면 끝이 없다고도 말하고 있다. 『서양사정』은 福沢諭吉著作集 第一巻(慶応義塾大学出版社, 2002)에 수록되어 있다.

37 『서양사정(西洋事情)』 22에서는 좀 더 구체적으로 교육제도, 학비, 대학의 교원급여 등에 대한 언급이 이어진다. 『西洋事情』, 福沢諭吉著作集 第一巻, 慶応義塾大学出版社, 2002.

한 문화와 제도를 소개하는 베스트셀러였다면, 메이지 초기 후쿠자와의 『서양사정』 못지않게 많은 사람들에게 읽힌 계몽도서에 나카무라 게이우[中村敬宇, 또는 마사나오[正直], 1832~91]가 번역한『서국입지편(西國立志編)』(1871)의 존재도 주목된다.[38] 원 저자 사뮤엘 스마일즈는 의사와 지방 신문사의 주필이라는 경력을 갖은 스코틀랜드 출신의 통속철학자로, *Self Help*라는 원제에서 알 수 있듯이 영국의 프로테스턴이 공유하고 있던 독립・자주・성실・근면・정직이라는 덕목을 바탕으로 입신출세주의를 강하게 주장하는 저서이다. 이 책이 메이지 초기 수십만 부나 팔렸다는 것은 이 책에서 주장하는 덕목에 공명할 수 있는, 아니 공명할 수밖에 없는 윤리적 혹은 현실적 풍토가 이미 일본 사회에 있었다는 것을 의미한다.[39]

또한 후쿠자와의 영향을 강하게 받은 오바타 진자부로[小幡甚三郎, 1846~73]는 1869년 2월 『서양학교규범(西洋學校規範)』을 통해 교육이란 '각 개인이 지니고 있는 양지양능(良知良能)을 발달시키고, 천리(天理)와 인도(人道)에 따라 그 행사(行事)를 정제(靜齊)하는 것'이라 정의하고 있다. 즉, 인간에게는 본래 '양지양능'이라는 것이 있어 그것들을 발달시키고, 천리와 인도에 따라 그것을 정제하는 것이 교육의 목적이라는 것이다. 이는 인간의 제 능력의 신장 혹은 발달과정은 객관적 법칙성을 갖는 것으로 교육은 그 법칙성에 따라 인간적 제 능력을 정제해 가는 사회적 영위라는 인식을 보여주는 것이다.

또한 인간은 일생 교육 안에 있다고 하면서, '일반적으로 교육이라는

---

38 원 저자와 제목은 영국의 사뮤엘 스마일즈(Samuel Smiles, 1812~1904)의 *Self Help*(自助論)이었다.

39 司馬遼太郎, 『明治という国家』, 日本放送出版協会, 1991, 185~188면.

것은 부형(父兄)이 자제(子弟)에게 있어서, 교사가 생도에게 있어서와 같이 심신의 발달을 이끌어내는 훈회(訓誨)를 말한다'고 하기도 했다. 그리고 그 효용으로서는 '조상으로부터 계승해 온 사업은 더욱 정대(整大)케 하고 이를 순서대로 자손에게 물려줘 더욱 정대케 하는 수단'이라 했다. 이어서 영국·네덜란드·프랑스·독일·러시아·미국의 교육제도의 개요를 비교적 자세히 소개하고 있다. 오바타의 보통교육론은 메이지 초기 서양의 교육서에 대한 번역과 소개라는 시류에 촉발된 것으로 이해할 수 있는데, 오바타의 보통교육론이 유신 정부가 보통교육을 시행하는 데 있어 일정한 영향을 미쳤음을 부인할 수 없다.[40]

기도 다카요시는 메이지 원년(1868)년 12월, 보통교육의 진흥에 대한 건언을 통해 인민의 부강이야말로 나라의 부강의 기초이며 사람들이 무식해서는 유신은 공명(空名)으로 끝나버릴 것임으로 인민의 지식진보를 위해 문명 각국의 지식을 취사선택하여 전국적으로 보통교육을 하루 속히 시행해야 함을 강조하고 있다.

•보통교육의 진흥에 대한 건언서안[41]

신 준이치로 삼가 건언 올립니다. 왕정유신 아직 1년이 지나지 않았고 동북의 반도 전부 그 죄를 물었습니다. 이제부터 힘써 무정의 전압을 풀고, 인민평등의 정치를 펴고, 밖으로는 세계부강 각국에 대치하신다는 생각, 전혀

---

40 小幡甚三郎의 『西洋学校軌範』은 『明治文化全集』第10卷 教育篇, 37~59면에 수록되어 있다. 참고 바람.

41 "「普通教育の振興につき建言書案」: 臣準一郎謹て奉建言候. 王政維新未出一年東北之反徒尽伏其罪. 従今勉て武政之専圧を解き, 内は人民平等之政を施し, 外は世界富強之各国え対峙する之思食, 断て毫も不容疑儀と奉恐察, 微臣も夙に広大之朝旨を奉体し, 不顧駑鈍尽微力, 熟将来之形勢を推考仕候に, 一般之人民無識貧弱にして終に今日之体面を不一

추호도 의심치 않으며 공찰하옵고, 미신도 언제나 광대한 조지를 봉체하고, 노둔을 아끼지 않고 미력을 다해, 자세히 장래의 형세를 추고함에, 일반 인민 무식빈약하여 끝내 오늘날의 체면 불변할 시에는, 가령 2,3의 영웅호걸 조정을 보찬한다 할지라도 결코 전국의 부강을 진기할 수 없고, 그 결과 왕정 또한 전압에 빠지기 쉽습니다. 원래 국가의 부강은 국민의 부강으로, 일반 인민이 무식빈약의 경우에서 벗어나지 못하면 왕정유신의 미명(美名)이 결국 공명(空名)에 속하게 되고, 세계 부강의 각국과 대치하는 목적도 반드시 그 알맹이를 잃게 됩니다. 그리하여 일반 인민의 지식진보를 기대하여, 문명 각 국의 규칙을 취사하여 서서히 전국에 학교를 진흥시키고, 크게 교육을 펼치시 는 것이 오늘날의 급무라 생각합니다. 이제부터 단서를 여시더라도 원래 다 소의 세월을 노력하지 않으면 그 결실을 거둘 수가 없는 것이 당연한 도리 로, 갑자기 문명 각국의 형상만을 모의하는 것은 결코 양도가 될 수 없고, 오 히려 국가 인민의 불행을 양성하기 쉽다고 생각합니다. 잘 신속히 결정해 주 실 것을 앙원하옵니다. 참으로 황황 황돈하며 재배 올립니다.

무진 12월 2일 기도 준이치로 경백

変時は、譬二三之英豪朝政を補贊仕候共、決し不能振起全国之富強して、勢王政も亦不得 不陥専圧. 元来国之富強は人民之富強にして、一般之人民無識貧弱之境を不能離ときは 王政維新之美名も到底属す空名, 世界富強之各国に対峙する之目的も必失其実. 付ては 一般人民之智識進渉を期し、文明各国之規則を取捨し徐々全国に学校を振興し大に教育を 被為布候儀, 則今日之一大急務と奉存候. 今日より端緒を被為開候とも、固より不尽多少 之歳月ば不能挙其実は当然之道理にて、勿卒文明各国之形様而已を模擬いたし候は必良 図に有之間敷、却って国家人民之不幸を醸成候も難計と奉存候. 宜速に御決定被為在度 奉仰願候. 誠惶々々頓首再拝. 戊辰十二月二日 木戸準一郎敬白." 山住正巳,『教育の体系』 日本近代思想大系 6, 岩波書店, 1990, 3면. 이 제목에 대해서는 여러 이설이 존재한다. 특히 '보통교육'이란 용어를 기도가 의식적으로 직접 사용했는가에 대해서 이견이 대 립하고 있는데, 후대에 기도와 관계된 문서를 정리할 때 편의상 붙여진 제목이라는 설이 유력하다. 武田晃二, 「明治初期における普通教育の概念」, 『岩手大学教育学部研究 年報』第50卷 第1号, 1990.10, 87면.

기도에게 있어 '국가의 부강'은 '세계의 부강한 각국에 대치[世界富強之各国に対峙]'하기 위한 전제조건이었다. 그것은 정치나 군사의 발달뿐만 아니라, 정신적·이데올로기적 통일을 수반해야 하는 것이었다. 기도에게 있어 '인민평등'은 천황 아래서의 인민백반(人民百般)의 평등이었고, 그것을 가능케 하는 것이 학교이자 교육이었다.

또한 1869년 1월 효고현[兵庫県] 지사였던 이토 히로부미는 현 간부 3인(中島信行·田中光顕·何礼之)과 회계관(会計官) 권판사(権判事) 무쓰 무네미쓰[陸奥宗光]와 연명으로 판적봉환 후의 시정방침 구상을 담은 전 6개조의 건언서를 '국시강목(国是綱目)'이라는 제목으로 조정에 제출했다. 이 다섯 번째 조에서 이토는 대학교와 소학교를 설치해 조속히 전 국민을 대상으로 하는 교육체계 확립에 힘써야 할 것을 제언하고 있다.[42]

① 천황에 의한 만세일계(万世一系)의 국가를 유지하기 위해 해외 제국(諸国)과 병립하여 문명개화의 정치를 행하고, 인민 모두에게 골고루 천황의 은택(恩沢)이 미치는 국가를 형성할 필요가 있다

② 전국의 정치·병마(兵馬)의 대권을 조정에 집중시키기 위해 제번(諸藩)에 인민과 병력을 조정에 반환시켜 번주를 귀족으로 대우하고 그들을 대신해 조정의 법령을 전국 일률적으로 포고할 것

③ 널리 세계 만국과 교통을 열고 타국에 신의(信義)를 보임으로써 국위를 발양해야 할 것

④ 사람들에게 자재자유권(自在自由権)을 주고 국가도 사농공상(士農工商)

---

42 '국시강목'의 전문은 山住正巳, 『教育の体系』, 日本近代思想大系 6, 岩波書店, 1990, 9~13면에서 확인할 수 있다.

의 구별을 없애고, 백성에게 자유로운 직업선택과 거주지 선택을 일임할 것

⑤ 전국 인민을 세계 만국의 학술에 통하게 하고 그것을 위해 동성남경(東西南京)에 대학교를, 정촌(町村)에 소학교를 설치해 신분과 주거지를 불문하고 교육을 시킬 것

⑥ 외국과의 조약을 준수하여 무역산업을 일으키고, 사람들을 중시케 하여 간친(懇親)으로써 외국과 상교(相交)할 것을 국론으로 정하고, 외국인의 살상 등은 용인해선 안 된다. 또 이 국론을 내외에 선명하게 나타내 양이론(攘夷論)을 버리고 관민을 그러한 방향으로 이끌어가야 할 것

당시 일개 지방관이었던 이토의 당돌한 제안은 산조 사네토미[三条実美]·이와쿠라 도모미·오쿠보 도시미치·사이고 다카모리[西郷隆盛]·고토 쇼지로[後藤象二郎] 등 유신의 원훈(元勳)이자 이른바 '삿초토히[薩長土肥]' 출신의 조정 실권자들의 반감을 샀다고 한다.[43] 그러나 이토의 '국시강목'은 정치사의 흐름과, 메이지 시대를 통틀어 일본의 근대교육의 형성과 발전에 지대한 영향을 미쳤다는 것은 차치하고서라도 1869년 1월의 시점에서 고등교육을 포함한 보통교육의 시행을 주장하고 있다는 점에서 시사하는 바가 크다고 하겠다. 일본 근대교육의 형성과 이토 히

---

43 오쿠보·사이고·기도 등은 이미 판적봉환, 폐번치현 등을 포함한 메이지 신정부의 마스터플랜을 구상하고 이를 단계적으로 진행하려 했다. 하지만 이러한 계획은 250년 이상 계속되어 온 막번 체제하의 주종관계를 근본적으로 부정하는 혁신적 제도로서 자칫 잘못하면 전국 규모의 반란을 일으키기 쉬운 문제라 판단했다. 이를 위해 오쿠보는 메이지 천황의 '5개조서문'에서 천명한 국시에 따라 신정부의 각 기관에 의한 '공의여론(公議輿論)'의 합의를 거쳐 그 정당성을 확보할 계획이었다. 이토의 건언서는 그러한 과정에서 돌발적으로 제출되었고, 이에 따른 제번 무사들의 강한 반발을 샀다.

로부미와의 관계는 제2장「메이지 전기 국민국가의 형성과 교육」에서 다시 한 번 언급하겠다.

5. 맺음말

일본의 근대교육은 국민개학을 통한 '부국강병'이라는 유신 정부의 자기 혁신의 일환으로 추진되었다. 1868년의 5개조서문을 통한 근대교육에 관한 대원칙 천명,[44] 1871년의 문부성(文部省) 설치, 1872년 일본 최초의 교육에 관한 법령인 '학제' 반포로 이어지는 문교정책 수립과정을 보면 유신 정부가 추진했던 그 어떤 제도나 인프라 구축보다 빠르고 신속하게 근대 교육체계를 정립해 나갔음을 알 수 있다. 유신 정부는 전제군주로서의 천황 지배 하의 신민으로서의 '국민'의 자각을 일깨우고, 납세, 징병제와 더불어 교육을 국민의 의무로 규정했다. 서구 열강에 비해 뒤늦게 근대 국민국가(자본주의국가) 대열에 합류하고자 했던 일본은

---

[44] 천황의 '5개조서문(誓文)'은 메이지 신정부가 새롭게 발족함에 정부의 기본방침, 즉 국시(國是)를 천지신명(天地神明)에게 맹세하는 형식을 취하고 있으나 실질적으로는 메이지 신정부 계명파 관료들의 국가 구상이었다. 근대국가로서 새롭게 탄생한 일본이 구래의 악습(惡習)을 버리고 천황을 통치 수반으로 하는 입헌국가로서 출발함을 공표한 것이다. 대략적인 내용은 의회를 개설해 공론에 따라 정치를 하고, 국민이 일환이 되어 새로운 나라를 만들어 갈 것이며, 지금까지의 신분제에 구애받음 없이 각자 도생(各自圖生)을 꾀하며, 악습(惡習)을 버리고 국제사회에 뒤처지지 않도록 노력하며, 지식을 세계에서 구해 천황 정치의 기초를 튼튼히 하는 데 힘써야 할 것 등으로 되어 있다.

자본의 본원적 축적도 없었고, 아무런 국가 인프라도 갖춰지지 않은 상태에서 국가가 강제하고 통제하는 방법으로 이를 실현해 간다. 식산흥업을 이루려면 먼저 노동자의 교육수준을 높여야 했고, 국가의 명령을 전달하기 위해서는 통일된 언어와 표기가 필요했다. 이런 상황에서 일본의 근대교육은 필연적으로 반 강제적 '강박교육(强迫教育)'의 형태를 띨 수밖에 없었다.[45]

그러나 결과적으로 학제는 실패했다.[46] 그리고 학제를 대신해 1879년 반포된 교육령(敎育令) 또한 1880년 새로운 교육령으로 대체된다.[47] 개인의 독립, 입신출세를 지향했던 학제의 교육이념은 완전히 부정되며 이 시점을 계기로 일본의 보통교육은 유교주의 사상을 근간으로 하는 황도주의 교육으로 회귀한다. 황도주의 교육의 근간은 국체사상의 고양에

---

45 각 학교의 출석률을 높이기 위해 아동에게 매일 '5분간의 등교를 명령'하거나 교사는 물론 경찰관, 수도관리(水道吏員), 청소관리까지 동원해 학교 출석을 강요했다. 藤田 友治, 「福沢諭吉の教育思想」, 『大阪経大論集』第53巻 第2号, 2002.7, 429면.

46 학제는 취학을 강제하고 재정을 부담 지우면서도 교육의 내용을 통제하였고, 각 지역의 특수한 사정을 고려하지 않은 획일적인 제도였다. 게다가 교육 내용은 일상적 세계와는 괴리가 있던 서구적 가치를 강요하는 것이었다. 이는 취학 거부로 이어졌고 불만은 점차로 농민소동이 되어 각지에서 소학교 폐지를 주장하는 폭동이 일어났고, 학교가 부서지거나 불에 타는 등의 극단적인 사태가 벌어졌다. 1877년을 전후로 하여 전국의 평균 취학률은 30%에도 미치지 못했고, 취학자의 약 80%는 1년을 채 채우지도 못하고 학교를 그만두는 등, 학교와 국민교육에 대한 민중의 적극적인 이해를 얻어내지는 못했다.

47 1879년의 교육령은 흔히 '자유교육령'이라 부르는데, 학제의 강제주의·획일주의와는 달리 학교 설비, 관리, 교과의 내용 등 많은 부분 교육의 자율화를 지향했다. 그러나 당시 교육의 자율·자치라는 개념이 일반 인민들에게는 아직 생소했다. 게다가 교육재원 절감을 위해 공립소학교를 없애거나 통폐합하는 곳이 생기고 그 자리를 낙후된 데라코야[寺子屋]식 사립학교가 대신했다. 이는 자연스럽게 취학률의 저하로 나타났고 이에 대한 책임을 지고 문부경(文部卿) 기도 다카요시와 문무대보(文部大輔) 다나카 후지마로가 자리에서 물러났으며 다시금 교육에 대한 국가권력의 간섭이라는 빌미를 제공하게 된다.

있었다. 국체사상은 국가와 민중의 관계를 권위주의적 가부장제(家父長制)라는 유교적 질서로 편입시킴으로써 근대적 인격의 성립을 원초적으로 차단해 버리는 결과를 낳았다. 그리고 1945년 패전 시까지 근대 일본 사회를 지배하는 거대 이데올로기로서 기능하였다. 메이지기 황도주의 교육에 의해 형성되고 계승되어진 근대 일본인들의 특정적 사유체계는 국체주의라는 마치 유사종교와도 같은 '집단 이성'을 낳았으며, 결국에는 민족주의의 필연적 권리 확장으로 이어졌다. 그리고 지금도 일본·일본인·일본 사회를 지배하는 '절대선(絶對善)'으로 작용하며 자기 성찰적 역사인식을 방해하는 지배 사상으로서 자리매김하고 있음을 잊어서는 안 될 것이다.

1872년의 학제의 제정과 함께 일본의 국민교육, 즉 공교육이 시작되었다고 보는 것은 오늘날 일본교육사의 상식으로 되어 있다. 그러나 학제가 제정되기까지 그 어떤 예고나 움직임이 없이 어느 날 갑자기 학제가 만들어지지는 않았을 것이다. 학제 제정 이전의 일본의 교육제도와 그 이념 설정을 둘러싼 일련의 과정을 살펴보지 않고 일본의 공교육제도의 역사 혹은 연혁을 정확히 이해한다고 말할 수는 없다. 그런 의미에서 비록 고등교육제정에 관한 움직임이기는 했으나 학제 제정 이전의 유신 정부가 구상했던 학교제도와, 황도 이데올로기의 구축이라는 교육이념의 설정 등을 둘러싼 다양한 움직임에 대한 고찰은 근대일본의 국민교육을 이해하기 위한 필요조건으로서의 의미를 지닌다.

제2장 학제의 교육이념

1. 들어가는 말

일본의 어제와 오늘을 생각할 때 메이지유신이 갖는 문명사적 의의는 실로 크다. 주지하다시피 메이지유신은 막부 말기 서구 열강의 '서세동 점(西勢東漸)'이라는 대외적 위기와, 쇄국이라는 '국시(國是)'하에 국제 정 세의 흐름을 제대로 파악하지 못해 국가 존망의 위기를 초래했던 막부의 무능함을 비판하며 벌어진 도막운동(倒幕運動) 등에 따른 국내 정세의 혼 란 등, 대내외의 복합적 위기 상황을 돌파하고, 왕정복고를 통한 근대 국 민국가 체제로의 편입을 목표로 이루어진 일대 변혁이었다. 이에 메이 지유신은 '메이지 시대의 변혁', '메이지 시대의 개혁'이라는 의미로 이 해해야 할 것이며, 옛 것을 고쳐 새롭게 시작한다는 일련의 개혁 전체를 포괄한다.

에도 시대는 기본적으로 교토의 천황을 중심으로 하는 구게[公家]를 특별한 계층으로 놓고, 지배계급이었던 무사(武士) 계층을 정점으로 사농공상(士農工商)의 신분이 엄격히 구별되고 계층 간의 이동이 금지된 철저한 신분제 사회였다. 또한 봉건 막번(幕藩) 체제하에서는 3대 장군 도쿠가와 이에미쓰[德川家光] 이래의 쇄국정책을 일국의 조법(祖法)으로 받들며 외국과의 통교는 원칙적으로 금지되었으며, 번(藩)에서 번으로의 이동조차 자유롭지 못했던 지극히 폐쇄적인 사회이기도 했다. 교육기관 또한 신분과 계층에 따라 달리 존재했는데, 구게의 자녀들을 대상으로는 교토의 학습원이 있었고, 무가(武家)의 자제들을 위해서는 무가학교(武家學校)를 설치해 한학(漢學)을 중심으로 문무(文武) 교양 쌓기 교육이 이루어졌다. 그리고 그 중심적 역할을 막부 직할의 쇼헤이자카학문소[昌平坂學問所]가 맡았다.

게다가 제번(諸藩)의 다이묘[大名]는 조카마치[城下町]에 주로 한학과 무예를 가르치는 번교(藩校)를, 그리고 규모가 큰 번에서는 영내에 하급 무사와 서민의 자제를 대상으로 하여 유학(儒學)을 중심으로 문무서산(文武書算)을 가르치던 향학(鄕學)을 갖추고 있었으며, 그 수는 번교가 대략 250여 개소, 향학은 수 백 개교에 이르렀다. 그리고 막부 말기로 가면 민간 차원에서 국학, 양학, 화한의학(和漢醫學), 양의학(洋醫學), 근대병학조련(近代兵學操練) 등의 특정 전문 지식을 교습했던 사숙(私塾)과 가숙(家塾)이 많이 생겨났는데, 막말(幕末)에서 유신 초에 걸쳐 활약했던 이른바 지사(志士)들 가운데는 이들 사숙과 가숙 출신들이 많았음은 주지의 사실이다. 또한 에도 중기 이후에는 일반 평민들의 자식들을 대상으로 일용상행(日用常行)에 필요한 실기적 교육이 소규모로 이루어지던 데나라이주쿠[手習い塾] 혹은 데라코야[寺子屋] 등의 서민학교도 생겨났는데, 이

데라코야가 전국적으로 얼마나 존재했었는가는 정확히 알 수 없지만 대략 3만 개소 정도가 있었을 것이라 추정되며, 유신 초기 일본의 소학교는 주로 이들 데라코야의 연장선상에 있었음은 특기할 만하다.

이렇듯 에도 시대에는 신분과 계층 별로 다양한 교육기관에서 고급학문과 일용상행(日用常行)에 필요한 간단한 지식의 교습이 이루어졌으며,[1] 취학은 어디까지나 선택의 영역이었다. 그러나 메이지 시대에 들어서면 종래 제번이나 사인(私人)에 의해 설립되고 운영되던 학교는 정부에 의해 장악되고, '국민개학'이라는 명분하에 전국에 걸친 학교제도가 시행된다. 원칙적으로 취학의 자유는 인정되지 않았으며 병역과 납세와 함께 학교에 가야 하는 것은 국민의 의무가 되었다.

일반적으로 일본의 근대교육은 메이지 5년(1872) 일본 최초의 교육법령이라 할 수 있는 학제(學制)의 반포와 더불어 시작되었다고 보는 것이 일본교육사의 오랜 정설이다. 그러나 메이지유신 이후 학제가 제정·반포되기까지의 과정은 그리 간단치 않다. 유신 이후 불과 5년이 채 되지 않는 기간 동안 교토에서, 그리고 정치의 중심이 도쿄[東京]로 이행됨에 따라 도쿄를 중심으로 교육의 이념 설정을 둘러싸고 신구 세력 간의 치열한 헤게모니 쟁탈전이 있었고, 그럴 때마다 그것을 구체적으로 실천할 교육체계의 변화가 따랐다. 이 점에 대해서는 이미 앞에서 살펴보았다. 이와 같은 곡절은 적어도 1890년 '교육칙어(教育勅語)'가 공포되기 이전까지 끊임없이 이어지는데, 그런 의미에서 학제 반포를 전후로 한 시기에 나타나는 다양한 이념의 충돌과 그에 따른 제도의 변화는 일본의

---

1   에도 시대의 교육에 대한 대강은 이권희, 『근대 국민국가 형성과 교육』, 케포이북스, 2013, 183~208면을 참고 바람.

교육제도사나 교육사상사라는 큰 틀 안에서 볼 때 어쩌면 가장 역동적이면서도, '국가와 교육' 또는 '교육을 통한 특정 이데올로기의 형성'이라는 일본 근대교육의 전체주의적 성격을 이해하는 데 있어 많은 시사점을 던져 주는 시기였다고 할 수 있다.

유신의 일환으로 계획되고 추진된 근대교육이 '식산흥업(殖産興業)'과 '부국강병(富國强兵)'을 통한 '국민국가 만들기'라는 메이지 신정부의 근대화 구상의 일환으로 추진되었음은 의심할 여지가 없다. 그러나 근대교육의 기본이념을 제시했다는 이른바 학제의 '서문(序文)' 안에는 '국가'를 위한 교육이라는 문구는 그 어디에서도 찾아볼 수가 없고, 돌연 개인의 입신출세를 교육의 최고의 가치로 전면에 내걸고 있음은 무언가 석연치 않다. 본 장에서는 이와 같은 문제의식을 견지하며, 학제의 교육이념에 관한 종래의 다양한 학설을 원용하면서도 이에 대한 실증적 검토를 통해 메이지 신정부가 학제를 통해 천명했던 교육이념에 대해 다시 한 번 원점으로 돌아가 고찰을 시도해 보고자 한다. 이를 통해 메이지 정부가 교육을 통해 일관되게 추진하고자 했던 근대 국민국가의 성원으로서의 '국민의 규범' 형성과 학제, 그리고 국가와 민족을 강하게 의식하게 만드는 근대교육의 특수한 발전의 형 속에서 학제가 갖는 교육사상적 의의를 규명할 수 있는 작은 실마리를 찾을 수 있으리라 기대한다.

2. 양학에 대한 관심과 학교의 발견

일찍이 서양의 학문, 즉 양학(洋學)에 관한 관심과 수용은 에도 시대 초기 네덜란드와의 외교를 통해 시작되었다.[2] 주로 나가사키[長崎]에 상주하던 네덜란드어 통역관들에 의해 처음 소개된 난학(蘭學)이라 불리던 서양의 학문은 점차 국학자들의 관심을 끌기 시작했다. 아라이 하쿠세키[新井白石, 1657~1725]는 『서양기문(西洋紀聞)』(1715)을 통해 해외에 대한 개명(開明)적 이해를 나타내기도 했는데, 난학에 대한 본격적인 연구는 8대 장군 도쿠가와 요시무네[德川吉宗]가 한역난서(漢訳蘭書)에 대한 수입금지를 완화하고, 아오키 곤요[青木昆陽, 1698~1769], 야로 모토타케[野呂元丈, 1693~1761] 등으로 하여금 네덜란드어를 학습하게 하여 실학을 장려하면서부터 활발해졌다.[3]

막부에서는 1811년 천문을 관장하는 부서인 천문방(天文方)에 따로 반쇼와게고요[蛮書和解御用]를 설치해 난서(蘭書)와 외교문서 등의 번역을 담당케 했다.[4] 그리고 에도 말기, 긴박하게 돌아가던 국·내외 정세 속에서 외교사무의 중요성의 증대함에 따라 반쇼와게고요를 대신해 양학소

---

2   난학(蘭學)이라 불리던 양학은 주로 의학(醫學)을 중심으로 하는 네덜란드의 학문을 지칭하는 말이었지만, 1858년 '안세이[安政]의 5개국조약'의 발효에 따라 가나가와[神奈川], 니가타[新潟], 나가사키[長崎], 효고[兵庫]의 4개 항 개항 이후 새롭게 일본에 소개된 영국·프랑스·독일 등 유럽의 학술·문화·기술 전반을 가리키는 용어로도 사용된다.
3   이권희, 앞의 책, 197면.
4   에도 시대 초기에 만들어진 천문방(天文方)은 나중에는 천문력도(天文曆道) 이외에도 측지(測地), 지도의 제작, 양서의 번역, 해외사정의 조사, 외교사무 등을 담당하는 등, 양학에 관련된 사항을 총괄하는 막부의 중요한 기관이 되었다.

(洋学所)를 설치하고, 1856년에는 반쇼시라베쇼[蕃書調所]로 그 이름과 조직을 개편하여 막부의 정식 양학기관으로 삼았다.[5] 그 후 1858년 안세이[安政]의 5개국조약의 발효에 따라 가나가와[神奈川], 니가타[新潟], 나가사키[長崎], 효고[兵庫]의 4개 항을 개항함으로써 네덜란드 이외에도 영국·프랑스·독일 등 서구 여러 나라의 학문이 대량으로 유입되었는데 이에 막부는 1862년 반쇼시라베쇼를 요쇼시라베쇼[洋書調所]라 개칭하고, 1863년에는 다시금 가이세이조[開成所]라 개칭하며 양학에 대한 전문적인 연구를 장려했다.[6]

서양 학문에 대한 관심과 연구는 에도 후기에 들어서면 막부를 중심으로 하는 중앙에서뿐만 아니라 지방의 유력 제번(諸藩)에서도 활발히 이루어졌는데, 특히 사쓰마번[薩摩藩]의 시마즈 시게히데[島津重豪, 1745~1833]와 같은 서국대명(西国大名)들 가운데에는 난벽대명(蘭癖大名)이라 불릴 정도로 난학에 심취한 자들이 나타난다. 그들은 서구의 과학기술, 특히 항해·측량·조선·포술 등 국방과 군사에 관련된 학문·기술을 중시했고 이를 바탕으로 한발 앞서 번정(藩政) 개혁에 성공함으로써 막부를 위협하는 세력으로 성장할 수 있었다. 뿐만 아니라 민간에서도 양학숙(洋學塾)을 중심으로 양학이 점차 발달해 갔는데, 메이지유신 이후 신정부가 추진했던 교육의 근대화, 교육혁신이 단 기간 내에 성과를 거둘 수 있었던 것은 이미 전 시대에 그 기본 토양이 성숙해 있었음에 가능

---

5 반쇼시라베쇼에서는 바로 학생을 모집하고 막신(幕臣)의 자제들을 입학시켜 1857년부터 수업을 개시했는데, 학생 수는 191명 정도였다고 한다. 반쇼시라베쇼에 대해서는 이권희, 앞의 책, 198~200면을 참조 바람.
6 가이세이조는 메이지 신정부 출범 이후에도 양학연구의 메카로 자리매김하며, 가이세이학교[開城學校]·다이가쿠남교[大學南校] 등을 거쳐 훗날 도쿄대학[東京大學]으로 발전하게 된다.

했다고 할 수 있다.

한편, 양학에 대한 연구가 깊이를 더해 감에 따라 자연스럽게 서양에서 학문이 발달할 수 있었던 배경에 대한 관심이 일었다. 에도 말기의 무사이자 문인화가로 유명한 와타나베 가잔[渡辺崋山, 1793~1841][7]은 『격설혹문(鴃舌或問)』이라는 저서 안에서 서양 제국이 일본보다 빨리 근대화하고 선진화할 수 있었던 이유는 학문의 발전에 있으며, 그 근간에 학교교육을 통한 인재육성이 있었음을 간파하고 있었다.

서양 제국에서는 인재양성에 정치의 중점을 두고 있기 때문에 학교 교육이 완비되어 있고, 각자가 자기의 개성에 따라 진로를 결정하고, 그 재능을 발휘할 수 있도록 배려하고 있다. 뛰어난 연구에 대해서는 그것을 완성하기까지 정부에서 장려금을 지급해 주기 때문에 연구자는 생활에 궁핍함 없이 연구에 전념할 수가 있다. 게다가 연구성과는 일부 사람들에게 비장(秘藏)됨 없이 대학의 심사를 거쳐 출판되어 많은 사람들에게 보급한다. 이처럼 학문의 공개성이 중시되고, 학문연구에 막대한 정부지원금이 지급되는 결과, 서양 제국에서는 실학이 발달하였고 향학심(向學心)을 갖는 자들이 늘고 있다.[8]

---

7 와타나베 가잔은 '일소백태(一掃百態)', '응견선석상(鷹見泉石像)' 등의 문인화가로 유명하지만, 다른 한편으로는 미카와다하라번[三河田原藩]의 가로(家老)·해방(海防) 담당이기도 했고, 유학뿐만 아니라 난학(蘭學)에도 정통했다. 마침내 내셔널한 위기의식을 자각하고, 그것을 주된 동기로 하여 해외사정 연구에 매진한 결과, 일국의 조법(祖法)(3대 장군 도쿠가와 이에미쓰[德川家光] 이래의 쇄국정책)을 뛰어넘는 '세계 보편의 도리'의 존재를 자각하게 되었다. 일본도 지구 제국의 인류의 대도(大道)라고도 할 수 있는 '세계 보편의 도리'라는 것을 따라야 한다는 생각이었다.
8 한국실학학회 외편, 이권희 외역, 『동아시아 실학사상가 99인』, 학자원, 2014, 402면에서 재인용.

서양의 학교에 대한 관심은 메이지 시대를 대표하는 후쿠자와 유키치를 비롯한 계몽사상가들의 저술 곳곳에서도 발견할 수 있다. 이들은 서구 국민국가에 볼 수 있는 보통교육의 보편적 가치를 발견하고, 천부인권이나 사민평등이라는 말로 대표되는 자아의 각성과 실현이라는 개인의 독립된 사상을 키우는 근대 국민교육의 필요성을 강하게 주장했다. 또한 메이로쿠샤[明六社]를 중심으로 하는 계몽사상가들의 활약과, 이토 히로부미 등의 개명파 관료들에 의한 근대 교육제도의 필요성과 시행을 촉구하는 건언(建言) 등이 당시 일본사회와 메이지 신정부에 서양 학문을 중심으로 하는 계몽적 근대교육 체계 수립과 전 국민을 대상으로 하는 보통교육을 계획하고 시행함에 많은 영향을 끼쳤던 것은 부정할 수 없는 사실이며 그 의의 또한 크다. 그러나 민간 차원에서의 서양 학문에 대한 소개와 보급, 그리고 학교제도에 대한 관심과는 별도로, 정부 정책을 최종적으로 결정하는 자리에 있던 정부 수뇌가 이를 어떻게 받아들이고 생각했었느냐가 중요한 의미를 지닌다. 신정부의 수뇌 중 민중을 대상으로 하는 교육제도의 필요성을 가장 먼저 주장한 것은 이와쿠라 도모미[岩倉具視]였다.

막부 말기 존왕양이(尊王攘夷) 운동의 중심인물이었던 이와쿠라는 구게 출신으로서 메이지 신정부의 여러 요직을 두루 거친, 그야말로 유신정부의 핵심 인물이었다. 그는 국체를 옹호하는 입장에서 국헌제정(國憲制定) 방책을 추진하고, 교육정책의 입안과 시행에 큰 영향력을 갖고 있었다. 1868년 3월 국학자를 중심으로 구성된 학교계(學校掛)에게 '학사제(學舍制)'라는 고등교육을 위한 학제 안을 만들게 한 것도 이와쿠라였음은 이미 앞에서 살펴본 바와 같다.

이와쿠라가 구상했던 교육제도는 1870년에 조정에 제출한 '건국책(建國策)'에 집대성되어 있음은 이미 잘 알려져 있으나, 그 편린은 이전부터 조정에 제출한 각종 제안서를 통해 확인할 수가 있다. 먼저 이와쿠라는 1867년 고메이[孝明] 천황의 섭정(攝政)이었던 니조 나리유키[二條齊敬]에게 조정(朝廷)이 취해야 할 방책을 제시한 '제시(濟時)의 책의(策議)'(이하 '책의'라 약칭함)를 통해 인민에 대한 교육의 필요성을 주장하고 있다.[9] '책의'는 다음의 6개 항목으로 되어 있다.

① 조정의 주도로 제 외국에 칙지(勅旨)를 파견해 외교를 시작해야 할 것
② 조정이 정론(正論)으로 제 외국과의 통상규정(通商規則)을 담판하고, 효고(兵庫)은 일본에서 개항통고(開港通告)해야 할 것
③ 제도를 변혁하고 국정을 일신(一新)해야 할 것
④ 산림원야(山林原野)를 개간(開墾)해야 할 것
⑤ 조세 규정을 정하고 징수해야 할 것
⑥ 해외무역을 고구(考究)하고 소학교를 설치해 오륜(五倫)의 도(道)를 교육해야 할 것

'책의'의 서론 부분에서 이와쿠라는 미국이나 서구 열강에 대해서는 무사(武事)로도 문사(文事)로도 그들에게 대적할 수 없다며, 현재의 조정

---

9 그 계기는 일관되게 조정 주도의 외교·국교회복을 꾀했던 이와쿠라가 도쿠가와 요시노부[德川喜慶]가 정권 붕괴의 위기를 타개하고자 대외공작의 일환으로 각국 공사(公使)를 오사카성[大阪城]에서 인견(引見)한다는 말에 위기감을 느꼈던 것에 있었다. '제시(濟時)의 책의(策議)'를 둘러싼 사정은 『岩倉公實記』 中卷, 岩倉公舊蹟保存會, 1927, 22~32면을 참조 바람.

의 급무는 무엇보다도 "인재를 거용(擧用)"하는 데 있다고 하면서 고등교육을 통한 인재 양성의 필요성을 주장했다. 세 번째 항목인 '제도를 변혁하고 국정을 일신해야 할 것'에서는 군신이 일치 협력하여 부국강병에 힘써야 할 것임을 주장하고 있는데, 그러기 위해서는 무엇보다도 "현능(賢能)을 거용하는 것이 가장 간요(肝要)하다"며 인재 등용의 중요성을 재차 강조하고 있다. 그 구체적인 방법으로 대학(大學)의 설치를 주장하고 있는데, 오기칠도(五畿七道)를 한 번에 통합하는 것은 무리임으로 일도마다 하나씩 관찰사부(觀察使府)를 두고 오기에도 마찬가지로 관찰사부를 두어 "화한양(和漢洋)의 어학을 연구하는 대학교를 설치해 재능을 교양시켜야 한다"는 내용이었다.[10]

한편 일반 민중의 교육에 대해서는 여섯 번째 "소학교를 설치해 오륜(五倫)의 도(道)를 가르쳐야 할 것"이라고 주장하고 있다. 이와쿠라는 외국과의 무역이 성행하면 모두가 돈벌이에만 매달리게 되고 그러다 보면 "중인(衆人) 전후(前後)의 득실을 헤아리지 못하고 말류(末流)만 쫓아 본원(本願)을 잊고 일시적으로 역상증(逆上症)에 걸리게 된다"고 지적하면서 그 폐해를 없애기 위해서는 칠도(七道)에 각각 수 백 개의 소학교를 설치해 아동에게 "오륜(五倫)의 도를 교유(敎諭)할 것에 힘써야 한다"고 유교 도덕 교육의 중요성을 강조하고 있다. 즉, 이와쿠라는 소학교를 통한 보통교육을 민중을 도덕적으로 통일시켜 교화하기 위한 장치쯤으로 생각하고 있었음을 알 수 있다.

---

10 '제시(濟時)의 책의(策議) 원문은 大塚武松・藤井甚太郎 編, 『岩倉具視関係文』第1, 日本史籍協会, 1935. 일본 국회도서관 근대 디지털라이브러리(http://kindai.ndl.go.jp/info:ndljp/pid/1075204/153)를 통해서 확인할 수 있다.

이와쿠라가 얼마나 교육을 중요하게 생각했냐 하는 것은 1868년 10월 21일 조의(朝議)에 붙이기 위해 병상(病床)에서 제출한 '의견서(意見書)'를 통해서도 확인할 수가 있다.[11] '의견서'에는 총 18개 사항이 들어 있었는데, 그 세 번째 사항인 '학제 조사에 관한 사항[學制取調之事]'에서 이와쿠라는 "황국(皇國) 전도(前途), 그 근본이 여기에 있습니다. 가장 중요한 일입니다. 속히 조사를 분부해 주셨으면 합니다"라며 하루라도 빨리 학교 교육제도에 대해 조사할 것을 천황에게 간청하고 있다. 또한 2년 후인 1869년 6월 29일 조의에서는 '시무수건(時務數件)'을 제출했는데,[12] 일곱 번째 제언 '황도를 분명히 밝히고 정학을 일으키길 원한다[欲明皇道興正學]'에서 이륜(彝倫)의 도(道)는 신대(神代)의 예부터 상하귀천(上下貴賤)의 구별 없이 이를 지켜왔는데 학자가 사견(私見)·이설(異說)을 주장해 민중을 망쳐왔음으로 "전국에 대소학교(大小學校)를 설치해 이륜의 도를 강명(講明)함으로써 근초(根礎)로 삼아야 한다. 이 근초가 확립될 때는 국가의 정기가 충만하여 외사(外邪)가 조금도 ~할 수 없다"고 하였다. 이 또한 유교교육을 통해 국민도덕을 통일시키기 위해 학교가 필요하다는 주장이다.

1870년 8월에 조정에 제출한 '건국책'은 이제까지의 이와쿠라가 제안 또는 주장했던 교육과 교육제도에 관한 의견의 집대성이라 할 수 있는데 '천하에 중소학교(中小學校)를 설치해 대학(大學)에 예속시켜야 할 것'이라는 부분에서 학교제도에 관해 다음과 같이 말하고 있다.[13]

---

11 岩倉公舊蹟保存會 編, 『岩倉公實記』中卷, 1927, 602~608면. 또는 일본 국회도서관 근대 디지털라이브러리(http://kindai.ndl.go.jp/info:ndljp/pid/781064/359)를 통해 확인할 수 있다.

12 岩倉公舊蹟保存會 編, 『岩倉公實記』中卷, 1927, 758~761면. 또는 일본 국회도서관 근대 디지털라이브러리(http://kindai.ndl.go.jp/info:ndljp/pid/781064/359)를 통해 확인할 수 있다.

천하에 불교(不敎)의 인민을 없게 하기 위해서는 부번현(府藩縣) 각 23개 소의 중학교와 수십백 개소의 소학교를 설치해야 한다. 국가를 문명으로 이끌고 부강으로 나아가게 하는 것 인지(人智)의 개진(開進)에 있음은 물론이며 천하의 인민에 배우지 못한 사람을 없게 하는 것은 하루아침에 이루어지는 것이 아니다. 지금 이것을 설치하지 않으면 후회해도 소용없는 일이 있을 것이다. 하루속히 학제를 부번현에 반포하여 각각 이를 시설(施設)하게 해 대학의 감독하에 속하게 해야 할 것이다.

이와쿠라는 여기에서 종래의 고등교육을 위한 대학과 민중교육을 위한 소학교 설치 이외에 중학교의 필요성을 주장하고 있다. 대학·중학·소학이라는 단일형 학교체계와 "천하의 인민에 배우지 못한 사람을 없게 하는 것"이라는 '국민개학'의 구상은 1872년 반포된 학제의 기본 구상이기도 했다.

메이지 신정부의 핵심 요인 가운데 이와쿠라 도모미와 함께 교육정책에 가장 큰 관심을 갖고 있던 또 한 명의 인물이 바로 기도 다카요시[木戸孝允]이다. 기도는 실제로 그리 길지 않은 기간이기는 하지만 1874년 1월부터 5월까지 문부경(文部卿)의 자리에 올라 직접 교육행정을 총괄하기도 했다. 기도는 메이지 원년(1868) 12월, 인민의 부강이야말로 나라의 부강의 기초이며 사람들이 무식해서는 유신이 공명(空名)으로 끝나버릴 것임으로 인민의 지식진보를 위해 문명 각국의 지식을 취사선택하여

---

13 '건국책'은 『岩倉公實記』中卷, 岩倉公舊蹟保存會, 1927, 882면. 혹은 국립국회도서관 디지털콜렉션(http://dl.ndl.go.jp/info:ndljp/pid/781064/428)에서도 확인할 수 있다.

전국적으로 보통교육을 하루 속히 시행해야 함을 강조하는 '보통교육의 진흥을 급무로 해야 하는 것에 대한 건언서안'을 조정에 제출했다. 전 장에서 전문을 게재한 바 있으니 여기에서는 그 핵심 내용만을 다시 한 번 게재해 보기로 한다.

> 원래 국가의 부강은 국민의 부강으로, 일반 인민이 무식빈약의 경우에서 벗어나지 못하면 왕정유신의 미명(美名)이 결국 공명(空名)에 속하게 되고, 세계 부강의 각국과 대치하는 목적도 반드시 그 알맹이를 잃게 됩니다. 그리하여 일반 인민의 지식진보를 기대하여, 문명 각국의 규칙을 취사하여 서서히 전국에 학교를 진흥시키고, 크게 교육을 펼치시는 것이 오늘날의 급무라 생각합니다.

여기에서 기도는 2,3인의 영웅호걸이 정치를 좌지우지해서는 국가를 부강하게 할 수 없으며, 국민 전체의 지적 수준을 향상시키는 것이 중요하다. 그러기 위해서는 무엇보다도 하루빨리 전국에 학교를 설치해 교육을 시행하는 것이 국가 부강을 위한 길임을 주장하고 있다. 즉, 기도가 구상했던 근대일본의 교육이념은 국민을 교화의 대상으로 본 이와쿠라와는 달리 인민 지식의 진보와 부강이 바로 국가의 부강으로 직결된다는 공리주의적 교육관에 기초하고 있음을 알 수 있다. 이는 다름 아닌 1872년 학제의 기본 교육이념이기도 했다.

유신 정부의 최고 실력자 오쿠보 도시미치[大久保利通] 또한 보통교육의 필요성을 강조한 신정부 요인으로서 주목된다. 오쿠보는 1869년 정월 이와쿠라 도모미의 자문(咨文)에 대한 답신 형식으로 제출한 '정부 체

제에 관한 건언서[政府ノ体制ニ関スル建言書]'에서 "먼저 무식문맹(無識文盲)의 백성(民)을 지도하는 것이 급무이며, 종전의 습속(俗)을 잃지 않고 교화(敎化)의 길을 열어 학교 제도를 설치해야 할 것"이라 하며 '무식문맹'의 백성을 교화기기 위한 학교제도를 만들 필요성을 강하게 주장했다.[14] 오쿠보는 유신을 전후로 한 당시 일본의 실정을 서구 제국과 비교해 '삼척동자(三尺童子)'라는 말로 표현하고 있는데, 이러한 인식에서 알 수 있듯이 유신 정부 요인들은 일본이 행정기구·재정기반·병력·산업구조 등, 근대국가의 면모를 아직 갖추고 있지 않았음에 강한 위기감을 갖고 있었고, 제 문제를 타개하기 위해서는 무엇보다도 학교제도를 만들고 일반 국민에게 교육을 보급하는 것이 급선무라는 공감대를 형성하고 있었던 것이다.

3. 학제 반포 이전

막부 말기 서구 열강의 무력 앞에 국가 존망의 위기를 맞보았던 메이지 신정부는 전근대적 봉건 질서를 철폐하고 유신을 통해 '식산흥업'과 '부국강병'을 바탕으로 하는 근대 국민국가 건설을 지향했다. 그리고 빠

---

14 大久保利通, 「政府ノ体制ニ関スル建言書」, 『大久保利通文書』 3(日本史籍協会 編, 日本史蹟協会叢書 30, 東京大学出版, 1983 復刻版), 11~13면. 일본국립국회도서관 디지털 콜렉션(http://dl.ndl.go.jp/info:ndljp/pid/1075757)을 통해서도 확인할 수 있다.

른 시일 내에 이를 달성하기 위해 무차별적으로 서구의 선진 기술과 제도를 이식하였다. 유신이라는 일련의 개혁은 개국 과정에서 겪어야만 했던 일본인들의 정신적 트라우마(trauma)를 극복하고, 근대 국민국가 체제를 갖춤으로써 종래의 불평등조약을 개선하고 열강의 일원으로 합류하겠다는 야심찬 근대 국민국가 건설 프로젝트였다.[15] 이에 중앙관제(中央官制)·법제(法制)·신분제(身分制)·지방행정(地方行政)·징병제·외교 등의 정치·군사 분야뿐만 아니라, 금융·유통·조세 등을 포함하는 경제 분야, 종교·사상·교육 등을 포함하는 전 분야에 걸쳐 전 시대와 단절되는 새로운 가치 체계를 형성해 나간다. 그리고 무엇보다도 교육의 근대화에 주력했다. 이는 왕정복고의 대호령 선포 이후 일본 최초의 근대적 교육법령인 학제가 반포된 1872년 전후까지 정부가 착수했던 일련의 개혁 정책과 근대교육체계 수립을 위해 진행되었던 일련의 시책을 비교해 보면 확연하다.

메이지 초기 정치 개혁과 교육 관련 시책 비교

연도	정치 개혁	교육 관련 시책
1867	메이지[明治] 천황 즉위 대정봉환(大正奉還) 왕정복고의 대호령(大號令) 반포	
1868	도바[鳥羽]·후시미[伏見] 전투(보신전쟁) 메이지 천황 '5개조서문' 공포	학습원 재흥 의학교, 창평교, 개성소 부흥 황학소(皇學所), 한학소(漢學所) 설치 학교계(学校掛)에 임명 '5개조서문' → 메이지 신정부의 교육방침 제시
1869	도쿄[東京] 천도 판적봉환(版籍奉還),	누마즈병학교 부속 소학교 개교 부현(府県)에 소학교를 두고 도쿄후[東京府]에 중소

---

15 1858년 영국, 프랑스, 미국 등의 서구 5개국과 맺은 이른바 '안세이[安政] 5개국 조약'은 치외법권을 인정하고, 관세자주권과 화폐개주권(貨幣改鑄權)을 갖지 못하며, 그 밖에도 외인들의 거류지와 군사기지까지 제공하는 불평등조약이었다.

	공의소(公議所) 개설 태정관(太政官)을 도쿄로 이관 직원령(職員令) 제정－관제 개혁 신분제도의 철폐(화족·사족·평민)	학교조사계(中小学校取調掛)를 설치 '부현시정순서(府県施政順序)' 포고 교토시에 일본 최초의 공립소학교 개교 황학소와 한학소 폐지 창평학교(昌平學校)를 대학교(大學校)로 고치고 개성 소(開成所), 의학교(医学校)를 부속시킴 대학교(大学校)를 대학(大学)으로, 개성소(開成所)를 다이가쿠남교[大学南校]로, 의학교(医学校)를 대학본교(大学東校)로 개칭
1870	대교선포의 칙[大敎宣布の勅] 징병규칙 제정	대학규칙(大學規則)과 중소학규칙(中小學規則) 발령 도쿄부에 소학교 6개교 설치 외국어학습을 중심으로 한 소학교 6개교 설립(도쿄)
1871	폐번치현(廢藩置縣) 신분해방령 이와쿠라사절단[岩倉使節団] 출발	문부성(文部省) 설치
1872	단발령, 폐도령, 인신매매의 금지. 철도개통 교부성(教部省)하에 교도직(教導職) 설치	도쿄에 처음으로 관립 여학교 개교 도쿄에 사범학교 설치 학제(學制) 제정, '소학교칙(小學敎則)' 공포
1873	태양력 시행 징병령(徵兵令) 발포	메이로쿠샤[明六社] 설립 학제 시행 도쿄사범학교에 부속소학교 설립 도쿄에 외국어학교 설립 공립 소학교 8천 교, 사립 4천 5백 교 *취학률 31%

　　일본의 근대 교육제도가 많은 부분 서구 선진 제국의 교육제도의 영향 하에 성립하였음은 이론의 여지가 없다. 그러나 일본의 근대교육은 철저히 국가의 통제하에 계획되고 주도되었다. 교육을 국가가 계획하고 관리한다는 것은 단기간 내에 교육을 전국적으로 보급할 수 있으며, 취학을 의무화함에 따라 취학률을 높일 수 있다는 제도의 효율성이라는 면에서는 큰 성과를 거둘 수 있었다. 일본이 교육 근대화의 모델로 삼았던 서양 제국의 국민교육 역시 근대 국민국가 형성기에는 국가의 책임 하에 이를 시행·보급했으나 교육의 내용적 가치에서만큼은 국가는 언제나 중립적 입장을 취했고, 그러한 가치의 선택과 판단은 오로지 교회와 같은 사회적 집단 내지는 개인의 양심에 맡겼다.[16] 그러나 일본의 경우 교

회와 같은 사회적 집단이 없었음에 근대교육 시행 이후 오랫동안 국가가 교육의 내용적 가치와 이념을 직접 설정하고 강제하는 전체주의 교육을 시행했다. 이 점, 유신 이후 그리 오래 지나지 않은 시점에 일본이 서구 열강과 어깨를 나란히 하는 근대 국민국가로 발돋움할 수 있었던 원동력으로 작용했으나, 다른 한편으로 일반 인민들에게 '국체사상'이라는 특정 이념을 강요함으로써 한국과 중국을 비롯한 아시아·태평양 제국을 불행한 역사의 소용돌이 속으로 몰아넣는 불행한 결과를 낳았다.

1871년 7월 14일 폐번치현(廢藩置縣)이 단행되었다.[17] 이로서 전국의 행정을 신정부가 통괄하게 되었다. 유신 이후 전국에 부현(府縣)이 만들어지기는 했지만 구래의 번 또한 존속하고 있었는데 폐번치현을 통해 번을 없애고 부현을 중심으로 전국을 하나의 행정단위로 조직할 수 있었던 것이다. 이와 함께 중앙정부도 행정관성(行政官省) 조직을 정비해 같은 달 18일에는 문교행정을 담당하는 문부성(文部省)이 설치되었다.[18] 문부성 설치 이전에 문교에 관한 행정은 내국사무국(內國事務局) 등에서 담당하고 있었는데 전국 규모의 학교제도를 시행할 구체적인 계획은 갖고 있지

---

16 都築享, 「近代国家の教育とナショナリズム」, 『名古屋大学教育学部附属中高等学校紀要』 11, 1966, 127면. 특히 영국의 경우 교육은 주로 가정과 교회의 임무라 여기며 오랜 세월 국가가 이에 간여하거나 개입하는 경우는 드물었다. 이에 현재도 학교와 가정과 교회라는 복선형 교육체제를 유지하고 있다. 仲新, 『現代學校論』, 目黑書店, 1949, 119~121면 참조.

17 단, 7월 14일 단계에서는 구번(舊藩)을 그대로 현(縣)으로 바꾼 것에 불과했기 때문에 (3부 302현) 행정상 큰 변화는 없었다. 그러던 것을 같은 해 11월 부현개치(府縣改置)를 통해 3부 73현으로 조정, 비로소 중앙집권적인 국가체제를 구축하게 된다.

18 1871년 7월 18일 태정관의 '大学ヲ廢シ文部省ヲ被置候事'라는 포고에 의해 대학을 대신해 국내의 교육행정을 통괄하는 기관으로서 문부성이 설치되었다. 실질적으로 전국 부현의 학교를 관할하고 교육행정을 통괄하게 된 것도 부현개치가 있은 후의 일이었다.

않았다. 문부성은 무엇보다도 먼저 학교와 교육에 관한 제도를 수립하고 이를 전국적으로 시행하는 것을 가장 시급한 현안으로 삼았다.

메이지 신정부는 전 국민을 대상으로 하는 보통교육의 시행을 위해 이미 메이지 원년인 1868년 10월 27일 미쓰쿠리 린쇼[箕作麟祥], 우치다 마사오[内田正雄], 호소카와 준이치로[細川準一郎] 등을 학교조사어용계(學校取調御用掛)로 임명했으며, 같은 해 12월 2일에는 야마우치 도요시게[山内豊信], 아키즈키 다네타쓰[秋月種樹]에게 학교조사(學校取調)의 겸무를 명했다. 그리고 간다 다카히라[神田孝平], 모리 아리노리[森有禮], 마쓰오카 나나스케[松岡七助], 히시다 분조[菱田文蔵] 등을 학교조사어용계로 충원하여 서구의 교육제도와 학교제도를 조사케 하고 이를 바탕으로 학제를 강구케 했다. 1869년 3월 17일 포달된 '부현시정순서(府縣施政順序)'의 제10항 '소학교를 설치하는 건[小学校ヲ設ル事]'은 보통교육으로서의 소학교 교육 시행을 위해 유신 정부가 처음으로 내놓은 교육정책으로써 주목된다. 여기에서 소학교는 서학(書學)·소독(素讀)·산술(算術)을 기본으로 하고, '국체시세(國體時勢)'를 변별하고, '충효의 도'를 가르치는 것을 주된 목적으로 삼고 있다. 이것은 대학을 중심으로 그 전 단계로써 소학교를 자리매김했었던 당시의 교학체계와는 다르게 대학과의 연계 없이 민중(인민)을 위한 초등교육제도를 마련한다는 계획이었다. 이를 받아 교토부를 비롯해 각 부현에 소학교와 중학교가 설립되었다.

그러나 본격적으로 학교제도의 기획과 기초(起草)에 착수한 것은 문부성 설치 이후인 1871년 12월이 되어 12명의 학제기초계(學制起草掛)를 위촉해 이들이 활동을 시작한 이후부터였다.[19] 학제기초계의 면면을 살펴보면, 프랑스 사정에 정통했던 미쓰쿠리 린쇼, 쓰지 신지[辻新次], 가와

즈 스케유키[河津裕之], 영학자였던 우류 하지무[瓜生寅], 네덜란드에서 유학하며 학교제도에 관해 연구를 하고 조문(條文)을 번역 출판한 우치다 마사오 등의 양학자가 대부분을 차지했고, 기무라 마사코토[木村正辭], 조 히카루[長炗] 등의 한학자, 하세가와 야스시[長谷川泰], 이와사 준[岩佐純] 등의 의학자, 그리고 문교행정 전문가로서 니시카타 도쓰[西潟訥], 스기 야마 다카토시[杉山孝敏], 오다 나오타네[織田尚種] 등이 참여했다.

이미 문부성 설치와 함께 학제조사계(學制取調掛)가 설치되어 학제 제정을 위해 각국의 학교제도에 관한 조사에 착수해 있었기에 학제조사기 초계가 임명된 후에는 급속하게 기본방침이 정해져 1872년 1월에는 학제의 대강이 정해지고 두 달 후에는 원안을 완성해 태정관에 이를 상신했다. 그 후 각 조항에 대한 검토가 이어지고 6월에는 학제의 기초가 끝나 좌원(左院)에 품의[伺]를 청했다.[20] 좌원에서는 별 문제 없이 심의가 끝났지만 정원(正院)으로 옮겨져 벌어진 심의에서는 경비 등에 대한 이견이 좁혀지지 않았다. 문부성에서 제출한 예산에 대해 대장성(大藏省)이 재정난을 이유로 반대했기 때문이다. 결국 재정에 대해서는 이견을 좁히지 못한 채 정부의 재정적 뒷받침 없이 일본 최초의 교육법령인 학제가 반포되었다.

학제 반포에 즈음해서 정부는 8월 2일 '태정관포고 제214호'를 통해 속칭 '피앙출서(被仰出書)', '학제서문(學制序文)', '학제포고문(學制布告書)',

---

19 문부성 발족 이전이었던 1870년 12월, 1871년 2월 등 두 차례에 걸쳐 정부에서는 학제조사와 '학과질문(學課質問)'을 위해 독일 등 유럽으로 관원을 파견했었다.

20 태정관 기구는 폐번치현에 따라 정원(正院)·좌원(左院)·우원(右院)의 3원제로 구성되었다. 정원은 3원의 정점에 위치하며 천황이 직접 만기친람(萬機親覽)하였고, 입법을 관장하는 좌원과 행정을 관장하는 우원을 통괄하였다.

'학제전문(學制前文)' 등이라 부르는 '학사장려에 관한 피앙출서[學事獎勵に關する被仰出書]'(이하 '피앙출서'라 함)라는 포고서와 함께 각 '장정(章程)'(조문(條文))을 발포(發布)했다. 이를 받아 문부성에서도 8월 3일, '문부성포달 제13호'와 '동 제14호', 그리고 '문부성포달 제14호 별책'(피앙출서와 같은 내용)을 통해 전 109장으로 구성된 학제를 전국에 반포했다.[21] 이는 새로운 시대에 새로운 교육을 시행한다는, 이른바 '신교육선언'이라고도 부를 만한 것으로, 정부가 근대적 학교제도를 통해 전 국민을 대상으로 보통교육을 시행하겠다는 강한 의지를 표명함과 동시에 새로운 시대에 걸맞은 새로운 교육이념을 명시한 것이었다.

유신 정부는 무엇보다도 근대 국민국가 건설을 선도할 고급인재의 확보와 직접 이를 수행할 교육된 양질의 노동력이 절실했다. 1872년 일본 최초의 교육법령으로 제정·반포된 학제는 '국민개학'이라는 슬로건하에 교육을 통해 갖추게 되는 능력 여하에 따라 입신출세(立身出世)가 가능한 능력주의라는, 당시 서구 사회의 보편적 교육이념을 채용함으로써 신분제 해체의 결과 특권적 지위를 상실해 망연자실하고 있던 200만에 가까운 사족(士族) 계층을 위무함과 동시에, 변변한 교육을 받지 못했던 일반 서민이나 농민에게는 공평하고 균등한 교육기회를 제공함으로써 지금까지는 꿈도 꾸지 못했던 신분(지위) 상승에 대한 기대감을 주었다.[22] 이러한 의미에서 일본의 근대교육은 유신 이전의 그 어떤 교육 상

---

21 1872년 8월 3일 시점에서 학제는 전 109장으로 구성되어 있었지만, 이듬해인 1873년 3월부터 4월에 걸쳐 '학제2편'(문부성포달 제30호), '학제추가'(동 제51호), '학제2편추가'(동 제57호)가 포달되어 최종적으로는 213장으로 최종 구성되었다. 개정 전과 후의 내용의 추가 및 삭제는 竹中暉雄, 『明治五年「学制」』, ナカニシヤ出版, 2013의 자료편, 418~470면을 참조 바람.

22 유신 초기에는 사족(士族)과 농민들의 반란이 도처에서 일어났다. 정부는 재정을 주

황과도 또렷이 구별되는 일본교육사의 일대 혁신이었으며 전 국민을 대상으로 하는 보통교육의 시행은 봉건사회의 다양하고 중층적인 신분성, 지역성, 문화성을 '국민(國民)'이라는 일원적이고도 중앙적인 가치로 이를 통합할 수 있는[23] 최적의 기재이기도 했다. 다시 말해, 전근대적 봉건사회에서 근대사회로의 이행이 보통교육의 보급을 통한 근대 시민의식의 앙양을 전제로 한다는 점에서, 그리고 근대 국민국가는 국민통합이라는 절대적 조건 위에 성립하며, 국민통합은 공통된 이데올로기의 공유를 전제로 한다고 할 때 전 국민을 대상으로 하는 보통교육의 시행은 서구 문물의 무차별적인 수용을 통한 '문명개화', '근대화'라는 메이지 국가의 공통된 이데올로기 생성과 공유를 위한 최적의 기재로 인식되었던 것이다.

로 지조(地租)에 의존했기 때문에 지주들을 보호하고 우대하는 정책을 폈고 이로 인해 종종 지주에게 투기적 이익을 가져다주었다. 반면 하층 농민들의 생활은 점점 궁핍해져만 갔는데 이에 각지에서 봉기[一揆]가 끊이질 않았다. 하루아침에 일자리를 잃게 된 무사계급들의 상실감은 말할 나위도 없을 것이다. 실제로 42만 호가 넘는 화족(華族)·사족(士族)의 대부분이 유신 정부에서 관직을 갖지 못했다. 1874년의 중앙과 지방의 관리 총수 2만 1486명 가운데 화족·사족 출신은 1만 6,897명(약 79%)인데, 그것은 화족과 사족 전체 호 수의 약 4%에 지나지 않는 수였다. 고토 야스시 외, 이남희 역, 『천황의 나라 일본』, 예문서원, 2006, 158면.

23 쓰지모토 마사시 외, 이기원·오성철 역, 『일본교육의 사회사』, 경인문화사, 2012, 351면.

4. 학제의 교육이념에 대한 재검토

학사장려에 관한 피앙출서[24]

사람들이 스스로 입신하고 그 재산을 관리하고, 그 사업을 번성케 하고, 그렇게 함으로써 그 일생을 완수할 수 있는 이유가 무엇이냐 하면 그것은 다름 아닌 수신(修身)하고, 지식을 넓히고 재능과 재예를 신장시키는 것에 의한 것이다. 그 수신하고, 지식을 받아들이고, 재능과 재예를 신장시키는 것은 학문에 의하지 않으면 불가능하다. 이것이 학교를 개설해 놓은 이유로써 일용상행(日用常行)·언어서산(言語書算)을 비롯하여 관리[土官]·농민·상인·여러 직능인[職人]·기예에 종사하는 사람, 그리고 법률·정치·천문·의료 등에 이르기까지 대체로 사람이 영위하는 것에 학문이 관계하지 않는 것은 없다. 사람은 그 재능에 따라 스스로 힘써[勉勵] 학문에 종사해 그리하여 비로소 생활을 꾸리고 자산을 만들고 사업을 번창하게 만들 수 있는 것이다. 그러므로 학문은 입신을 위한 재본(財本)이라고도 해야 할 것으로 인간인 자 그 누가 학문을 하지 않아도 될 자가 있겠는가. 길을 잃고 기아에 빠지고 가정을 파탄시키고 내 몸을 망치는 무리들은 결국 학문을 하지 않는 것에 의해 이와 같은 잘못을 저지르는 것이다. 지금까지 학교가 세워지고 많은 해가 지났다고는 해도 경우에 따라서는 그 방식이 옳지 못해 사람들이

---

24 원문 생략. 원문은 일본 문부과학성 홈페이지(http://www.mext.go.jp)의 '學制百年史 資料編'에서 확인할 수 있다. '피앙출서'에 대한 한국어 역은 저자가 일전에 「메이지[明治] 전기 국민국가 형성과 교육」, 『日本思想』 제21호(韓國日本思想史學會, 2011. 12)에서 한어의 원의를 해치지 않는 선에서 가능한 한 원문에 충실히 번역한 것을 게재한 적이 있으나 이해하기 어려운 부분이 있고 오역 또한 보여 여기에서 다시 한 번 원의를 해치지 않는 범위에서 재번역한 것을 게재한다.

그 방향을 잘 알지 못하고, 학문은 무사계급 이상의 사람들과 관계된 일이라 생각해 농업·공업·상업에 종사하는 사람, 그리고 여성과 아이들에 이르러서는 이것을 도외시하고 학문이 무엇인가를 분별하지 못한다. 또한 무사계급 이상의 사람들 중에 드물게 학문을 하는 자가 있더라도 자칫 학문은 국가를 위해 하는 것이라 주장하며 학문이 입신의 기초임을 모르고, 어떤 자는 문장을 암기하는[詞章記誦] 등 하찮은 것에 몰두하고, 공리허담(空理虛談)의 길로 빠져들어 그 논리가 고상한 것 같아 보이기는 하나 이것을 실제로 자기 자신이 행하고 시행할[身行事施] 수 없는 것이 적지 않다. 이것은 즉, 오랜 세월 따라 왔던 예부터의 나쁜 습관[習弊]으로 문명이 널리 보급되지 않고 재능과 재예가 신장되지 않아 빈곤한 자와 파산한 자, 집을 잃은 자들과 같은 무리가 많은 이유이다. 이렇기 때문에 사람은 학문을 해야 한다. 학문을 배우기 위해서는 당연 그 취지를 잘 이해해야 한다. 이에 이번에 문부성에서 학제를 정해 순차적으로 교칙을 개정해 포고해 나갈 것이니 지금 이후부터 일반 인민(화족·사족·졸족·농민·직능인·상인과 부녀자)은 반드시 마을에 배우지 않는 집이 하나도 없고 집에는 배우지 않는 자가 한사람도 없게끔 하려 한다. 사람의 부형인 자 이 취지를 잘 인식하고 그 자제를 애육(愛育)하는 정(情)을 두텁게 하여, 그 자제를 반드시 학교에 다니게끔 해야 할 것이다. 고도의 학문에 이르러서는 그 사람의 재예에 맡긴다 하더라도 어린 자제는 남녀의 구별 없이 소학교에서 배우게 하지 않는 것은 그 부형의 과오가 될 것. 단, 지금까지 오랫동안 따라 왔던 나쁜 습관의 학문은 무사계급 이상의 일이라 하는 것. 그리고 학문은 국가를 위해 하는 것이라 주창함으로써 학비와 그 의식 비용에 이르기까지 대부분을 관에 의지하고 이것을 얻지 못하면 배우지 않겠다고 생각해 일생을 스스로 망치는 자가 적지 않다.

이 모두 몹시 곤혹스러운 일이다. 지금 이후는 이들 폐해를 고쳐 일반 인민이 다른 일을 던져 버리고 스스로 분기하여 반드시 학문에 종사하게끔 마음 먹어야 할 것.

이상과 같이 지시를 하셨음에 지방관에서 시골구석(邊隅)의 신분이 낮은 인민(小民)에 이르기까지 누락되는 일이 없도록 적절히 학제의 의미를 설명해 주고 상세히 신유(申諭)하여 문부성의 규칙에 따라 학문이 보급될 수 있도록 방법을 궁리해 시행해야 할 것.

메이지 5년 임신(壬申) 7월

태정관(太政官)

학제가 반포될 당시 어떠한 형태의 교육시설에서든 교육을 받고 있던 사람이 전 취학인구의 대략 20퍼센트 정도 되었으리라 추정한다. 에도 시대에 대략 20퍼센트 정도의 무사계급 이상의 자제와 서민들이 다양한 형태의 학교시설에서 고급 학문과 일용상행에 필요한 읽고 쓰기, 그리고 간단한 산수 정도를 배우고 있었다고 봤을 때 메이지 초기에도 그 수치는 그리 달라지지 않았으리라 여겨지기 때문이다. 따라서 80퍼센트의 무학자를 포함해 전 국민을 대상으로 한 보통교육을 전면적으로 시행하겠다는 학제의 선언은 반포 후 실제 취학률이 어떠했는가를 떠나 분명 일본교육사상 획기적인 사건임이 틀림없다.

학교의 기본체계는 이미 이와쿠라 도모미가 구상했던 대학·중학·소학의 3단계의 학교를 학구제(學區制)에 따라 설치함을 기본방침으로 정했다.[25] 그 대강은 다음과 같다. 전국을 8개의 대학구(大學區)로 나누고 각 대학구에 대학을 하나씩 둔다. 그리고 8개의 대학구 밑에 32개의 중학구를 두고 여기에 중학교를 하나씩 두어 전국에 256개의 중학교를 설립한다. 또 각 32개의 중학구마다 210개의 소학교를 두기로 정했음으로 소학교는 전국에 53,760개교를 설립해 이를 모두 문부성이 통괄한다는 계획이었다. 이를 위해 문부성에서는 각 대학구에 독학국(督學局)을 두어 교육행정 전반을 감독하게 했으며, 각 중학구에는 학구감독[學區取締]을 두어 소학교의 학무를 담당케 했다.

학교계통으로는 소학(하등, 상등 각 4년), 중학(하등, 상등 각 3년), 대학(연한의 규정 없음)의 3단계로 이루어지는 단일 계통을 기본으로 하였고, 학교의 종류로는 소학교 이외에도 심상(尋常), 여아(女兒), 사숙(私塾), 빈인(貧人), 유치(幼稚) 소학교 등이 있었고, 중학교와 동급의 중등교육기관으로서 농업, 공업, 상업, 통변(通辯)학교 등을 세운다고 계획했다. 고등교육기관도 대학 이외에 이학(理學), 광산(鑛山), 법학, 의학 등 다양한 전문교육을 시행하는 학교를 열거하고 있다. 또한 교원 양성을 위한 사범학교도 전국에 두도록 하고 있다. 이밖에 학제 조문 안에는 수업료, 학교경비, 독학국, 학구감독, 유학생 등에 대한 규정도 포함되어 있었다.

최종적으로는 전편 213장이라는 방대한 교육법령으로 완성된 학제의 각 장정(조문)은 서구 각국의 근대 학교제도를 참고 혹은 모방해 급조한 것으로 반포 이후에도 수차례에 걸친 개정이 이루어진다.[26] 그러나

---

25 학제의 대강은 일본 문부과학성 홈페이지(http://www.mext.go.jp)의 '學制百年史 資料編'에서 확인할 수 있으며, 조항 전문은 文部省 編, 『學制百年史 資料編』, 帝国地方行政学会, 1972, 11~29면을 통해 확인할 수 있다.

26 竹中暉雄, 앞의 책, 6~7면에는 1879년 학제를 폐지하고 새로운 교육령(敎育令)이 학제를 대신하기까지의 기간 동안 학제를 정정, 수정, 추가, 삭제했던 부분과 내용을 일목요연하게 표로 만들어 놓았다. 참고 바람.

학제를 통해 종래의 각종 학교를 통일적으로 재편성해 이를 체계적으로 자리매김하려 한 일본 최초의 교육법제로서의 학제의 의의는 실로 크다. 앞에서 살펴본 바와 같이, 메이지 신정부가 하루빨리 근대 교육체계를 수립하고 전 국민을 대상으로 보통교육을 시행하려 했던 가장 큰 이유는 무엇보다도 식산흥업을 통한 '부국강병(富國强兵)'이라는, 범국가적 아젠더를 수행하기 위한 고급인재의 양성과 교육된 양질의 노동력 확보에 있었다. 즉, 교육은 결국 국가 부강을 위한 기재로 인식되었다. 그런데 일본 최초의 교육법령이었던 학제에는 그 어디에도 '국가'를 위한 교육이라는 언급이 보이지 않는다.

메이지 신정부가 피앙출서를 통해 천명하고자 했던 교육이념은 사민평등(四民平等)의 원칙하에 취학에 대한 차별을 없애고, 수신(修身)하고, 지식을 넓히고 재능과 재예를 신장시킴으로서 출신성분과 지위 여하에 상관없이 누구나가 입신출세를 할 수 있다는 지극히 개인적이면서도 이기적인 학문관이었다. 즉, 학문을 입신출세를 위한 수단으로 제시하고 있는 것이다. 또한 종래와 같이 학문이 일부 사람들만의 것도 아니며 국가를 위한 것도 아니라는 점을 강조함으로써 개인의 자립이나 사적 이익 추구라는 근대교육의 보편적 가치를 지향하고 있다.[27] 여기서 말하는 '수신'이 유교적 교양이 아닌 서양의 도덕론을 내용으로 함으로써 자본주의적 발전에 조응(照應)하는 인간관계와 사회생활의 일정한 윤리를 말하며, '재능과 재예'는 근대 서양의 실용적 학문을 가리키는 말이라는 것

---

[27] 그러나 동시에 공리주의적 가치와 공공성(公共性)이라는 국민의 규범 형성에 교육의 궁극적 목표를 설정함으로써 실제로는 천부인권이나 사민평등, 자유민권주의(自由民權主義)라는 말로 대표되는 근대적 자아의 각성과 실현이라는 개인의 독립된 사상을 키우는 교육관을 강하게 갖고 있지는 못했다.

에 주목해야 할 것이다. 즉, 학제에서 내걸고 있는 교육이념은 입신출세주의의 지향, 즉 학력 취득에 따른 균등한 인재의 육성, 학력에 따른 고용과 사회적 지위의 결정이라는 새로운 사회 시스템의 제시였지 '부국강병'을 위한 기재로써 이를 파악하고 있지는 않다는 것이다. 이는 일본 교육사를 다루는 개론서에서 1872년 학제에 대해 어떠한 역사적 평가를 내리고 있는가를 살펴보면 명확하다.[28]

학제의 교육이념은 개인의 입신(立身)·치산(治産)·창업(創業)의 근본이 되는 학력을 키우는 것이 진정한 교육이며, 학문은 "입신의 재본[學問ハ身ヲ立ルノ財本]"을 위한 '실학(實學)'이어야 함을 강조하고 있다. 즉, 학문과 교육은 사적 이익추구라는, 지극히 개인적 영위에 관계해 존재하는 것이었다. 그러나 분명 학제가 반포되기 이전까지 신정부 수뇌부가 학제를 통해 표명하고자 했던 근대교육의 근본이념은 학문·교육을 통한 '부국강병'을 최고의 가치로 설정하고 있었다. 즉, 학문과 교육은 국가 부강을 위한 기재에 불과했다. 학제의 원안(原案)이었던 '학제대강(學制大綱)'에서도 학문과 교육의 목적은 분명 국가 부강을 위한 것이라 명시하고 있었다. 문부성에서는 1872년 1월 4일, 첫 번째 '학제대강'인 '학제제정의 품의[學制ヲ定ノ伺]'를 작성해 당시 문부경이었던 오키 다카토[大木喬任]가 정원에 제출을 하는데, 이 문장 속에 학교가 필요한 이유는 국가의 '부강안태(富強安泰)'를 위함이라는 것을 분명히 밝히고 있다.

---

28 "입신출세주의적인 교육관, 교육에서의 사민평등, 실리주의적인 학문관을 갖는 '학제'는 "모든 국민에게 평등하게 입신출세의 기회를 제공하게 되었다"'(堀松武一 編, 『日本教育史』, 国土社, 1985, 98~99면), "학교는 국가의 근대화 추진을 위한 기관으로서~'학제'에 의해 "사민평등의 입신출세의 길이 열렸다"(田中克佳 編, 『教育史』, 川島書店, 1987, 223면), ""학문을 입신의 재본(財本)"이라는 "입신출세주의적인 개인주의"이다"(石島庸男·梅村佳代 編, 『日本大衆教育史』, 梓出版社, 1996, 104면) 등.

삼가 생각건대, 국가가 부강안태한 이유는 그 근원 분명 세상 문명인의 재예가 크게 신장하는 것에 의하지 않은 것이 없다. 그러므로 학교를 설립하고 교육법을 만드는 그렇게 나아가는 것은 불가부득하여[29]

그 후의 문무성 품의에도 학교와 교육이 국가의 '부강안태'를 위함이라는 내용은 그대로 남아 있다. 앞에서 살펴본 바와 같이 기도 다카요시 등 신정부 주요 인사들 또한 근대교육을 국가의 부국강병을 위한 기재로 인식하고 있었다. 다시 말해, 일본의 근대교육의 지향점이 근대 국민국가 건설을 선도할 고급인재 육성과 직접 이를 수행할 교육된 양질의 노동력 확보를 통한 부국강병에 있었음에 학제의 교육이념 또한 국가의 부국강병을 위한 인재의 육성이라는 점에 포인트가 맞춰졌어야 함은 당연한 것이다. 그러나 학제에서 '국가'는 자취를 감추고 있다. 그 이유는 무엇인가. 어차피 학제 제정에 참가했던 인사들이 학제를 기초하는 과정을 기록한 의사록(議事錄)이 발견되지 않았기 때문에 어디까지나 상상과 추측의 역을 벗어나기는 어려우나 이에 대해서는 이미 몇 가지 가설이 존재한다.

첫째, 민중의 자발적 취학을 독려하기 위해서는 '국가의 부강이라는 대의명분'보다 '입신출세'라는 개인적 효용을 강조하며 국민의 이기적 관심에 호소하는 편이 효과적이라 판단했음이 틀림없다는 것이다.[30] 둘

---

29 "伏惟レバ国家ノ以テ富強安康ナル所以ノモノ，其源必世ノ文明人ノ才芸大ニ進長スルモノアルニヨラ ザルハナシ，是以学校之設教育之法其道ヲ不可不得." 倉澤剛,『小学校の歴史』Ⅰ, ジャパンライブラリービューロー, 1963, 238면.

30 尾形利雄,「明治初期国民教育理念に関する考察」,『ソフィア』第20巻 第3号, 上知大学, 1971.2, 18~19면.

째, 봉건적 학문관을 불식하는 것에 중점을 두었기 때문이라는 것이다. 즉, 자본주의 생산양식을 채용하기 위해서는 국민을 종래의 신분제에 의한 관념의 틀에서 해방시킬 필요가 있었기 때문에 근대 국민국가의 성원이라는 자각을 개인의 입신이라는 측면에서 설명하려 했다는 것이다.[31] 셋째, 가장 많은 이들의 지지를 받고 있는 설로서, 국가재정과 관계가 있었을 것이라고 보는 것이다. 한마디로 교육비의 국가부담을 회피하기 위해 '국가'를 위한 교육이 아닌 개인의 입신출세를 위한 교육이라는 점을 강조했다는 것인데, 그러는 편이 취학률도 높일 수 있다는 계산이었다는 것이다. 이는 학제를 반포하기에 이르기까지 그 경비를 둘러싸고 문부성과 대장성(大藏省) 사이에서 격한 공방이 있었고, 이로 인해 반포도 늦어졌으며, 제99장의 '국고보조금'(小學委託金)의 금액을 검게 칠한 상태로 반포했었다는 사실에 기초한 가설이다. 그런 반면에 학제는 국가를 위한 학문·교육을 부정하고 있지 않으며, 전혀 개인주의적이지 않다는 주장도 존재한다.[32] 이는 피앙출서의 개인주의·입신출세·치산창업은 궁극적으로 '식산흥업'의 개념으로부터 나온 것으로, 개인의 입신출세는 결국 국가의 부강과 연결된다고 보는 것이다.

그러나 저자는 이상의 다양한 가설에도 불구하고 학제의 교육이념이 지극히 개인주의적·실학주의적 교육관에 경도되어 있는 것은 당시의 시대풍조라는 것을 염두에 뒀을 때 오히려 당연한 것이었다고 생각한다. 중언부언이 되겠으나 유신 초기의 일본사회는 '문명개화'라는 심각한 홍역을 앓고 있었다. 막부 말기, 서구 제국의 압도적인 무력[33] 앞에 국가

---

31 國立敎育硏究所 編, 『日本近代敎育百年史』 1, 1973, 75~76면.
32 竹中暉雄, 앞의 책, 66~69면.

존망의 위기를 맛보았던 유신 정부의 관료나 민간의 식자(識者)들은 이들 서구 선진 세력과 일본의 결정적인 차가 바로 '문명'에 있음을 발견하고, 서양문명의 도입을 통해 부국강병의 길을 모색하게 된다. 특히 폐번치현 단행 이후에는 정부의 서구화정책에 편승해 문명개화는 일본 전체를 삼켜버릴 만큼 커다란 사회현상이 되어 버렸다. 이런 풍조 속에서 반포된 학제가 개인주의적·실학주의적 교육관을 표명한 것은 오히려 당연한 것이었다. 또한 후쿠자와 유키치를 비롯한 당시의 계몽사상가, 교육사상가들이 다양한 서양소개를 통해 서양 제국의 '문명'이 학문과 교육을 통한 인재양성에 의해 이루어졌음을 알게 되었다는 것은 이미 앞에서 살펴본 바와 같다. 그렇다면 메이지 신정부의 교육이념에 서양식 개인주의적·실학주의적 학문관 혹은 교육관이 반영되어 있음은 지극히 자연스럽다. 피앙출서가 문명개화론자의 대표격이라고도 할 수 있는 후쿠자와 유키치의 '일신이 독립한 후에 일국이 독립한다[一身獨立して一國獨立す]'는 계몽사상에 영향 받은바 크다는 것은 이미 정설이 되어 있다. 피앙출서는 이른바 관판(官版) 『학문의 권장[学問のすすめ]』이었다고 해도 과언이 아니었다.[34]

---

33 사쓰에이전쟁[薩英戰爭], 영불(英佛)연합함대의 시모노세키[下關] 포격 등은 서양
   제국의 무력 앞에 무기력할 수밖에 없었던 봉건국가 일본의 자각을 일깨우는 계기가
   되었다.

34 土屋忠雄, 『明治前期教育政策史の研究』, 講談社, 1962, 84면. 1872년 2월 간행된 『학
   문의 권장』에서는 학문을 함으로써 "귀인(貴人)도 될 수 있고, 부인(富人)도 될 수 있
   다"며 학문의 목적을 개인의 입신출세에 두고 있는데, 이는 그야말로 학제의 교육이념
   과 상응하는 것이었다.

5. 맺음말

1867년 12월 9일 왕정복고의 대호령, 이듬해인 3월 14일 5개조서문의 발포를 통해 메이지 신정부는 전제준주로서의 천황을 정점으로 하는 정치체제 하에서 근대 국민국가 건설이라는 국가경영에 관한 대원칙을 천명한다. 그 가운데 제4조와 5조는 신정부의 교육에 관한 기본방침을 명시한 것으로 주목되는데, "지식을 전 세계에서 구하고 '황기(皇基)'를 진기할 것"이라는 것은 교육의 목적이 '문명개화'에 있으며, 문명의 개화는 곧 '황기'를 진기함을 목적으로 해야 함을 근대교육의 이념으로써 제시한 것이었다.

그러나 유신 초기 정부는 교육정책에 관한 구체적인 계획을 갖고 있지 않았다. 국가를 위한 교육이 어떠한 것인가에 대한 비전조차 제시하지 못했다. 그런 와중에 계몽사상가나 개명관료들은 건언과 고유(告諭)를 통해 전 국민을 대상으로 하는 보통교육을 하루속히 시행할 것을 건의하였다. 교육의 목적 또한 다양해 국가의 다양한 근대화 정책을 선도할 고급인재 육성과 이를 뒷받침할 양질의 노동력 확보를 위한 기재로써 교육을 인식했는가 하면, 자아의 각성과 실현이라는 개인의 독립된 사상을 키우고, 입신출세를 위한 실학을 중시하는, 서구 근대 국민국가가 지향하던 보통교육의 보편적 가치를 일본에 이식하려 하는 움직임, 그리고 유교주의 · 황도주의 사상을 바탕으로 '만세일계'의 전제군주로서의 천황상 확립과 천황을 정점으로 하는 국가관 형성, 나아가 '인의충효' 사상을 바탕으로 하는 국민의 규범 형성을 지향하는 교육 등, 다양한 주장과 이에 따른 주도권 싸움이 전개되었다.

　그러나 어느 시대, 어느 사회를 막론하고 구래의 연습(沿襲)에서 벗어나 새로운 질서를 구축하는 데에는 정권 실세들의 생각과 의지가 가장 중요한 요인으로 작용한다. 근대 민주주의제도가 확립된 선진 국가에서는 다양한 채널을 통해 각계각층의 의견을 충분히 수렴한 후 민주적인 절차에 따라 최종적으로 이를 결정하겠으나, 이제 막 전근대적 봉건사회에서 근대 국민국가로의 이행을 준비하던 유신 초기에는 이와 같은 절차와 합의는 기대난망이었다. 이와쿠라 도모미나 기도 다카요시와 같은 정부 요인들은 '부국강병'이라는 유신 정부의 최고 현안을 수행하기 위한 인재의 양성과 교육된 양질의 노동력 확보에 교육의 가치를 설정했다. 즉, 국민교육은 결국 국가 부강에 복무해야 하는 것이어야 했다. 그러나 일본 최초의 근대적 국민교육제도였던 학제에는 그 어디에도 '국가'를 위한 교육이라는 언급이 보이지 않을뿐더러 오히려 개인의 입신출세를 최고의 교육 가치로 내걸고 있다. '국가'를 소거하고 있는 것이다. 그 아무리 학제 제정 이전의 학제대강에서 국가 부강을 위한 교육이라는 학제의 기본이념을 내걸고 있었다 하더라도 학제를 발표하는 시점에, 학제안 그 어디에도 국가 부강을 위한 교육이라는 자구(字句)나 문구는 찾아 볼 수 없다.

　학제가 표명한 교육이념에 대해서는 종래 다양한 의견이 있어 왔다. 저자는 이와 같은 다양한 생각을 원용하면서도 학제의 교육이념이 지극히 개인주의적·실학주의적 교육관에 경도되어 있는 것은 '문명개화', '서구화 만능'이라는 당시의 시대풍조를 고려할 때 오히려 당연한 것이라는 입장에 서 있다. 표면적으로는 개인주의적·실학주의적 교육관에 경도되어 있어 보이지만 이것 또한 결국엔 국가 부강으로 이어지고, 후쿠자와 유키치의 교육사상 또한 결국에는 '국가 부강', '국가 안태'를 위한 포석이었다는 식의 해석에는 동의할 수 없다.[35] 표면적으로는 국가의 부강과 안태를 내세우고 있지 않지만 그 숨은 의도가 그러했다면 학제 내 제 시행규칙이 인위적 제도에 의해 인간의 자유를 구속·통제하고, 각 지역의 특수한 사정을 고려하지 않은 일률적·획일적 규칙이었다는 이유로 반포된 지 불과 7년 남짓 만에 이른바 '자유교육령(自由敎育令)'으로 대체되는 일은 없었을 것이다. 국민국가 형성 초기 단계에서 개인의 사상과 자유가 많든 적든 국가에 의해 억압·구속되는 경우는 비일비재했으며, 이를 감래하는 것 또한 근대 국민국가의 성원으로서의 '국민'이 따르고 지켜야 할 규범의 하나였기 때문이다. 즉, '국가'를 위해 개인의 자유는 얼마든지 유보될 수 있는 것이었다.

게다가 기도 다카요시 등 정부 요인들이 새로운 학제에 대해서는 처음부터 불만과 반대의 입장이었다는 사실도 이를 뒷받침한다. 서구의

---

35 다케나카 데루오는 후쿠자와가 1869년 2월 마쓰야마 도안[松山棟庵]에게 보낸 서간 안에서 "일신 독립해야 일가가 독립하고, 일국이 독립하고, 천하가 독립한다. 그 일신을 독립시키는 것은 다른 방법이 없다. 먼저 지식을 여는 데 있다[一身独立して一家独立, 一国独立, 天下独立. 其一身を独立しむるは, 他なし. 先づ智識を開くなり]"라는 부분을 가지고 후쿠자와의 교육사상 또한 결국에는 국가의 부강을 강하게 의식하는 것이라 하고 있다(竹中暉雄, 앞의 책, 72~86면). 그러나 후쿠자와는 『福翁自傳』에서 "국세의 대강을 보자면, 부국강병, 최대 다수 최대 행복이라는 일단에 이르러서는 동양은 서양 아래에 있다고 해야 한다. 국세 여하가 국민의 교육에 기인한다고 할 때 쌍방의 교육법에는 차이가 있을 것이다. 여기서 동양의 유교주의와 서양의 문명주의를 비교해 보면 동양에 없는 것은 유형적인 것은 수리학이요, 무형적인 것은 독립심, 이 두 가지이다"라며, 서양에 비해 일본에 부족한 것을 '독립심'이라 보고 있다. 개인의 독립이 결국에는 일국의 부강안태로 자연스럽게 이어짐을 염두에 둔 언설이라 이해할 수는 있지만, 일신의 독립을 강조하는 후쿠자와의 교육사상도 국가 부강을 위한 포석이라 해석하는 다케나카의 해석에는 동의하기 어렵다.

교육제도를 조사하고 시찰할 목적으로 이와쿠라사절단[岩倉使節団]³⁶에 동행했던 기도는 그들이 조사한 결과를 바탕으로 하여 새로운 학교제도가 만들어져야 했음에도 불구하고 그들이 부재한 상황에서 정부가 새로운 학제를 반포했다는 점, 학제의 교육이념이 너무 개화주의에 경도되어 있다는 점, 서구 교육제도에 대한 인식이 일면적이라는 점 등에 사실에 강한 불만을 표시했다고 하니,³⁷ 이는 국가를 위한 교육이었어야 할 학제가 개인주의적·실학주의적 학문관 혹은 교육관을 전면에 내세우고 있었음을 뒷받침해주는 것이리라.

학제는 신분적 차별을 부정하고 일상생활에 필요한 '실학'을 장려하고 있다. 그리고 학교에 가 교육을 받음으로써 입신출세와 사업번영의 토대를 마련할 수 있다고 한 후쿠자와 유키치의 개인주의, 공리주의 사상에 입각하고 있다. 개인의 입신출세, 공리주의를 지향하는 교육관과 국가를 위한 교육관은 본질적으로 다른 것이다. 그렇긴 해도 중요한 것은 도대체 무슨 연유로 불과 몇 개월이라는 짧은 시간 동안 그간의 정부

---

36 이와쿠라사절단은 우대신(右大臣) 이와쿠라 도모미를 전권대사(全権大使)로 하여, 부사(副使)에 참의(参議) 기도 타요시, 대장경(大蔵卿) 오쿠보 도시미치, 공부대보(工部大輔) 이토 히로부미, 외무소보(外務少輔) 야마구치 마스카(山口尚芳), 사법대보(司法大輔) 사사키 다카유키[佐々木高行], 병부대승(兵部大丞) 야마다 아키요시[山田顕義], 호적두(戸籍頭) 다나카 미쓰아키[田中光顕], 문부대승(文部大丞) 다나카 후지마로[田中不二麿] 등의 정부 요인과 서기관(書記官)·통역(通訳)·수행원(随行員)을 비롯한 미즈타니 긴나루[水谷公孝]·나베시마 나오히로[鍋島直大]·구로다 나가토모[黒田長知] 등의 옛 번주(藩主) 출신 화족들과, 나카에 조민[中江兆民], 쓰다 우메코[津田梅子] 등의 여학생을 포함한 유학생 등, 신정부의 개명파 인사들과, 서구 제국에 흥미를 갖고 있던 지식인 46명으로 구성되어 있었고 미국에서 니지마 조[新島襄]가 통역관으로 합류했다. 이와쿠라사절단의 공식보고서가 구메 구니타케[久米邦武, 1839~1931]의 『특명전권대사미구회람실기(特命全権大使米欧回覧実記)』(1878)이며, 교육제도에 관한 보고서가 다나카 후지마로의 『이사공정(理事功程)』(1877)이다.
37 쓰지모토 마사시 외, 이기원·오성철 역, 앞의 책, 356면.

구상과는 전혀 이질적인 교육이념이 등장했느냐는 것이다. 이 점 역시 아무런 사료가 없는 관계로 추측의 역을 벗어나지 못하겠으나, 적어도 유신 초기에는 자고 일어나면 정책이 바뀌고, 이를 추진하는 사람이 바뀌었다는, 이른바 '조령모개(朝令暮改)'의 과도기였기에 하나도 이상할 것이 없다는 식의 무책임한 언설은 지양해야만 한다. 이에 대해서는 앞으로의 과제로 남겨두고자 한다.

제3장 국민국가 만들기와 교육

학제의 변천과 교육이념의 변화를 중심으로

1. 들어가는 말

근대 일본의 발자취를 개관할 때, 메이지유신의 의의를 정의하기란 몹시 어렵다. 정치·경제·사회·문화 등, 그 어느 분야를 막론하고 전 시대와 단절되는 메이지유신의 의의를 특필하고, 나아가 21세기의 경제·문화 대국으로서의 일본의 출발점을 메이지유신에 두지 않는 연구자는 아마 없을 것이다. 그런 의미에서 일본이라는 나라를 생각할 때 메이지유신이 갖는 문명사적 의미는 실로 크다. 메이지유신의 정치사적 의미는 전 시대의 봉건적 막번(幕藩) 체제를 무너뜨리고 왕정복고를 통한 절대군주제 체제로의 전환을 들 수 있을 터인데, 자본주의적 토대가 취약한 메이지 정부는 이를 위로부터의 강제 혹은 인위적으로 주도하는 방식으로 추진해 나갔다. 즉, 유신 정부의 절대주의 체제는 정치적 지도 집단이 관장하는 권위주의적 대응체제로써, 왕정복고의 개혁 성향이 강한 사회 구성과 사상을 설정했다.

서구 열강에 비해 늦게 근대화의 길로 들어선 메이지 신정부가 이를 극복하기 위해 착목했던 것이 바로 교육의 근대화였다. 메이지 신정부는 부국강병과 근대 자본주의 생산방식에 의한 식산흥업이라는 국가적 목표를 달성하기 위해 이를 추진해 나갈 고급인재와 양질의 노동력이 절실했는데 이를 확보하기 위해서는 하루라도 빨리 선진 교육시스템을 갖추고, 공리주의(功利主義)적 실학사상을 바탕으로 한 교육내용의 확립이 절실했다. 이에 교육관료들은 당시의 선진 문명국이었던 미국과 독일, 프랑스 등의 선진 교육제도를 참고 또는 모방하여 학제를 만들었고, 시류(時流)에 따라 세부규칙을 개정하고 또는 이를 대신하는 교육령을 반포하는 등, 근대일본의 교육제도는 짧은 기간 내에 다양한 변화를 보여 왔다.

유신 정부의 최우선 과제는 천황을 통치 수반으로 하는 절대주의 국가체제로의 전환과 구미 선진 국가에 버금가는 근대화된 국민국가 형성이었다. 이러한 과정에서 서양의 과학기술과 사상은 문명개화라는 미명하에 무차별적으로 수용되었으며, 이는 필연적으로 전통적 일본문화와의 충돌을 초래했다. 메이지 초기에 발생한 이질적 문화 간의 충돌은 교육 분야에서도 그대로 나타나는데, 국학과 한학을 중심으로 하는 전통교학의 중시와 양학으로 상징되는 서구 실용주의 사상의 대립이 바로 그러했다. 근대 합리주의 사상에 기초한 실학적 서양 학문은 신도(神道)와 유교주의를 바탕으로 하는 일본의 전통적 가치체계와는 서로 어울리지 않는 것이었다.

이에 정부는 근대교육의 기본이념을 막부 말기의 사쿠마 쇼잔[佐久間象

山, 1811~64][1]의 '동양도덕・서양예술'이라는 개념과, 요시다 쇼인[吉田
松陰, 1830~59][2]의 '화혼양재(和魂洋才)' 사상에서 찾으려 했다.[3] 즉, 유교
주의를 교육의 근간으로 삼는 일본주의적 전통 속에서 서양의 실학을 받
아들인다는 태도라고 할 수 있다.

　그러나 메이지 초기의 교육정책은 부국강병을 통한 근대국가 형성에

1　사쿠마 쇼잔은 1842년 주군이었던 사나다 유키쓰라[真田幸貫]가 막부의 로주[老中]
가이보가카리[海防掛]에 취임하자 고문으로 발탁되어 막부에 출사한다. 아편전쟁 시
에는 직접 중국으로 건너가 해외사정을 연구하고, 「해방팔책(海防八策)」을 상서했다.
이것을 계기로 양학의 필요성을 절감한 쇼잔은 1844년부터 네덜란드어를 배우기 시
작하여 네덜란드의 자연과학・의학・병학서를 탐독하고, 양학의 지식을 습득하였다.
1851년에는 주쿠[塾]를 열어 포술(砲術)・병학(兵學) 등을 가르쳤다. 이 무렵부터
서양포술가(西洋砲術家)로서 이름이 널리 알려져, 가쓰 가이슈[勝海舟], 요시다 쇼인
[吉田松陰], 사카모토 료마[坂本龍馬] 등의 수재들이 하나 둘 씩 그의 밑에 모여들었
다. 페리 내항 이후 번군의역(藩軍議役)에 임명된 쇼잔은 로주 아베 마사히로[阿部正
弘]에게 「급무십조(急務十条)」를 제출하는 한편으로, 애제자였던 쇼인에게 몰래 외
국에 나가 배울 것을 권했다. 그러나 1854년 쇼인의 해외로의 밀항이 실패로 끝나자
쇼잔도 연좌되어 이후 9년 간 마쓰시로[松代]에서 칩거생활을 보낸다. 이 때 서양연
구에 몰두한 쇼잔은 양학과 유학의 겸수(兼修)를 적극적으로 주장함과 동시에 양이론
자(攘夷論者)에서 현실적인 화친개국론자(和親開國論者)로 돌아서 공무합체론(公武
合体論)을 적극 주장했다. 1864년 막부의 명을 받고 상경한 쇼잔은 공무합체・개국
진취(開國進取)라는 국시(國是)를 실현시키기 위해 막부 수뇌부들을 설득하기에 이
르렀는데, 그러한 언동이 존왕양이파를 자극하여 같은 해 7월 11일 54세의 나이로
참수된다. 쇼잔의 지적 세계는 인간의 내면인 이(理)를 추구하는 '동양의 도덕'과 인
간 외면을 구성하는 천지만물의 이(理)를 규명하는 '서양의 예술'에 의해 구성되어
있었고, '윤리'와 '물리'를 연속적으로 파악함으로써 천일합일(天人合一)의 경지에
달하려 하는 주자학에 의해 통괄되어 있었다.

2　요시다 쇼인은 막부 말기의 사상가로서 대표적 존왕론자(尊王論者). 스승이었던 사쿠
마 쇼잔의 권유로 구미유학을 계획, 페리가 타고 온 배에 몰래 숨어들어 밀항을 시도
했으나 실패하고 투옥되었다. 출옥 후에는 조슈번 하기[萩]에 쇼카손주쿠[松下村塾]
를 열고 다카스기 신사쿠[高杉晋作]・야마가타 아리토모[山県有朋]・이토 히로부미
[伊藤博文] 등 메이지 신정부의 요인들을 다수 배출했다. '안세이[安政]의 대옥(大
獄)' 때 죽임을 당했다. 쇼인의 사상의 특징은 '지성유혼(至誠留魂)'이라는 말로 대표
되듯이, 진심(真心)을 갖고 일을 하면 저절로 뜻을 계승하는 자가 나타나 길이 열린다
고 하는 신념으로, 사상과 실천의 일체화를 중시하는 교육철학이었다.

3　쓰지모토 마사시 외, 이기원・오성철 역, 앞의 책, 352면.

직접적으로 이용할 수 있는 법제, 산업, 군사 등의 분야에 중점을 두는, 이른바 공리주의(功利主義)적 교육관에 함몰되어 있었기 때문에 전통적 교학이념이었던 유교주의 사상은 사상되고 말았다. 게다가 서양문화의 근간이라고 할 수 있는 근대 합리주의 정신이라든지, 개인에 대한 자각, 인격·기본적인 인권존중, 즉 천부인권, 사민평등, 이념의 계몽주의, 자유민권사상 등의 근대 서양사상 등에 대해서는 이를 의식적으로 회피했다.[4]

근대 국민국가는 자본주의 체제를 기본으로 하며, 자본주의 체제는 공동체로부터의 개인의 독립을 전제로 한다. 즉, 자본주의 체제를 기본으로 하는 국민국가는 필연적으로 개인의 자각과 상호 경쟁을 사회발전의 동력으로 삼고, 이러한 환경 속에서 국민의 공공성을 어떻게 확보할 것인지가 교육의 최대과제로 등장한다. 이러한 맥락에서 볼 때 메이지 정부의 초기 교육정책은 개인의 자립이나 이익추구라는, 서구 국민국가에서 보이는 보편적 가치를 표면적으로는 지향하고 있기는 했지만, 실제로는 공리주의적 가치와 공공성이라는 국민의 규범 형성에 교육의 궁극적 목표를 설정하였고, 천부인권이나 사민평등, 자유민권주의 사상이라는 말로 대표되는 자아의 각성과 실현이라는 개인의 독립된 사상을 키우는 교육관은 강하게 갖고 있지 못했다고 할 수 있다.

학제는 교학의 목표, 내용, 대상, 취학 연령, 수학 연한, 학교 간의 접속과 분화 관계 그리고 연계 등, 교육 전반에 관한 포괄적 제도를 말한다. 민주주의 국가에서 법률이나 제도란 국민의 합의를 전제로 이를 제정하

---

4 윤종혁, 『한국과 일본의 학제 변천 과정 비교 연구』, 한국학술정보, 2008, 26면.

거나 시대의 추이와 변화에 따라 이를 개정하거나 새로운 것으로 이를 대체해 나간다. 그러나 메이지 신정부는 겉으로는 자유민주주의를 기반으로 하는 정치체제를 표방하면서도 많은 경우 위정자의 의지에 따라 제도가 정해지거나 개정되기를 반복했다. 따라서 교육목표의 변화에 따른 학제의 개정과 이에 따른 교육 전반에 걸친 변화에 대한 고찰을 통해 우리는 메이지 신정부 관료들이 생각했던 시대적 요구와 일본이라는 근대 국가의 지향점이 어디를 향하고 있는지를 알 수 있다.

본 장에서는 메이지기 일본의 학제와 이를 개정한 각종 교육령을 중심으로 교육이념의 변천이라는 커다란 흐름을 개관하며, 시의(時宜)에 따른 제도와 교육이념의 변화라는 메이지기 일본의 국민교육 실태를 통시적으로 살펴보고자 한다. 이는 제국주의, 군국주의로 치닫는 20세기 초 일본의 사상적 정체성 확립에 교육이 어떻게 관여하고 진행되었는가를 살펴보기 위한 선행 작업으로서의 의미를 지니며, 천황제 이데올로기 형성의 사상적·정신적·심리적 연원으로서의 국민교육의 역할을 분명히 밝힘으로써 근대 국민국가 일본의 규범 형성과 교육이라는 문제를 규명할 수 있는 작은 실마리를 찾을 수 있기를 기대한다.

2. 학제 제정

1) 학제의 교육사상적 의의

유신 정부는 선진화된 서구 문화의 적극적인 섭취·수용을 통한 근대 국민국가를 지향한다는 국가적 아젠더(Agenda)를 설정하였다. 그들이 지향하는 근대 국민국가는 국민통합이라는 절대적 조건 위에 성립하며, 국민통합은 공통된 이데올로기의 공유를 전제로 한다. 유신 정부가 국민통합을 위해 설정한 공동체적 이데올로기는 바로 문명개화를 통한 근대화였으며, 그 구심점에서 이를 이끌 강력한 전제군주로서 천황상, 즉 '국체(國體)'의 창출과 공고화였다. 통치수반임과 동시에 절대 권력자인 근대 천황상의 창출, 그리고 이것을 민중에게 각인시키기 위한 방법은 다양한 방식으로 이루어졌는데, 그 내실은 대부분의 경우 새롭게 창출된 '전통'에 의해 분석된 것이었다.

만세일계의 황실의 '연명성(連綿性)'과 신국 일본의 중국과 조선을 비롯한 아시아 제국에 대한 절대적인 우위에 대한 맹신, 이세신궁[伊勢神宮]이나 야스쿠니 신사[靖国神社]와 같은 국가적인 제사 체계의 확립, 그리고 황실의 국화 문장(紋章)이나 히노마루[日の丸] 등의 일본을 상징하는 소품들은 모두가 불과 19세기 말에서 20세기 초에 걸쳐 새롭게 창출된 것들이다. 새롭게 창출된 '전통'은 '문명'이라는 국민국가 형성기의 새로운 이데올로기와 일체화됨으로써 비로소 강력한 국민통합을 끌어내는 역할을 수행한다.[5] 그리고 교육은 자라나는 어린아이들에게 이를 직접 각인시킴으로써 충실한 신민(臣民)을 키워내는 제도적 장치로써 중시되었다. 메이지 신정부가 비교적 이른 시기에 학제의 반포를 통해 교육의 근대화를 꾀한 이유도 바로 여기에 있다. 이는 방법의 차이는 있었을지언정 1945년 아시아·태평양 전쟁 종료 시까지 일본이 국민교육을 통해 추구했던 절대적 가치이자 불변의 도그마이기도 하였다.

1867년의 대정봉환과 왕정복고의 대호령으로 시작된 메이지 신정부의 근대국가로서의 출발은 1869년의 판적봉환과 1871년의 폐번치현으로 대표되는 행정구역의 재편, 태정관(太政官)을 중심으로 하는 행정조직의 재편을 거치며 중앙 정부의 체제를 갖추고, 1889년 2월 11일의 대일본제국헌법(大日本帝國憲法)의 공포를 통해 입헌정치와 자본주의경제체제를 근간으로 하는 절대주의국가를 완성하는 수순을 밟는다. 이러한 일련의 과정에서 1871년 문부성이 설치되었고 초대 문부경에 오키 다카토[大木喬任]가 취임하며 1972년 8월 태정관 포고로 학제가 반포되었다. 학제는 메이지유신의 주역이었던 지사(志士)라 불리던 전 시대의 하급 무사계층이 다양한 경로로 목격했거나 배운 양학을 중심으로, 국민개학이라는 슬로건하에 전통적 지배학문이었던 한학의 공리허담을 배격하고, 서양의 실학주의 사상에 근거한 일본 근대교육의 대계였다.

학제는 국가교육의 핵심을 이루는 학교 교육에 관한 제도로, 네덜란드의 학제[和蘭學制]를 비롯하여 교육행정 면에서는 프랑스의 학구제와 독일의 독학제 등을 모방·수용하여 국민교육 전반을 정부의 관할하에 놓고 정부가 이를 통제·관리하는 일본 최초의 체계적 교육법제(敎育法

---

5   박진우, 『근대 일본 형성기의 국가와 민중』, 제이앤씨, 2004, 64면.

制)였다.[6] 메이지 신정부는 학제 반포를 계기로 전국 규모의 학교제도 창설에 착수하였고, 본격적인 교사가 만들어지고 교과서와 학습계획을 가진 학교가 전국적으로 개설되기에 이르렀다. 여기서부터 데라코야와 사숙(私塾)을 중심으로 이루어졌던 전근대적 교육 형태는 학제를 중심으로 하는 근대적 교육체계로 일대 전환이 이루어지게 되었다. 특히 소학교와 사범학교에 중점을 두고 남녀 모두 균등하게 교육을 받을 수 있도록 하는,[7] 근대일본의 교육체계가 고도의 중앙집권적인 교육행정체제로서 출발하고 있다는 점은 특기할 만하다.

학제를 통한 신식 학교의 창설과 정비, 교육 내용과 시행에 관련된 각종 포고, 거기에다가 칙어(勅語) 형식으로 반포된 국가의 교육이념과 목표의 현시(顯示)는 사회 전반에 걸쳐 절대적인 영향을 미쳤다. 천황에 의해 메이지 원년(1868) 발포된 '5개조서문(誓文)'에는 메이지 신정부의 교육에 대한 기본방침이 명확히 나타나 있다.[8] 그러나 1872년 반포된 학

---

6 일본에서 최초의 학제는 오미령[近江令]에 보이는 '대학료(大學寮)'라 할 수 있다. 다이호령[大寶令]에서는 시키부성[式部省] 소관의 대학료가 있다. 요로령[養老令] '학령(學令)'에 의하면 대학료는 사무 관료 이외에 교관(教官)으로 현재의 교수에 해당하는 博士 1명, 助博士 2명, 音博士 2명, 算博士 2명, 書博士 2명으로 구성되어 있으며, 학생은 400명, 算生 30명, 書學生이 약간 있었다. 학생은 5位 이상의 13~16세 '聰한 자'를 원칙으로, 6~8位의 자제들도 원하면 들어갈 수가 있었다(『律令』日本思想体系 3, 岩波書店, 1976, 262면). 1872년의 학제에서는 大中小의 학구(學區), 학교, 교육, 생도시업(生徒試業), 해외유학생, 학자(學資) 등에 대해 원칙을 정하고 있다.

7 1971년 폐지된 쇼헤이자카가쿠몬조[昌平坂學文所]를 일부 계승하는 형태로 1872년 도쿄에 설립된 일본 최초의 사범학교에서는 미국인 교사 스콧(Marion McCarrell Scott, 1843~1922)을 초빙하여 소학교수법(小學教授法)을 가르치는데, 이것이 일본 사범학교의 시초이다. 1886년 초대 문부대신 모리 아리노리[森有禮]에 의해 사범학교령이 제정되어 순량(順良)·신애(信愛)·위중(威重)의 3대 기질을 목표로 하는 사범학교 교육의 윤곽이 거의 정비되었다.

8 문안은 최종적으로 기도 다카요시가 작성했으며, 천황이 시신덴[紫宸殿]에 공경제후(公卿諸侯)를 모아놓고 천신지기(天神地祇)에게 제를 올리며 서약한 다섯 사항. 一 널

제의 교육이념은 '서양예술' 교육에 너무 경도되어 있었다. 이것은 어찌 보면 근대국가의 후발주자였던 일본이 서구 열강을 따라잡기 위해서는 그 무엇보다도 서양의 실용적 학문의 섭취가 절실했기 때문에 나타난 현상이라고 할 수 있을 터인데, 여기에는 정부의 강한 의지와 획일적 강제가 수반되었다. 학제의 교육이념에 대해서는 전 장에서 이미 살펴본 바 있으니 여기에서는 주로 학제가 구상하고 있는 교육행정조직과 학교조직에 관해 살펴보고자 한다.

2) 학제 시행규칙

학제는 1872년 반포 당시 전 109장 213조로 구성되어 있었다. 이 중에서 제1장부터 제19장까지가 「대·중·소학구에 관한 사항[大中小學區ノ事]」으로, '학구제'를 기본으로 하는 교육행정조직에 관한 규칙을 명시하고 있다. 먼저 제1장에서 "전국의 학정은 문부성 일성이 이를 통괄한다[全国ノ学政ハ之ヲ文部一省ニ統フ]"라 규정하고, 제2장부터 19장까지 학제 시행을 위한 행정기구인 학구제에 관한 규정이 이어진다. 그 개요는 다음과 같다.

리 회의를 열어 모든 일을 공론의 장에서 결정할 것[広ク会議ヲ興シ万機公論ニ決スヘシ], 一 상하 마음을 하나로 하여 경론(국가질서)을 활발히 할 것[上下心ヲ一ニシ盛ニ経綸ヲ行フヘシ], 一 문관과 무관을 비롯해 일반 서민에 이르기까지 모두 뜻을 이루고 도중에 포기하거나 게을리 하는 일이 없도록 도모할 것[官武一途庶民ニ至ル迄各其志ヲ遂ケ人心ヲシテ倦マサラシメン事ヲ要ス], 一 과거의 잘못된 폐해와 풍습을 타파하고 모든 일을 천지 도리에 따를 것[旧来ノ陋習ヲ破リ天地ノ公動ニ基クヘシ], 一 지식을 전 세계에서 구하고 황기를 진기할 것[智識ヲ世界ニ求メ大ニ皇基ヲ振起スヘシ]. 이 중 교육의 방법과 내용에 대해서 서구의 지식을 습득하여 결과적으로는 천황과 국가를 위한 교육이어야 할 것이라 명시하고 있다. 5개조서문(誓文)은 일본 문부과학성 (http://www.mext.go.jp)의 '學制百年史 資料編'에서 인용.

제2장 전국을 대분(大分)하여 여덟 개의 대학구(大學區)로 나누고 각 대학구마다 대학교를 하나씩 설치한다[第二章全国ヲ大分シテ八大区トス之ヲ大学区ト称シ毎区大学校一所ヲ置ク].

그리고는 제3~4장에서는 제1대학구부터 8대학구에 속하는 지역을 열거하고 대학본부를 두는 현을 명시한다.

제5장 하나의 대학구를 32개의 중학구(中學區)로 나누고 각 중학구마다 중학교를 하나씩 설치한다. 전국을 8대학구이니 그 수는 256개소로 한다[一大学区ヲ分テ三十二中区トシ之ヲ中学区ト称ス区毎二中学校一所ヲ置ク全国八大区ニテ其数二百五十六所トス].

제6장 하나의 중학교를 210개의 소학구(小學區)로 나누고 각 소학구마다 소학교를 하나씩 설치한다. 한 대학구에 6,720, 전국에 53,760개소로 한다[一中学区ヲ分テ二百十小区トシ之ヲ小学区ト称ス区毎二小学校一所ヲ置ク一大区ニテ其数六千七百二十所全国ニテ五万三千七百六十所トス].

즉, 전국에 대학교를 8개교, 중학교를 256개교, 소학교를 53,760개교 설치한다는 그야말로 어마어마한 구상이었다. 이는 당시의 일본 인구를 3천만 명이 조금 넘는다는 것으로 추정했을 때 대략 인구 600명당 소학교를 하나씩 설치한다는 것이었고, 중학교는 130,000명당 하나의 꼴이 된다.

대 · 중 · 소의 각 학구는 교육행정 단위이기도 했다. 각 대학구에는

대학본부를 하나씩 두고 있는데, 이 대학본부마다 '독학국'이라는 것을 두어 수 명의 관원으로 이루어진 독학(督學)을 배치한다 하였다. 독학은 문부성의 명령을 받들고 지방관과 협의하면서 제 학교·교칙·학생들 학업성취도 등을 논의하고 개정하는 등, 그 대학구 내의 교육행정 전반을 관리·감독한다(第十五章 大学本部毎ニ督学局一所ヲ設ケ督学ヲ置キ附属官員数名之ニ充テ本省ノ意向ヲ奉シ地方官ト協議シ大区中ノ諸学校ヲ督シ及教則ノ得失生徒ノ進否等ヲ検査シ論議改正スルコトアルヘシ但大事ハ決ヲ本省ニ取リ小事ハ其時々之ヲ本省ニ開中スヘシ).[9] 또한 각 중학구에는 그 지역의 명망가를 골라 지방관이 임명하는 10명에서 12,3명 정도의 '학구감독[學區取締]'을 두기로 했다. 학구감독은 한사람이 대략 20~30개 정도의 소학교를 담당하며 취학의 독려, 학교설립, 학교경비 등, 학사에 관한 제반 사무를 통괄·지도하는 역할을 담당한다(第八章 一中区内学区取締十名乃至十二三名ヲ置キ一名ニ小学区二十或ハ三十ヲ分チ持タシムヘシ此学区取締ハ専ラ区内人民ヲ勧誘シテ務テ学ニ就カシメ且学校ヲ設立シ或ハ学校ヲ保護スヘキノ事或ハ其費用ノ使用ヲ計ル等一切其受持所ノ小学区内ノ学務ニ関スル事ヲ担任シ又一中区内ニ関スル事ハ互ニ相論議シ専ラ便宜ヲ計リ区内ノ学事ヲ進歩セシメン事ヲ務ムヘシ). 이리하여 문부성을 정점으로 두는 중앙집권적 교육행정체계의 대략이 만들어졌다.

다음으로 학제에서 명시한 학교조직에 대해 살펴보기로 하자.

학제에서는 소학·중학·대학의 3단계로 이루어지는 단일 계통의 학교체계를 기본으로 하고 있다. 이와 같은 학교체계에 대한 구상은 이와

---

9 그러나 실제로 독학국이 설치되었던 곳은 제1대학구뿐이었고, 그것도 결국 문부성의 일 부속국으로 전락하고 말았다. 또한 애초 여덟 개의 대학구로 계획되었던 것이 1873년 4월에 일곱 대학구로 개정되었다.

쿠라 도모미가 1870년 8월에 조정에 제출했던 '건국책(建國策)'을 통해 이미 제시된 바 있음은 전 장에서 살펴본 바와 같다.

우선 소학교는 "인민 모두가 반드시 배워야 하는 것"(第二十一章 小学校 ハ教育ノ初級ニシテ人民一般必ス学ハスンハアルヘカラサルモノトス)이라 정의하고, 이것을 '심상소학(尋常小學)'·'여아소학(女兒小學)'·'촌락소학(村落小學)'· '빈인소학(貧人小學)'·'소학사숙(小學私塾)'·'유치소학(幼稚小學)'의 여섯 종류로 세분하고 있다(之ヲ区分スレハ左ノ数種ニ別ツヘシ然トモ均ク之ヲ小学ト 称ス即チ尋常小学女児小学村落小学貧人小学小学私塾幼稚小学ナリ). 이 가운데 '심상소학'이 여러 소학교 중에 본령으로 이를 하등소학(下等小學)과 상등소학(上等小學)으로 나누었다. '하등소학'은 6세부터 9세까지 4년간, '상등소학'은 10세부터 13세까지 4년간을 수학 연한으로 함을 원칙으로 했다(第二十七章　下等小学ハ六歳ヨリ九歳マテ上等小学ハ十歳ヨリ十三歳マテニ卒業セ シムルヲ法則トス但事情ニヨリ一概ニ行ハレサル時ハ斟酌スルモ妨ケナシトス).[10]

'하등소학'에서 배워야 하는 교과목은 철자·습자·단어·회화·독본·수신·독판·문법·산술·양생법·지학대의·이학대의·체술·창가(당분간 이것을 뺀다)(第二十七章 下等小学教科 一 綴字読並盤上習字 二 習字字形 ヲ主トス 三 単語読 四 会話読 五 読本解意 六 修身解意 七 書牘解意並盤上習字 八 文法解 意 九 算術九々数位加減乗除但洋法ヲ用フ 十 養生法講義 十一 地学大意 十二 理学大意 十 三 体術 十四 唱歌当分之ヲケク)로 정했다. 이 심상소학에서 배워야 할 교과목의 순서대로 배우지 않고 '소학의 과[小学ノ科]'를 가르치는 곳을 '변칙소

---

10 이듬해 발령한 '소학교칙(小學敎則)'에 의해 상등·하등 모두 6개월의 수업기간을 1급(一級)으로 하여 이를 각 8급으로 나눠 하등 8급부터 하등 1급, 상등 8급부터 상등 1급으로 진급하는 시스템을 도입했다.

학(變則小學)'이라 하고, 사택에서 이를 가르치는 곳을 '가숙(家塾)'이라 했다(第二十八章 右ノ教科順序ヲ踏マスシテ小学ノ科ヲ授ルモノ之ヲ変則小学ト云フ 但私宅ニ於テ之ヲ教ルモノハ之ヲ家塾トス). '상등소학'의 교과목은 '하등소학'의 교과목에 사학 · 기하학괘도대의 · 박물학대의 · 화학대의(一史学大意 二幾何学罫画大意 三博物学大意 四化学大意)가 추가되었고, 사정에 따라서 외국어 하나, 둘 · 기보법 · 회화학 · 천구학(一外国語学ノ一二 二記簿法 三画学 四天球学)의 과목을 추가로 가르쳐도 된다고 명시했다.

중학교는 소학교를 졸업한 학생들에게 보통학과를 가르치는 곳이라 정의하며, 이를 소학교와 마찬가지로 '하등중학'(14세부터 16세까지 3년간)과 '상등중학'(17세부터 19세까지 3년간)으로 나누고 있다(第二十九章中学ハ 小学ヲ経タル生徒ニ普通ノ学科ヲ教ル所ナリ分チ上下ニ等トス). 그 밖에 '공업학교' · '상업학교' · '통변학교' · '농업학교' · '제민학교' 등을 중학교와 같은 레벨의 학교로 설정했고, 장애인학교도 두고 있다(二等ノ外工業学校商業学校通弁学校農業学校諸民学校アリ此外廃人学校アルヘシ). '하등중학'에서 배워야 하는 교과목은 국어학 · 수학 · 습자 · 지학 · 사학 · 외국어학 · 이학 · 회화학 · 고언학 · 기하학 · 기보법 · 박물학 · 화학 · 수신학 · 측량학 · 주악(당분간 뺌)(第二十九章 下等中学教科 一 国語学二 数学 三 習字 四 地学 五 史学 六 外国語学 七 理学 八 画学 九 古言学 十 幾何学 十一 記簿法 十二 博物学 十三 化学 十四 修身学 十五 測量学 十六 奏楽(当分欠ク)) 등이었다. 그리고 이들 소정의 학업 순서를 밟지 않고 외국어나 의술을 가르치는 '변칙중학(變則中學)', 교원 면허를 갖고 있는 자가 사택에서 가르치는 '중학사숙(中學私塾)'에 대한 규정(第三十章 当今中学ノ書器未タ備ラス此際在来ノ書ニヨリテ之ヲ教ルモノ或ハ学業ノ順序ヲ踏マスシテ洋語ヲ教ヘ又ハ医術ヲ教ルモノ通シテ変則中学ト称スヘシ但私宅ニ於テ教

ルモノハ之ヲ家塾トス), 그리고 면허를 갖고 있지 않은 자의 '가숙(家塾)'에 대한 규정도 정하고 있다(第三十二章 私宅ニアリテ中学ノ教科ヲ教ルモノ教師タ ルヘキ証書ヲ得ルモノハ中学私塾ト称スヘシ其免状ナキモノハ之ヲ家塾トス).

대학은 "고상한 제학을 가르치는 전문과의 학교"(第三十八章 大学ハ高尚 ノ諸学ヲ教ル専門科ノ学校ナリ)라 정의하고, 그 학과는 이학·문학·법학·의학의 네 개 학과로 규정하고 있다(其学科大略左ノ如シ理学 化学 法学 医学 数理学). 그 밖에 '사범학교(師範學校)'에 대한 규정도 보인다. '사범학교'는 "소학교의 교칙 및 교수방법에 대해서 가르치는 곳"(第三十九章 小学校ノ外 師範学校アリ此校ニアリテハ小学ニ教ル所ノ教則及其教授ノ方法ヲ教授ス)이라 정의 하고 있다. 그리고 소학교 교사를 확보하기 위해 사범학교의 설립이 무 엇보다도 요급(要急)하다고 덧붙이고 있다(当今ニ在リテ極メテ要急ナルモノ トス此校成就スルニ非サレハ小学ト雖モ完備ナルコト能ハス故ニ急ニ此校ヲ開キ其成 就ノ上小学教師タル人ヲ四方ニ派出センコトヲ期ス). 이에 정부에서는 미국으로 부터 교육학 분야의 전문가를 초빙하여, 학제가 반포된 같은 해에 바로 도쿄에 사범학교를 설립하고,[11] 각 학문 영역 별로 다수의 외국인교사를 채용하였다. 사범학교의 졸업생은 대부분이 초등교육에 종사했고, 또한 많은 유능한 인재들을 국비유학생으로 선발하여 파견함으로써 선진 학 문을 배워오게 했는데, 이들이 귀국 후에는 고급관료가 되거나 외국인 전문교사를 대신하며 고등교육을 담당하게 된다.

---

11 1971년 폐지된 쇼헤이자카학문소[昌平坂學文所]를 일부 계승하는 형태로 1872년 도 쿄에 설립된 일본 최초의 사범학교에서는 미국인 교사 스콧(Marion McCarrell Scott, 1843~1922)을 초빙하여 소학교수법(小學教授法)을 가르치는데, 이것이 일 본 사범학교의 시초이다. 1886년(明治19) 초대 문부대신 모리 아리노리[森有禮]에 의해 사범학교령이 제정되어 순량(順良)·신애(信愛)·위중(威重)의 3대 기질을 목 표로 하는 사범학교 교육의 윤곽이 거의 정비되었다.

학제의 학교계통은 학제 반포 당시에의 위와 같은 소학・중학・대학의 3단계를 기본으로 했다. 그러던 것이 1873년 4월 '학제 2편 추가'(明治六年四月二十八日文部省布達第五十七号 学制二編追加)에 따라 전문학교와 외국어학교에 대한 규정이 추가되었다.

'전문학교'는 "외국교사가 가르치는 고상한 학교"(第百九十章 外国教師ニテ教授スル高尚ナル学校)라 정의하며 법학교・이학교・제예학교(法学校理学校諸芸学校等ノ類之ヲ汎称シテ専門学校ト云フ) 등을 들고 있다. 전문학교는 통상 예과(豫科)를 거쳐 본과(本科)로 진학하게 되어 있었는데, 본과의 수업연한은 법학교・의학교・이학교・공업학교・상업학교 등의 학교 종별에 따라 4년・3년・2년의 세 종류로 구분되었다.[12] 그리고 특이한 것은 그 입학 자격인데, 외국어학교의 하등학과를 마친 16세 이상인 자가 입학을 할 수 있다고 규정하고 있다. 외국어학교는 전문학교 입학을 위한 예비과정임과 동시에 특히 어학을 배우기 위한 과정으로 하등・상등 각 2년을 수업연한으로 정하고 있다(第百九十五章 外国語学校ハ外国語学ニ達スルヲ目的トスルモノニシテ専門学校ニ入ルモノ或ハ通弁等ヲ学ハント欲スルモノ此校ニ入リ研業スヘシ). 입학 자격도 소학교를 졸업한 14세 이상인 자로 규정하고 있다(但此校ニ入ルモノハ小学教科ヲ卒業シタルモノニシテ年齢十四歳以上タルヘシ).

또한, 학제에서는 학교운영에 필요한 경비는 학교 설치를 관할하는 학구에서 부담하는 것을 원칙으로 했다. 그러나 학교 보급이 국가의 근대화 사업의 일환이었으며(方今ニアツテ人民ノ智ヲ開クコト極メテ急務ナレハ), 국민의 경제적 상황 등을 고려하여 이를 어느 정도 국가가 부담하고 보조하

---

12 山本正身, 『日本教育史』, 慶應義塾大學出版會, 2014, 78면.

는 규정을 담고 있었다.[13] 그중에서 학교의 설립과 운영에 필요한 경비는 중학교는 중학구가, 소학교는 소학구가 담당하는 것을 원칙으로 했고, 각 학구에서는 세금·기부금·적립금·수업료 등의 민간 비용으로학교를 운영한다는 계획을 세우고 그 부족분을 국고에서 보조하기로 했다.

학제는 당시의 개명파 하급 무사계층이 직접 목격했거나 배운 서구의 평등주의사상과 인권사상을 기반으로 하는 '국민개학'을 전면에 내세우고, 종래의 '공리허담'을 배격하고 서양의 과학기술과 문병을 받아들이자는 실학주의 사상을 강조하고 있다는 면에서는 분명 전 시대와 구별되는 획기적 교육이념을 제시하고 있다. 황학파가 시도했고 좌절했던 복고주의적 '학사제'의 실패를 교훈 삼아, 새 시대 도래에 걸맞은 참신한 교육제도의 구상이었다고 할 수 있다. 또한 입신출세주의의 지향은 어찌 보면 메이지 신정부의 신분 재조정 때문에 몰락할 수밖에 없었던 하급 무사계급에게 새로운 희망을 제시하고 있다는 점에서 정치적 복안이기도 했다. 그러나 메이지 신정부가 근대교육의 기본 틀로 삼았던 '동양도덕·서양예술', '화혼양재'라는, 동서양의 가치를 절충한 교육이념은 자취를 감추고, 오로지 '서양예술'과 '양재'를 통한 개인의 입신 출세주의만을 중시하고 있다는 점, 학제의 반포를 통해 교육의 자율성에 대한 억압과 전 시대의 전통적 학문 세계와의 단절·괴리에 따른 반발 등은

---

13 "第八十九章 学事ニ関係スル官金ハ定額ニヨリ本省ニ於テ一切之ヲ管知スルコト但教育ノ設ハ人々自ラ其身ヲ立ルノ基タルヲ以テ其費用ノ如キ悉ク政府ノ正租ニ仰クヘカラサル論ヲ待タス且広ク天下ノ人々ヲシテ必ス学ニ就カシメンコトヲ期スレハ政府正租ノ悉ク給スル所ニアラス然レトモ方今ニアツテ人民ノ智ヲ開クコト極メテ急務ナレハ一切ノ学事ヲ以テ悉ク民費ニ委スルハ時勢未タ然ル可カラサルモノアリ是ニ因テ官カヲ計リ之ヲ助ケサルヲ得ストイヘトモ官ノ助ケアルヲ以テ従来ノ弊ニ依著ス可ラス御布告ニヨル".

자유교육령의 등장을 초래하게 되는 내적 모순이며 한계였음은 학제에서 정하고 있는 각종 학교의 교과목을 보면 명료하다.

학제 시행 이후 일부 소학교는 서양식 건물로 지어졌고, 양장을 한 교사들은 지역주민들에게는 그야말로 전통 고수에서 얻을 수 있는 안정감을 해치는 이질적 '서양예술'의 전도사로 비쳤으며, 여기에서 오는 불안감이 새로운 학제에 대한 반발로 이어졌음은 충분히 생각하고도 남음이 있다. 한마디로 비일상적 공간으로서의 학교의 등장과, 이를 강제하면서도 재정을 부담시키고, 교육내용을 강제·통제한다는 것에 대한 일반 인민들의 불신과 불만은 날로 커져만 갔다. 그중에서도 과도한 학비의 부담은 취학 거부 사태로 이어졌고 점차로 농민소동이 되어 각지에서 소학교 폐지를 주장하는 폭동이 일어나 학교가 부서지거나 불에 타는 등의 극단적인 사태가 벌어졌다. 그럼에도 불구하고 메이지 5년의 학제를 긍정적으로 평가할 수 있는 것은 1872년이라는 이른 단계에 근대교육의 대계를 구상하고 시행했다는 점이며, 무엇보다도 국민개학이라는 목표 설정, 그리고 그 구체적 구현으로써 초등학교의 보급과 실학적 서양 학문의 접목을 위해 많은 외국인 교사들을 고용해 고등교육의 정비에 주력했다는 것이다.

3. 지육(智育)에서 덕육(德育)으로의 전환

1) 자유교육령

학제를 직접 시행하는 데에는 많은 어려움이 따랐다. 프랑스의 학구제, 독일의 독학제 등 유럽에서도 아직 미완성이었던 초창기 서구 제도를 모방하여 만들어진 학제는 여러 가지 면에서 일본의 현실과는 맞지 않는 이상적인 제도였다. 앞에서 살펴봤듯이 학제는 전국을 대학구 · 중학구 · 소학구로 나누고 이를 지방교육행정단위의 기본으로 삼았다. 그리고 각 대학구에 대학본부를 두고 대학본부에는 독학국과 독학을, 중학구에는 학구감독을 두고 교육행정에 관한 관리 · 감독을 하게 함을 규정하고 있다. 그러나 이와 같은 규정을 실제로 시행하는 데에는 많은 어려움이 따랐다. 각 대학구마다 두기로 한 독학국도 도쿄가 포함된 제1대학구 이외에 다른 지방에는 두지 못했다.[14] 그 때문에 애초의 계획과는 달리 대학구는 지방교육행정의 기능을 거의 수행하지 못했으며, 실제로는 부현에서 이를 대신 맡아 처리했다.

이에 문부성은 1872년 11월에 국고보조금에 대한 기준을 정하고 보조금을 각 부현에 배부하는 조건으로 학구의 설정과 학구감독의 설치를 요구했다. 이에 따라 각 부현에서는 본격적으로 중학구 · 소학구 설정에 착수했는데, 그 규모는 부현에 따라 일정치 않았고 학구감독의 수도 부

---

[14] 山本正身, 앞의 책, 79면.

현에 따라 달랐다. 전체적으로 학제에서 정한 수에 미치지 못했다.[15]

또한, 1872년 반포 당시 전 109장 213조에 이르는 학제 내 시행규칙은 인위적 제도에 의해 인간의 자유를 구속하는 제도와 규정이었으며, 각 지역의 특수한 사정을 고려하지 않은 일률적이며 획일적인 것이었다. 무엇보다도 교육내용이 너무 서양적이었다.[16] 게다가 수급자부담원칙이라는 학비의 과도한 부담과 강제취학의 규정 등은 취학에 대한 거부로 이어졌고, 취학을 하더라도 학비 지출을 거부하는 등의 거센 반발이 일어났다. 여기에다가 전통적 학문을 등한시하고 서양 실학을 중시했던 점은 시대의 흐름에 부합하는 시대정신의 구현이라는 점에서 충분히 납득할 수 있겠으나, 이후의 '교육령(敎育令)'과 '개정교육령(改定敎育令)'의 교육이념을 통해서도 알 수 있듯이 일본의 전통적 교육이념이자 일본의 국체형성의 일익을 담당했던 유가(儒家)사상을 철저히 무시했던 점에서 많은 이들의 반발을 샀다. 한마디로 메이지 초기의 일본사회는 서구식 학제를 수행할 만큼 근대화되어 있지도 않았을뿐더러 학제에서 정하고 있는 교육제도의 실질을 이행하기에 필요한 재정 확보, 그리고 무엇보다도 교학내용에 대한 국민의 이해를 구하는 데 실패했다.

또한 다나카 후지마로[田中不二麻呂], 기도 다카요시[木戸孝允] 등, 문부성 수뇌부는 학제에 대해서 처음부터 불만과 반대의 입장이었다고 한다. 문부담당 이사관으로 서구의 교육제도를 시찰하고 이를 조사할 목적으로 이와쿠라사절단에 동행했던 다나카는 그들이 조사한 결과를 바탕으

---

15 위의 책, 80면.
16 당시 사용했던 교과서가 대부분 서양 서적을 그대로 번역한 것이었다는 것이 이를 반증한다.

로 하여 새로운 학교제도가 만들어져야 했음에도 불구하고 그들이 부재한 상황에서 정부가 일방적으로 학제를 반포했다는 사실에 불만을 표시했다. 게다가 학제의 교육이념이 너무 개화주의에 치중되어 있다는 점, 서구 교육제도에 대한 인식이 일면적이라는 점 등에 대해서도 강한 불만을 표시했다.[17] 이에 문부대보(文部大輔)로 문부성의 실권자 자리에 오른 다나카는 1878년 5월 학제의 '소학교칙(小學敎則)'을 폐지하고 학교별 교칙제정권을 인정했다. 즉, 국가에 의한 획일적이며 강제적 교육행정체계를 지역주민의 자발적 참여를 통해 구성하게 하는 자율적 행정으로 이를 전환한 것이었다. 그리고 1879년 9월 학제를 폐지하고 이를 대신하는 '교육령(敎育令)'을 반포한다.[18]

문부대보 다나카 후지마로 등이 주축이 된 위원회에서 제정한 교육령은 미국식 자율적 교육제도로의 전환을 기본 골격으로 하고 있다.[19] 새로운 교육령에서는 학구제와 독학국을 폐지하고 주민에 의해 선출된 교육위원이 직접 학교를 관리·감독하도록 하였으며, 학교에서 가르치는 과

---

17 쓰지모토 마사시 외, 이기원·오성철 역, 앞의 책, 356면.

18 1879년 교육령 반포에는 본서에서 주목하는 교육사적 흐름 외에도 정치사적 측면에서의 해석도 가능하다. 즉, 빈발하는 내란에 대한 대응에 따른 재정위기에 직면한 정부는 1877년에 들어서 곧바로 행정개혁을 단행한다. 이를 계기로 학제에 대한 개혁 또한 부상하게 되었고 결국 학제를 폐지하고 이를 교육령으로 대체한다는 노선이 정해진다. 그리고 그 대강은 1878년 5월 14일 문부성에서 작성한 '일본교육령초안(日本敎育令草案)'을 기본으로 하고 있다. 武田晃二, 「明治初期における普通敎育の槪念」, 『岩手大学敎育学部硏究年報』第50卷 第1号, 1990.10, 83면.

19 다나카는 1871년 이와쿠라사절단의 일행으로 서양 여러 나라를 시찰하고 귀국한 후 재차 1876년 유학생 감독관으로 미국으로 건너가 각 주의 교육제도를 둘러보고 지방분권주의를 배워왔다. 교육령은 그러나 자율적 분권주의를 참고로 미국인 학감(學監) 머레이(David Murray, 1830~1905)의 도움을 받아 자유주의·권학주의(勸學主義)적 교육제도를 기초(起草)했다. 당시 참의(參議) 겸 공부경(工部卿)으로 법제국(法制局) 장관이었던 이토 히로부미[伊藤博文]는 이 안을 대폭 수정하여 공포하였다.

목 또한 지방의 특성에 맞춰 각각의 교육위원회에서 정하도록 하였다.

　아동의 강제취학과 교학에 대한 정부의 간섭을 최대한 배제하기 위해 획일적인 '소학교칙'을 폐지하고 각 학교에 교칙편성권을 위임하는 등의 내용으로 구성된 총 47조의 교육령은 그 내용도 학제와는 달리 소학교 교육에만 한정되어 있었는데, 소학교의 수학연한을 학제의 정규과정 8년에서 4년까지 단축하는 것을 허락하였고, 실제 취학의무는 그 4년 가운데에서 16개월 이상이면 된다고 이를 더욱 완화하였다.

　다나카의 새로운 교육령은 많은 부분 실제 조사하고 경험했던 미국의 교육제도를 참고로 해서 만들어졌다. 이전의 학제가 유럽의 교육제도를 모델로 해서 만들어졌다면 교육령은 그 모델이 미국으로만 바뀌었을 뿐 서양의 교육제도를 참고로 해 만들어졌다는 점에서는 별반 다르지 않았다. 그러나 연방제나 각 주의 자치를 인정하는 미국의 교육법을 모델로 한 새로운 교육령은 많은 부분 개인과 교육의 자율성을 보장하고 있으며, 그러한 의미에서 '자유교육령(自由教育令)'이란 이름으로 불리기도 한다. 다나카는 미국인 학감(學監) 머레이(David Murray, 1830~1905)의 도움을 받아 자유주의·권학주의(勸學主義)적 교육제도를 기초(起草)했다.

교육령 반포 이전의 일본의 교육 상황

년도	소학교 수	교원수	취학 아동수	취학률
1873	12,558	25,531	1,145,802	28.1%
1874	20,017	36,866	1,714,768	32.3%
1875	24,303	44,664	1,928,152	35.4%
1876	24,947	52,262	2,067,802	38.3%
1877	25,495	59,825	2,162,962	39.9%
1878	26,584	65,612	2,273,224	41.3%
1879	28,025	71,046	2,315,070	*41.2%

文部省, 『學制百年史』, 1972, 194~195면의 표를 참고로 재구성했음.

교육의 목표 또한 개인의 입신이 아닌 '국가의 복지'에 두었다. 즉, '덕육(德育)'을 수반하지 않는 문명개화가 지닌 위험성을 경계해 종전의 '지육(智育)'중시 교육에 덕육을 더해 국민교육의 핵심 내용으로 삼았다. 이는 다름 아닌 국민의 공공의식 형성에 중점을 둔 것이었다. 그러나 대다수 국민들은 이러한 새로운 교육령을 접하고 정부가 교육에 대한 의지를 포기했다고 생각했다. 그도 그럴 것이 당시 아직 지방자치가 뿌리내리지 못한 상황에서 교육 자치라는 개념을 일반 인민들이 알 리도 없었고, 교육 재원 절감을 위해 소학교를 없애거나 통폐합하는 곳이 속출했기 때문이다.

다나카의 교육령 또한 당시의 실정과 맞지 않는 이상주의적 교육제도였으며, 이는 결과적으로 아동의 취학률 저하로 나타났다. 이에 대한 책임을 지고 문부경 기도 다카요시와 다나카는 자리에서 물러났으며, 결국 공포된 지 1년 3월 만인 1880년 12월 '개정교육령(改正教育令)' 혹은 '제2차 교육령'이라 불리는 두 번째 교육령이 만들어진다.[20]

2) 개정교육령

1880년 제정된 개정교육령에서 저자가 주목하는 것은 교육이념의 변화, 즉 교육 이데올로기의 변화라는 것이다. 학제 반포 이후 자유교육령에 이르기까지 일본의 교육이념은, 그것이 자율적이든 강제적이든 서양

---

20 교육령은 1880년과 1885년에 두 차례 개정된다. 1880년의 이른바 개정교육령은 다나카 후지마로를 중심으로 추진된 자유화정책을 부분 수정한 것이고, 1885년의 개정은 지방재정의 악화에 따른 세부규칙의 부분 개정이었다.

의 계몽주의적 학문의 보급과 이로 인한 개인의 입신출세를 지향하는 실학적 혹은 공리주의적 사상에 기초한 국가주의(國家主義) 규범 형성을 강조하는, 이른바 '지육'이 중심이었다. 그러나 개정교육령은 당시의 서구화 만능이라는 사회적 분위기에 일조한 교육내용에 대한 반성도 있었지만, 궁극적으로는 '황도 이데올로기 형성'이라는 새로운 교육이념을 국민교육의 전면에 내세우고 있다는 점에 주목해야 할 것이다. 이는 1879년 메이지 천황의 명의로 발표된 '교학성지(教學聖旨)'와 무관하지 않다.

교학대지(教學大旨)와 소학조목 2건(小學條目二件)으로 이루어진 교학성지의 내용은 유신 이후 일본의 근대교육이 서양의 실학적 교육사조에 경도되어 있음을 비판하고, 대안으로써 '인의(仁義)'·'충효(忠孝)'·'애국심(愛國心)' 등의 유교적 윤리를 중시하는 '덕육'의 필요성을 강조하는 것이었다. 여기에서부터 '천황제 이데올로기 강화를 위한 교육'이라는 새로운 패러다임이 등장한다. 이에 1880년의 개정교육령은 개인적 실용주의와 국가적 실리주의가 합치된 국가주의 교육 확립을 위한 교육 방향의 개정이라는 역사적 의미가 있다.

그러나 근대 국민국가는 자본주의 체제를 기본으로 하며, 자본주의 체제는 공동체로부터의 개인의 독립을 전제로 한다. 즉, 자본주의 체제를 기본으로 하는 국민국가는 필연적으로 개인의 자각과 상호 경쟁을 사회발전의 동력으로 삼고, 이러한 환경 속에서 국민의 공공성을 어떻게 확보할 것인지가 교육의 과제로 등장한다는 것이다. 그러한 의미에서 개정교육령 등장에 따른 유교주의적 교육이념의 설정은 시대착오적이라 할 수 있을 것이며, 진보적 교육주의자의 입장에서 볼 때 이는 역사발전에 퇴행하는 구시대적 교육으로의 회기를 의미했다. 근대 일본이

걷게 되는 불행한 역사의 시작을 천황제 이데올로기, 혹은 국체사상의 형성과 관련된 국민교육이라는 관점에서 바라본다면, 1880년 개정교육령의 이후 일본의 교육정책은 근대기 일본 국민에게는 불행한 일이었다고 감히 단언할 수 있다.

메이지 1880년의 개정교육령 제정의 배경에는 취학률의 저하라는 표면적인 이유도 있었지만, 당시 일본사회 전반에 걸친 '서구화 만능'사상에 대한 자성의 목소리와, 전통유학과 '존황주의(尊皇主義)'사상을 합체시켜 강력한 신민을 형성할 수 있는 새로운 '황도 이데올로기의 형성'이라는 정치적 노림수가 있었다.[21] 즉, 1880년의 개정교육령은 종래의 입신출세주의・실용주의적 교육에 '수신주의(修身主義)'적 교육을 조화시킨, 다시 말해 개인적 실용주의와 국가적 실리주의가 합치된 '국가주의' 확립을 위한 교육 방향의 개정이라는 역사적 의미가 있다. 이는 봉건막부체제를 붕괴시킨 신흥무사계층의 전통적 황도사상의 부활을 의미하는데, 1879년 메이지 천황의 이름으로 발표된 '교학성지'의 등장과 무관하지 않다.

모토다 나가자네[元田永孚, 1818~91]가 기초한 '교학성지'는 '교학대지(敎學大旨)'와 '소학조목 2건(小学条目二件)'으로 구성되어 있다. 천황의 시강(侍講)이었던 모토다는 1879년 천황의 호쿠리쿠[北陸], 도카이[東海] 지역 순행(巡幸)이 있은 후 교육에 관한 시찰의견이라 하여 '교학성지'를

21　1880년 문부성에서 교과서로 사용이 부적합한 서적의 명단이 발표되었는데, 이들 대부분이 전 시대의 계몽적 양학자(洋學者)의 서책이었다는 것은 '학제'의 교육이념에 대한 부정이라는 의미가 있다. 福沢諭吉의『通俗国権論』・『通俗民権論』, 箕作麟祥의 『泰西 勧善訓蒙』, 加藤弘之의『立憲政体論』등이 대표적이라고 할 수 있다. 中村紀久二, 『教科書の社会史 ―明治維新から敗戦まで』, 岩波新書, 49면.

당시 내무경(內務卿) 이토 히로부미와 문부경 데라지마 무네노리[寺島宗則]에게 제출하였다. 유신 이후 서양 일변도의 실학적 교육사조를 비판하고, '인의충효'를 중시하는 전통적 유교주의를 바탕으로 하는 교학성지는'덕육'의 필요성을 강조하는 내용으로 구성되어 있다. 이것은 앞으로의 교육이 천황 중심의 절대주의 국가에 걸맞은 '신민(臣民) 만들기'라는 이념 구현이라는 방식으로 전개될 것이라는 것을 예고하는 동시에 새로운 교육이념을 전면으로 내세운 정치적 포섭이었다.

교학의 핵심은 인의충효를 분명히 하고 지식재예를 연마해 인간의 도리를 다하는 것으로, 이것은 우리 조상으로부터의 훈이고 국전의 대지로, 상하 일반을 교화하는 것이다. 그러나 근래에 들어 오로지 지식재예만을 중히 여겨 아직도 문명개화만을 쫓아 풍속을 어기고 해치는 자가 적지 않다. 그러한 자들은 유신 초 주로 예로부터의 나쁜 습관을 타파하고 넓은 세상의 탁견으로 일시 서양의 장점을 취해 일신의 효과를 보려 했지만, 그런 유폐들은 인의충효를 뒤로하고 헛되이 양풍, 이것을 경쟁하니 장래가 두렵고, 군신부자의 대의를 깨닫게 하려 해도 그 방법을 알 수 없다. 이것은 우리나라의 교학의 본의가 아니기에 앞으로는 조종의 훈전에 기초해 오로지 **인의충효의 길을 분명히 하고, 도덕의 가르침은 공자를 주로 하여** 사람들이 성실품행을 존중하고 그러한 후에 각 분야의 배움은 그 재기에 따라 더욱 외장하고, 도덕재예의 본말을 갖추어 대중지정의 사학을 천하에 포만 시키려 함은 우리나라 고유의 정신이어서 세계에 부끄러움이 없을 것이다.[22]

---

22 "教学ノ要仁義忠孝ヲ明カニシテ智識才藝ヲ究メ以テ人道ヲ盡スハ我祖訓國典ノ大旨上
下一般ノ教トスル所ナリ然ルニ輓近專ラ智識才藝ノミヲ尚トヒ文明開化ノ末ニ馳セ品

교육을 크게 '인의충효'와 '지식재예(知識才藝)'를 위한 교육으로 이분하며, '지식재예'보다는 '인의충효'를 우선시하고 있음을 알 수 있다(教学ノ要仁義忠孝ヲ明カニシテ智識才藝ヲ究メ以テ人道ヲ盡ス). 또한, 교육은 모름지기 '인의충효'를 분명히 하고 지식재예를 연마하여 인간의 도리를 다하게 만드는 것이라 정의하며, 문명개화 이후 만연하고 있던 '양풍존중(洋風尊重) 사상'을 경계하고, 유교, 특히 공자의 가르침을 도덕 교육의 기본으로 삼아야 할 것임을 강조하고 있다. 이는 봉건적 유교주의, 황도주의의 관점에서 실학주의 사상을 비판한 대표적 사례로, 그야말로 절대권력에 의한 교육의 정의라 할 수 있으며, 근대교육에 교학이념으로서의 '유교주의 정신'의 부활 선언이었다고 할 수 있다. 이어서 '소학조목 2건'이 이어진다.

一 인의충효의 마음은 모든 사람이 갖고 있다. 그러나 어릴 적부터 그것을 뇌리에 감각하게 하고 배양하게 하지 않으면 다른 여러 것들이 이미 귀에 들어오고 선입견이 주가 될 시에는 후에 어찌할 수가 없다. 그런 연유로 현재 소학교에 급도를 갖고 있으니 그에 준해 **고금의 충신의사효자절부의 화상, 사진을 걸어 아이들이 학교에 처음 입학했을 때 우선 이 화상을 보여주고 그 행**

行ヲ破り風俗ヲ傷フ者少ナカラス然ル所以ノ者ハ維新ノ始首トシテ陋習ヲ破り知識ヲ世界ニ廣ムルノ卓見ヲ以テ一時西洋ノ所長ヲ取り日新ノ效ヲ奏スト難トモ其流弊仁義忠孝ヲ後ニシ徒ニ洋風是競フニ於テハ將來ノ恐ルル所終ニ君臣父子ノ大義ヲ知ラサルニ至ランモ測ル可カラス是我邦教学ノ本意ニ非サル也故ニ自今以往祖宗ノ訓典ニ基ヅキ專ラ仁義忠孝ヲ明カニシ道德ノ学ハ孔子ヲ主トシテ人々誠實品行ヲ尚トヒ然ル上各科ノ学ハ其才器ニ隨テ益々長長シ道德才藝本末全備シテ大中至正ノ敎学天下ニ布滿セシメハ我邦獨立ノ精紳ニ於テ宇内ニ恥ルコト無カル可シ". '교학성지'는 일본 문부과학성 홈페이지(http://www.mext.go.jp)의 '學制百年史 資料編'에서 인용. 한국어 번역과 강조는 인용자.

사의 개략을 설명해 가르치고 충효의 대의를 첫째로 뇌수에 감각할 수 있게 하는 것이 중요하다. 그러한 다음에 여러 물건의 이름을 알게 하면 후래 사효의 성으로 양성하고 박물을 듦에 본말을 그르치는 일이 없어야 할 것이다.

一 지난 가을 각 현의 계교를 순람하고 친히 학생들의 예업을 시험해보니 농상의 자제가 대답하는 것의 대부분이 고상한 공론만이 몹시 많고 서양말을 잘 한다지만 이것을 우리말로 번역하지도 못했다. 이러한 아이들이 훗날 학교를 졸업하고 집에 돌아가 다시 본업에 종사하면 어렵고 또한 고상한 공론을 가지고 관리가 된들 아무짝에도 쓸모가 없을 것이다. 그 박문함을 자랑하고 윗사람을 깔보고 현관의 방해가 되는 자 또한 적지 않다. 이것은 모두 교학의 참된 길을 얻지 못한 폐해이다. 이에 농상에는 농상의 학과를 만들고 고상함에만 빠지지 말고 실지에 기초해 훗날 학업을 이룰 시에는 본업으로 돌아가 더욱더 그 업을 성대케 하는 교칙이 있었으면 한다. [23]

---

23 "一 仁義忠孝ノ心ハ人皆之有り然トモ其幼少ノ始ニ其脳髄ニ感覚セシメテ培養スルニ非レハ他ノ物事已ニ耳ニ入り先入主トナル時ハ後奈何トモ爲ス可カラス故ニ當世小学校ニ給圖ノ設ケアルニ準シ古今ノ忠臣義士孝子節婦ノ畫像・寫眞ヲ揭ケ幼年生人校ノ始ニ先ツ此畫像ヲ示シ其行事ノ概略ヲ説諭シ忠孝ノ大義ヲ第一ニ脳髄ニ感覚セシメンコトヲ要ス然ル後ニ諸物ノ名狀ヲ知ラシムレハ後來思孝ノ性ニ養成シ博物ノ擧ニ於テ本末ヲ誤ルコト無カルヘシ
一 去秋各縣ノ季校ヲ巡覽シ親シク生徒ノ藝業ヲ驗スルニ或ハ農商ノ子弟ニシテ其説ク所多クハ高尚ノ空論ノミ甚キニ至テハ善ク洋語ヲ言フト雖トモ之ヲ邦語ニ譯スルコト能ハス此輩他日業卒り家ニ帰ルトモ再タヒ本業ニ就キ難ク又高尚ノ空論ニテハ官ト爲ルモ無用ナル可シ加之其博聞ニ誇り長上ヲ侮リ縣官ノ妨害トナルモノ少ナカラサルヘシ是皆教学ノ其道ヲ得サルノ弊害ナリ故ニ農商ニハ農商ノ学科ヲ設ケ高尚ニ馳セス實地ニ基ツキ他日学成ル時ハ其本業ニ帰リテ益々其業ヲ盛大ニスルノ教則アランコトヲ欲ス". '소학조목 2건(小学条目二件)'은 일본 문부과학성(http://www.mext.go.jp)의 '學制百年史 資料編'에서 인용.

여기에서는 소학교 교육을 통해 전통적 도덕관을 가르치는 것이 무엇보다도 중요하다는 것을 강조하고 있다. "고금의 충신·의사·효자·절부의 화상, 사진을 걸어 아이들이 학교에 처음 입학했을 때 우선 이 화상을 보여주고 그 행사의 개략을 설명해 가르치고 충효의 대의를 첫째로 뇌수에 감각할 수 있게 하는 것이 중요하다[古今ノ忠臣義士孝子節婦ノ畫像·寫眞ヲ揭ケ幼年生人校ノ始ニ先ツ此畫像ヲ示シ其行事ノ概略ヲ説諭シ忠孝ノ大義ヲ第一ニ脳髓ニ感覚セシメンコトヲ要ズ]"는 구체적 교육방법을 제시하며, '인의충효' 정신을 어린 시절부터 아이들의 뇌리에 각인시키라 교시하고 있다.

교학성지의 등장과 더불어 특히 1880년 개정교육령 등장 이후 서구의 실학적·공리주의적 사상에 기초한 이른바 지육(智育)에서 전통적 유교주의를 바탕으로 '인의'·'충효'·'애국심'을 강조하는 덕육으로의 교육이념이 변화하게 된 또 다른 배경으로는 당시 점차로 세력을 확대해가기 시작한 '자유민권운동'에 대한 권력 측으로부터의 견제 내지는 억압이라는 의미가 있었음에 주의하고 싶다.[24] 주지하는 바와 같이, 메이지 신정부 수뇌부의 절대적 다수는 사쓰마[薩摩]·조슈[長州]·도사[土佐]·히젠[肥前] 등, 이른바 '삿초토히'라 불리던 이른바 서남 웅번 출신자들이었고,[25] 1873년 정한론(征韓論)을 둘러싼 대립 이후, 오쿠보 도시미치·기도 다카요시·이토 히로부미 등의 사쓰마·조슈 출신 관료는 그야말로 신정부의 전권을 거머쥐게 된다. 이에 이타가키 다이스케[板垣

24 山住正巳, 『日本教育小事』, 岩波新書, 1987, 36면.
25 1883년의 경우, 칙임관(勅任官) 134명 중 98명(73%), 주임관(奏任官) 3,999명 중 1,608명(40% 남짓)이 이른바 '삿초토히' 출신이었으며, 그 나머지 관료들도 이들과 연결이 되어야만 비로소 출세의 길을 걸을 수 있었다. 고토 야스시 외, 이남희 역, 『천황의 나라 일본』, 예문서원, 2006, 159면.

退助]·나이토 로이치[內藤魯一]·우에키 에모리[植木枝盛] 등을 주축으로 하는 자유민권파(自由民權派)는 이와 같은 몇몇 특정 지역 출신자들에 의해 국정이 운영됨을 '유사전제(有司專制)'라 칭하고, 이들에 의한 국정 전횡이 계속되는 한 국가는 붕괴하고 말 것이라 하여 이를 타도하기 위한 운동을 전개한다.

이들은 국회개설, 헌법제정, 조세경감, 지방자치, 불평등조약 철폐라는 5대 요구를 내세우고, 메이지 신정부가 목표로 하는 절대주의적 천황제국가에 반대하며 민주주의적 입헌제국가(立憲制国家)를 꿈꿨다. 1874년 이타가키가 중심이 된 민선의원설립(民選議院設立) 건백서(建白書) 제출을 운동의 시발점으로 보고, 1880~81년을 고양기(高揚期), '군마[群馬]사건'·'지치부[秩父]사건'·'이다[飯田]사건'·'나고야[名古屋]사건' 등 정부의 과격한 진압에 테러나 봉기(蜂起)로 맞선 이른바 1884년의 '격화사건(激化事件)'을 계기로 정부의 극심한 탄압을 받아 쇠퇴하기 시작한다. 자유민권운동이 학교에 파급될 것을 우려한 정부는 1875년 인신비방을 금지하는 언론통제령인 '참방률(讒謗律)', '신문지조례(新聞紙条例)', '출판조례개정(出版条例改正)'과, 1880년에는 '집회조례(集会条例)'를 통해 교원과 학생들의 정치집회를 전면 금지하였고, 1882년에는 '집회조례개정추가(集会条例改正追加)' 등의 법률 제정을 통해 자유민권운동을 탄압했고, 이와 같은 갈등은 1890년 제국의회(帝國議會)가 개설될 때까지 이어졌다.[26] 이러한 자유민권파의 교육운동은 당연 천황제 이데올로기 형성을

---

26 자유민권운동의 사상적 배경에는 밀의 '자유론(自由論)'·'대의정체론(代議政体論)', 밴덤의 '최대 다수의 최대 행복론', 스펜서의 '권리론(権利論)', 루소의 '사회계약론(社会契約論)' 등의 사상적 영향이 있었다. 자유민권사상을 가장 체계적으로 구성한 이론가는 인권(人權)에 최고의 가치를 둔 우에키 에모리[植木枝盛]였다. 나카에 조민

위한 교육체제에 반대하였고, 이에 동조하는 교원들은 이와는 별도의 가치를 교육의 이념으로 삼았다.

일본교육사 연구에서 자유민권운동이 주목을 받기 시작한 것은 1960년대 말부터 1970년대 초에 걸친 시기부터이다. 구로사키 이사오[黑崎勳]는 자유민권파는 국가에 의한 공교육 조직화에 대항하여 '교육의 자유'에 기초한 '인민의 협의(協議)에 의한 공교육의 자주적 조직화'를 지향했고, 따라서 자유민권운동은 "일본 근대 이후 최초의 교육운동이라 부를 만한 것"으로 평가했다.[27] 즉, 자유민권운동은 교육사적 관점에서 보면, 일본 공교육제도의 성립과정에 직접 관계했던 교육운동이기도 했다는 것이다.

또한, 지바 마사히로[千葉昌弘]는 민동운동에 참가했던 교원들을 중심으로 그들의 활약과 교육실천 활동에 주목하여, "교사와 지역주민의 통합·협력관계에서 '위로부터'의 공교육의 체제화를 주체적으로 받아들여, 지역의 교육에 적합한 것으로써 '밑으로부터' 이를 개조하여, '학제'와 '교육령'의 근대적 측면을 실질적으로 신장시킬 가능성이 자유민권운동 시기 동안에 형성되었다"고 지적했다.[28] 이들의 연구는 종래 교육

[中江兆民]은 프랑스 시민혁명사상을 소개했고, '생존권(生存權)' 위에 여러 자유가 보장되는 '자유권(自由權)'이 보장되어야 한다고 주장했다. 민권주의운동 사상 속에 국권론비판, 여성해방론, 피차별부락해방론(差別部落解放論), 도시무산자(都市無産者) 조직론 등의 사상이 포함되어 있기는 하였으나 아직 체계적 구성으로는 미흡했고, 중국과 조선을 비롯한 아시아권 국가에 대한 차별의식과 소수민족의식 결여와 같은 문제점을 안고 있었다. 또한, 백성잇키[百姓一揆]·요나오시[世直し]·민중종교(民衆宗教) 등에서 볼 수 있는 농민(農民)의 해방 사상을 포함하는 사상체계를 구축하지 못한 채 패배했다. 國史大辭典編輯委員會 編, 「自由民權運動」, 『國史大事典』, 吉川弘文館, 1986 참조.

27 黑崎勳, 「自由民權運動における公教育理論の研究」, 『教育学研究』第三八卷 第一号, 1971.

28 千葉昌弘, 「自由民權運動の教育史的意義に関する若干の考察」, 『教育学研究』第三九卷

과는 직접 관계가 없는 정치운동이나 문화운동, 혹은 일반적 민중운동으로 규정해온 자유민권운동을, 일본 최초의 교육운동으로 규정짓고 있으며, 이후 이러한 관점은 일반론이 되었다.

자유민권운동은 국회개설, 헌법제정, 조세경감 등의 국민의 권익 확립을 요구한 정치운동이었지만, 그와 동시에 국민이 정치의 단순한 수용자에서 주체자가 될 수 있는 자기형성을 목표로 하는 일대 학습운동이었다. 또한, 교육의 발전을 위해 자주적 집단을 형성하고, 교육의 내용을 국가의 요구에 의해 정하는 것이 아니라 민중의 생활과 지역 실정에 따라 자주적으로 편성하려는 노력, 그리고 특히 청년의 교육에서는 지식을 단순한 인식의 레벨로 인식하지 않고, 그것을 활용하는 정신과 함께 자기 것으로 획득하려 했다는 점에서 의의를 인정할 수 있다.

다나카 후지마로가 1879년의 이른바 '자유교육령'을 제정한 배경에는 자유민권운동의 확산이라는 시류(時流)가 있었고, 이후의 '개정교육령'의 제정(1880)과 때를 맞추어 '국체의 정화(精華)'로서 천황제 이데올로기 확립을 위한 덕육교육이 강제·강화되어 간 것도 이러한 맥락에서 파악할 수 있다. 전술한 바와 같이, 교육칙어의 공포와 배포, 이를 봉독하는 행사의 강화 등의 일련의 의례의 제정과 정비는, 마침 자유민권운동이 공권력의 무자비한 탄압 때문에 조금씩 빛을 잃어가는 시기와 더불어 시작된다.

메이지 정부는 자유민권운동에 대항하는 민중교화책으로써 유교주의적 도덕 교육을 적극적으로 활용하려 했으며, 이는 자유교육령에 의

第一号, 1972.

한 자유주의교육사조에서 다시금 정부에 의해 강제되고 통제되는 '간섭주의(干涉主義)' 교육으로의 완벽한 회귀를 의미하는 것이었다.[29] 1880년의 개정교육령으로 인해 소학교의 교과목에 처음으로 '수신(修身)', 즉 '도덕(道德)'이 포함된 것은 교학성지에서 제시한 유교주의적 교학사상의 구체적 실천이었다.

4. 메이지 후기의 교육

1) 국가주의 교육

이러한 교육이념의 변화 속에 1885년 이토 히로부미 내각의 초대 문부대신 자리에 오른 모리 아리노리는 박애주의 정신의 함양과 애국심 고양을 통한 국가주의 형성에 국민교육의 목표를 설정했다. 모리의 교육이념은 "(교육은)학생 개인을 위한 것이 아니라 국가를 위한 것임을 늘 기억해야 한다[生徒其人の為にするに非ずして, 国家の為にすることを終始記憶せざるあるべからず]"라는 말에 잘 나타나 있다.[30] 모리는 학제의 개인주의적·공리주의적 교육관을 부정하고 국가주의 교육을 지향했다. 1886년 모

---

29 메이지 정부는 1880년 4월, 교원과 학생들의 정치집회를 전면 금지하는 '집회조례'를 발표했다. 즉, 자유민권운동에 대한 민중교화책으로써 유교주의적 덕육교육을 도입하려 했던 것이다.

30 H. パッシン, 國弘正雄 訳, 『日本近代化と教育』, サイマル出版会, 1980, 185면.

리는 교육 전체를 포괄하는 교육령을 대신하여 학교 종별로 '소학교령 (小學校令)'·'중학교령[中等學校令]'·'사범학교령(事犯學校令)'·'제국대 학령(帝國大學令)'의 네 개의 개별 정령(政令)을 반포한다.[31]

제국대학은 그야말로 일본의 근대화에 필요한 서양의 실학적 학문을 수학한 고급관료를 키우기 위한 기관으로, 중학교는 제국대학에 입학하 기 위한 학문적 소양과 자격을 갖추기 위한 준비과정 기관으로, 소학교는 심상(尋常)과 고등(高等) 두 단계로 나누고 심상소학교 4년 과정에 취학하 는 것을 의무로 명시했다.[32] 또한, 사범학교는 장래의 교원들에게 철저한 국가주의적 이데올로기를 심어주기 위한 기관으로서 특히 중시되었다.

모리는 이러한 교육제도를 시행함에 일본의 근대화와 국민도덕의 강 화라는 두 가지 교육목표를 설정했다. 다나카가 국가주의 형성에 국어와 역사교육을 강조했다면 모리는 '천황제'에 주목했다. 즉, 1880년의 개정 교육령 반포 이후의 교육이념은 당시 일본사회 전반에 걸친 '서구화' 만 능주의에 대한 자성에서, 전통유학과 '존황사상(尊皇思想)'을 합체시켜 강력한 신민을 형성할 수 있는 새로운 황도 이데올로기를 만들어 내는 데 있었다. 즉, 모리의 교육이념은 종래의 실학을 바탕으로 하는 공리주 의 교육에 '수신주의(修身主義)'적 교육을 조화시킨 국가주의 교육의 확립 에 있었던 것이다. 이와 같은 모리의 교육이념, 나아가 메이지 정부의 교 육이념은 1890년 '교육칙어(敎育勅語)' 공포에 의해 한층 강화된다.

---

31 총칭하여 '학교령(學校令)'이라 부른다. 학교령의 반포에 이르러 일본의 모든 학교, 즉, 소학교부터 제국대학에 이르기까지의 교육연구제도와 교수내용이 정비되기에 이 른다.

32 당시 도쿄대학[東京大學]이라 불리던 일본 내 유일한 대학은 '제국대학'이라 개칭된 다. 또한, 소학교령을 통해 일본 최초의 의무교육이 법으로 정해진다.

교육에 관한 칙어(勅語)

짐이 생각건대 우리 황조황종(皇祖皇宗)이 나라를 연 것이 굉원(宏遠)하고 덕을 세움이 심후(深厚)하다. 우리 신민이 지극한 충과 효로써 억조창생(億兆蒼生)의 마음을 하나로 하여 대대손손 그 아름다움을 다하게 하는 것, 이것이 우리 국체(國體)의 정화(精華)이고 교육의 연원이 실로 여기에 있다. 그대들 신민은 부모에게 효도하고 형제간 우애하며, 부부 서로 화목하고 붕우 서로 신뢰하며 공검(恭儉)하고, 박애를 여러 사람에게 끼치며, 학문을 닦고 기능을 익힘으로써 지능을 계발하고 덕기를 성취해 나아가 공익을 널리 펼치고 세상의 의무를 넓히며, 언제나 국헌을 존중하고 국법을 따라야 하며, 일단 위급한 일이 생길 경우에는 의용(義勇)을 다하며 공을 위해 봉사함으로써 천양무궁의 황운을 부익(扶翼)해야 한다. 이렇게 한다면 그대들은 짐의 충량한 신민이 될 수 있을 뿐만 아니라 그대들 선조의 유풍(遺風)을 현창(顯彰)하기에 족할 것이다.

이러한 도는 실로 우리 황조황종의 유훈(遺訓)으로 자손과 신민이 함께 준수해야 할 것들이다. 이것을 고금을 통하여 어긋나게 해서는 안 될 것이다. 이를 중외(中外)에 베풂에 도리에 어긋남이 있어서는 안 될 것이다. 짐은 그대들 신민과 더불어 권권복양(拳拳服膺)하며 널리 미치게 하고, 그 덕을 함께 공유할 것을 절망한다. ³³

---

33 "朕惟フニ我力皇祖皇宗國ヲ肇ムルコト宏遠ニ德ヲ樹ツルコト深厚ナリ 我力臣民克ク忠ニ克ク孝ニ億兆心ヲ一ニシテ世々厥ノ美ヲ済セルハ此レ我力國體ノ精華ニシテ教育ノ淵源亦實ニ此ニ存ス爾臣民父母ニ孝ニ兄弟ニ友ニ夫婦相和シ朋友相信シ恭儉己レヲ持シ博愛衆ニ及ホシ学ヲ修メ業ヲ習ヒ以テ智能ヲ啓發シ德器ヲ成就シ進テ公益ヲ廣メ世務ヲ開キ常ニ國憲ヲ重ニ國法ニ遵ヒ一旦緩急アレハ義勇公ニ奉シ以テ天壤無窮ノ皇運ヲ扶翼スヘシ是ノ如キハ獨り朕ノ忠良ノ臣民タルノミナラス又以テ爾祖先遺風ヲ顯彰スルニ足ラン 斯ノ道ハ實ニ我力皇祖皇宗ノ遺訓ニシテ子孫臣民ノ俱ニ遵守スヘキ所

당시 법제국(法制局) 장관이었던 이노우에 고와시[井上毅]와 추밀고문관(枢密顧問官)이었던 모토다 나가자네[元田永孚] 등의 천황 측근 그룹에 의해 작성된 '교육에 관한 칙어[教育に関する勅語]', 이른바 교육칙어는 자유민권운동과 당시의 사회에 만연해 있던 서구화사상에 반대하는 전통주의적·유교주의적 입장에서 덕육 중시를 교육의 기본이념으로 제시하고 있다.[34] 여기에서는 신민이 지극한 충과 효로써 대대손손 천황과 나라를 위해 진력하는 것이 '국체의 정화'이며, '교육의 근원'이라 정의하며, 구체적으로 신민이 진력해야 할 14의 덕목을 열거하고, 마지막으로 이러한 덕목은 '황조황종의 유훈'에 따라 영원히 준수해야할 보편적 진리라 맺고 있다. 따라서 교육은 '인의충효'를 절대시하는 국민사상의 통일을 위한 수단에 불과하고, 교육의 목적 또한 진리 탐구나 개성의 신장보다는 헌법으로 보장하고 있는 국체, 즉 천황에게 충실한 신민 육성에 있다고 하는, 교육을 통한 천황에 대한 절대충성과 애국심을 강조한다.

이후 교육칙어의 복사본과 메이지 천황 부부의 이른바 '어진영(御眞影)'이라 불리는 사진이 전국 학교에 배부되었다. 교육칙어는 각종 학교의 행사나 국가적 의례 시에 학생들에게 들려주었고, 기원절(紀元節), 천장절(天長節)에는 어진영 배례를 중심으로 한 축하의식을 추진했다. 수신

之ヲ古今ニ通シテ謬ラス之ヲ中外ニ施シテ悖ラス朕爾臣民ト倶ニ拳々服膺シテ咸其徳ヲ一ニセンコトヲ庶幾フ'. 교육칙어는 일본 문부과학성 홈페이지(http://www.mext.go.jp)의 '學制百年史 資料編'에서 인용. 한국어 번역과 강조는 인용자.

34 교육에서의 덕육주의 진흥을 위한 것은 1889년의 대일본제국헌법 공포에 따른 새로운 법체제로의 이행, 총선거 시행 등에 의한 정당정치의 확립에 따른 구래의 질서 유지에 불안을 느낀 지방 장관들이 1890년 2월 지방장관회의에서 덕육진흥의 건의를 수합하여 문부성에 덕육교육을 확정해 줄 것을 건의한 것이 계기가 되었다. 辻本雅史 외, 앞의 책, 373면.

교과서 또한 이 교육칙어에 명시된 도덕적 기준에 따라 편찬되었다. 교육칙어를 통해 명시된 천황제국가의 사상, 또는 교육이념은 1894년의 청일전쟁(淸日戰爭)과 1904년의 러일전쟁[露日戰爭]에 참가한 군인들의 충군애국 정신 함양에 절대적 영향을 미쳤으며, 1931년부터 이어지는 이른바 '15년 전쟁' 기간에는 극단적으로 신성시되기도 하였다.[35]

이렇듯 근대기 일본의 교육체제와 교육이념은 1872년의 학제 반포 이후 1879년의 교육령, 1880년과 1885년의 교육령의 개정에 이어, 1886년의 종별 학교령 반포까지, 대략 20년이 조금 못 되는 긴 세월에 걸쳐 수많은 시행착오 끝에 그 기본 골격이 확립되었다. 거기에 1890년에 공포된 교육칙어의 교육이념을 같은 범주에 넣고 생각한다면, 대략 메이지유신 이후 30여 년의 세월에 걸쳐, 비록 우여곡절은 있었지만 황도 이데올로기를 근간으로 하는 근대 일본의 국민교육의 틀이 만들어졌다고 해도 과언이 아닐 것이다.

---

[35] 1931년부터 1945년까지 일본이 치렀던 전쟁에 대한 호칭은 다양하다. 우선 '태평양 전쟁'이다. 미국이 일본을 점령하면서 공식 명칭이 되었다. 태평양을 강조하면서 미국과의 전쟁이 부각되는 호칭이다. 그 때까지의 '대동아 전쟁'이라는 말은 즉각 사용이 중지되었고 불온한 금기어가 되어버렸다. 반면, 중국을 포함한 아시아와의 전쟁을 경시하는 호칭으로 받아들여지기 쉽다. '아시아·태평양 전쟁'이라는 호칭은 1937년 중일 전쟁부터 1941년 발발한 미일 간의 전쟁을 아우른다. '15년 전쟁'이라는 호칭은 1931년의 만주사변부터 1945년의 패전을 불가분으로 여기며 일본의 침략성을 한층 강조하는 호칭이다. 가치중립적인 이름도 있다. '제2차 세계대전'이다. 하지만 너무 건조하고 밋밋하여 그 당시 전쟁이 갖는 복합적 성격을 전혀 담아내지 못한다.

2) 종별 전문화·특성화 교육

천황제 이데올로기 형성을 노골화하는 메이지 후기의 교육은, 이를 뒷받침할 수 있는 유교주의에 입각한 덕육교육을 중심으로 하여, 이른 바 종별(種別) 전문화·특성화 교육의 길로 들어선다. 메이지유신 이후 정부의 산업정책은 국영기업 중심으로 이루어졌다. 그러던 것이 1890 년대 이후부터는 그야말로 일본 최초의 산업혁명이라 부를 만큼 경공업을 중심으로 하는 민간 기업이 발달하게 되는데, 이에 필요한 전문화된 인력 수요가 그 만큼 늘어났으며, 원활한 인력수급을 위해 노동자들에게 전문화·특성화된 종목 별 기능 별 교육이 중시되었기 때문이다. 당시 문부대신이었던 이노우에 고와시는 1893년 문부성령으로 14조로 구성된 '실업보습학교규정(實業補習學校規程)'과, 1894년에는 15조로 구성된 '도제학교규정(徒弟学校規定)'의 공포를 주도하였다.[36]

문부성에서는 실업보습학교를 "제반 실업에 종사하려 하는 아동에게 소학교 교육의 보습과 동시에 간이(簡易)한 방법으로 그 직업에 필요한 지능기술을 가르치는 곳[実業補習学校ハ諸般ノ実業ニ従事セントスル児童ニ小学校教育ノ補習ト同時ニ簡易ナル方法ヲ以テ其ノ職業ニ要スル知識技能ヲ授クル所トス]"이라 정의하며, 그곳에 입학할 수 있는 자격은 심상소학교를 졸업한 자를 원칙으로 하며, 심상소학교를 졸업하지 않았거나 학령이 지난 자들은 학교장의 허가를 받아 예외로써 입학할 수 있게 했다(第二条 実業補習学校入学者学力ノ程度ハ尋常小学校卒業以上ニ於テ之ヲ定ムヘシ但尋常小学校卒業ノ者

---

36 실업보습학교규정과 도제학교규정은 일본 문부과학성 홈페이지(http://www.mext. go.jp)의 '學制百年史 資料編'에서 확인할 수 있다.

ニアラサルモ学齢ヲ過キタル者ニ限リ実業補習学校ノ教科ノ全部又ハ一部ノ教授ヲ受クル為ニ特ニ学校長ノ許可ヲ得テ入学スルコトヲ得). 또한, 학습과목은 수신(修身)과 독서(読書), 습자(習字), 산술(算術)을 기본으로 실업에 관한 과목으로 구성되어 있다(第四条 実業補習学校ノ教科目ハ修身, 読書, 習字, 算術及実業ニ関スル科目トス但修身ハ読書ニ附帯シテ教授スルコトヲ得実業ニ関スル科目トス).[37] 또한, 이노우에는 경제적 발전을 통한 부국(富國)을 기반으로 애국심을 배양하려 했으며, 따라서 그에게 교육칙어는 상징 이상의 적극적인 의미를 갖지 않았다.[38]

도제학교는 "직공이 되기에 필요한 교과를 배우는 곳[職工タルニ必要ナル教科ヲ授クル所トス]"으로, 입학 자격은 연령 12세 이상이나 심상소학교 졸업 이상의 학력을 지닌 자를 원칙으로 하며, 심상소학교를 졸업하지 않은 자는 학교장의 허가에 의해 입학할 수 있었다(第二条 徒弟学校入学者ノ資格ハ年齢十二年以上及尋常小学校卒業以上ニ於テ之ヲ定ムヘシ但尋常小学校卒業ノ者ニアラサルモ特ニ学校長ノ許可ヲ得テ入学スルコトヲ得). 학습과목은 수신·산술·기하·물리·화학·도화 및 직업에 직접 관계가 있는 것과 이들 과목의 실습 등이었다(第四条 徒弟学校ノ教科目ハ修身, 算術, 幾何, 物理, 化学, 図画及職業ニ直接ノ関係アル諸科目並実習トス). 여기서 한 가지 주목할 만한 사항은 다른 과목은 학교장 재량에 따라 얼마든지 조정이 가능했으나 수신 과목

---

37 실업보습학교규정에서는 실업에 관계되는 다음과 같은 과목을 들고 있다. "第五条 実業補習学校ノ実業ニ関スル教科目ハ左ニ掲クル事項ヨリ撰択シ又ハ便宜分合シテ之ヲ定ムヘシ 一 工業地方ニ於テハ図画, 模型, 幾何, 物理, 化学, 重学, 工芸意匠, 手工ノ類 二 商業地方ニ於テハ商業書信, 商業算術, 商品, 商業地理, 簿記, 商業ニ関スル習慣及法令ノ大略, 商業経済, 外国語ノ類 三 農業地方ニ於テハ或ハ農業大意, 或ハ耕耘, 害虫, 肥料, 土壌, 排水, 灌漑, 農具, 樹芸, 家畜, 養蚕, 森林, 農業帳簿, 丈量ノ類".

38 辻本雅史 외, 앞의 책, 375면.

은 절대 제외할 수 없었다는 것이다(前項ノ教科目ハ修身ヲ除ク外学校長ニ於テ
便宜取捨撰択シ又ハ随意科トスルコトヲ得但実習ハ設備上又ハ其ノ他ノ関係ニ依リ学
校ニ於テ教授スルニ不便ナル職業ニ限リ之ヲ欠クコトヲ得). 1년 전에 만들어진
실업보습학교규정에는 없었던 규정이다. 또한, 중등교육 단계의 교육을
강화·정비하기 위해 1899년(明治 32) 실업보습학교와 도제학교를 통합
한 19조의 '실업학교령(實業學校令)'과 20조로 구성된 '고등여학교령(高
等女學校令)'을 칙령(勅令)으로 공포한다.[39]

실업학교는 공업·농업·상업 등의 실업에 종사하는 자에게 필요한
교육을 시행하기 위한 학교(第一条 工業農業商業等ノ実業ニ従事スル者ニ須要ナ
ル教育ヲ為スヲ以テ目的トス)로, 공업학교·농업학교·상업학교·상선학교
및 실업보수학교가 이에 해당하며(第二条 実業学校ノ種類ハ工業学校農業学校商
業学校商船学校及実業補習学校トス), 잠업학교·산림학교·수의학교·수산업
학교 등은 농업학교의 하부에 포함하고(蚕業学校山林学校獣医学校及水産学校
等ハ農業学校ト看做ス), 도제학교를 공업학교 내에 포함하고 있다(徒弟学校
ハ工業学校ノ種類トス). 또한, 필요에 따라 문부대신이 그 지역의 특성에 맞
는 실업학교 설치를 명할 수 있도록 하고 있다(第三条 文部大臣ハ土地ノ情況
ニ応シ必要ナル実業学校ノ設置ヲ府県ニ命スルコトヲ得). 고등여학교는 여자에게
필요한 보통교육을 시행하기 위해 만들어졌으며(第一条 高等女学校ハ女子ニ
須要ナル高等普通教育ヲ為スヲ以テ目的トス), 수학연한은 4년이었고, 연령 12
세 이상으로 고등소학교에서 2년간 수학한 자, 또는 이와 동등한 학력을
가진 자에 한해서 입학이 허락되었다(第十条 高等女学校ニ入学スルコトヲ得ル

---

39 실업학교령과 고등여학교령은 일본 문부과학성 홈페이지(http://www.mext.go.jp)
의 '學制百年史 資料編'에서 확인할 수 있다.

者ハ年齢十二年以上ニシテ高等小学校第二学年ノ課程ヲ卒リタル者又ハ之ト同等ノ学力ヲ有スル者タルヘシ). 이후 일본의 중등교육은 중학교・실업학교・고등여학교를 중심으로 이루어진다.

또한, 산업화의 발달과 사회의 레벨 향상에 따라, 제국대학 출신자에는 못 미치더라도 이에 버금가는 전문 인력이 필요해짐에 따라 그러한 인재 양성을 목적으로, 16조로 구성된 '전문학교령(專門學校令)'이 1903년 칙어로 공포된다.[40] 전문학교령에 의해 새로이 전문학교가 설립되거나, 이미 전문학교라는 이름으로 설립 운영되던 기존의 지바의료전문학교[千葉医学專門学校], 센다이의학전문학교[仙台医学專門学校], 오카야마의학전문학교[岡山医学專門学校] 등의 의학전문학교와, 도쿄외국어학교[東京外国語学校], 도쿄미술학교[東京美術学校]와 도쿄음악학교[東京音楽学校] 등은 의학・약학・법률 등의 전문교육을 행하는 전문학교로 승격하게 된다.

실업계통 학교는 실업전문학교라 불렸다. 전문학교는 고등의 학술・기예를 교수하는 곳(第一条 高等ノ学術技芸ヲ教授スル学校ハ専門学校トス)으로, 중학교・고등학교를 거쳐 진학하는 제국대학과는 달리 중학교 또는 수학연한 4년 이상의 고등여학교를 졸업한 자나 이와 동등한 학력을 가졌다고 인정되는 자 이상(第五条 専門学校ノ入学資格ハ中学校若ハ修業年限四箇年以上ノ高等女学校ヲ卒業シタル者又ハ之ト同等ノ学力ヲ有スルモノト検セラレタル者以上ノ程度ニ於テ之ヲ定ムヘシ)이 입학할 수 있었다. 이에 따라 일본의 고등교육제도는 주로 고급 관료 양성 기관으로써의 제국대학과, 산업계나 사회 각 분야의 전문 인력을 양성하는 전문학교를 중심으로 이루어졌다.

---

40 전문학교령은 일본 문부과학성 홈페이지(http://www.mext.go.jp)의 '學制百年史資料編'에서 확인할 수 있다.

1887년 창설된 도쿄대학 하나뿐이었던 제국대학도 1897년에 교토, 1907년에는 센다이[仙台], 1910년에는 후쿠오카[福岡]에 연이어 창설되었다.

자유교육령 반포를 전후로 해서 저하를 보이던 취학률도 1890년 교육칙어 발표 이후 교육제도의 정비와 확충에 따라 꾸준한 증가세를 보인다. 1886년 소학교령 제정 이후 꾸준히 증가한 의무교육 취학률은 1898년에 이르러서는 대략 70% 선에 달했다. 그리고 1900년이 되면 소학교에서는 수업료를 받지 않는 무상교육이 시행된다. 또한, 같은 해 시험에 의한 진학제도를 폐지하고 이른바 자동진급제가 시행되었고, 1907년에는 의무교육의 연한이 4년에서 6년으로 늘어난다. 이렇게 해서 메이지 후반기라고 할 수 있는 1910년대에 국가 운영과 산업 분야에서 실무를 담당하게 될 인재를 양성하기 위한 중·고등교육제도가 완비되었고, 근대국가에 걸맞은 문명화된 국민, 혹은 천황제 이데올로기의 충실한 신민 형성을 위한 일본의 초등교육은 메이지 후기에 거의 모든 국민을 대상으로 보급되게끔 되었다.

5. 맺음말

근대 국민국가는 국민통합이라는 절대적 조건 위에 성립하며, 국민통합은 공통된 이데올로기의 공유를 전제로 한다. 일본의 근대 국민국가 형성기에 국민통합을 위한 이데올로기는 다름 아닌 문명개화를 통한 근대화이며, 그 선두에서 이를 이끌 강력한 전제군주, 즉 만세일계의 황통보를 자랑하는 천황 그 자체였다. 외부에 강력한 적이 상존했다면 국외의 가상 적을 만들어 국민통합에 이용할 수도 있었을 것이며, 서구 세계와 같은 절대적 종교체계가 있었다면 그리스도라는 이름하에 혼연일체의 사상을 만들어냈을지도 모른다. 그러나 유사 이래 섬나라 일본에 상존하는 외적은 없었고 민중을 하나로 묶는 절대적 종교 체계도 갖고 있지 않았다. 이에 메이지 신정부는 국민통합을 극대화하기 위해 그들만의 종교가 필요했던 것이다. 천황을 정점으로 하는 국가신도의 등장은 바로 이와 같은 근대국가의 논리에 의해 창출된 것이다. 즉, 천황제 이데올로기의 형성과 강화는 다름 아닌 국민통합의 기재로써 새롭게 착목한 그들의 오랜 '전통'이었다.

학제(1872)와 교육령(1879)의 반포, 교육령의 개정(1880)과 재개정(1885)을 통해 메이지유신 이후 대략 20년에 걸쳐 일본 근대교육의 토대가 구축되었다. 메이지 신정부는 전 시대의 막번 체제를 무너뜨리고 천황을 통치수반으로 하는 중앙집권적 통치구조의 변혁을 이루어냈다.

"사해는 모두 왕토, 백성[兆民]은 태양을 우러른다"라는 말이 상징하듯이 '일군만민(一君萬民)'사상에 기초한 강력한 전제정권을 목표로 했다. 또한, 서구 열강이 주도하는 패권주의, 제국주의라는 세계사적 흐름에 동승하기 위한 몸부림은 정부에 의한 중앙통제식 서구화 정책으로 나타났다. 서양의 교육제도를 모방하여 만들어진 일본 최초의 학제는 교육 분야에서의 서구화 개혁이라 할 수 있는데, 이는 지금까지 데라코야를 중심으로 이루어지던 소규모·개인적 교육이, 국가가 이것을 규제·

관리·통제하는 집단적 교육으로 바뀌었다는 것을 의미한다. 메이지 신정부가 설정한 교육이념은 흔히 학제 '서문'이라 불리는 '학사장려에 관한 피앙출서'를 통해 알 수 있듯이 극히 실용적이며 자유주의적인 근대 실학교육사상과 공리주의에 입각한 '국민개학'과 교육의 기회균등 등을 이상으로 삼았다. 그러나 당시 일본사회는 학제를 수행할 만큼 근대화되어 있지도 않았을 뿐더러 세부규칙에서 정하고 있는 교육제도조차 완성되어 있지 않았었다.

교과서 또한 대부분 서양서적을 번역한 것을 그대로 사용하고 있었기에 교육내용이 너무 서양적이라는 비판에 직면했다. 무엇보다도 일본의 전통적 교육이념, 즉 국체형성의 사상적 기반이었던 '유가 사상'을 철저히 무시했던 점이 문제였고, 결국에는 좌절한다. 이에 학제의 강제적 취학과 정부의 간섭을 최대한 배제하고, 많은 부분 개인과 교육의 자율성을 보장하는 취지의 이른바 '자유교육령'이 만들어졌다. 그러나 이 또한 당시의 실정과는 맞지 않는 이상적 교육제도였기에 이른바 '개정교육령'이라 불리는 두 번째 교육령이 만들어지게 된다. 여기에는 일본사회 전반에 걸친 '서구화 만능'사상의 만연에 대한 반성과 전통유학과 '존황사상'을 합체시켜 강력한 신민을 형성한다는 '황도주의 이데올로기의 형성'이라는 정치적 노림수가 있었다. 여기서부터 일본의 교육은 메이지 초기에 지향하던 근대 서양의 합리주의 정신에 기초한 실학적 지식주의 교육은 철저하게 유교적 정신에 입각한 인간 형성의 원리와 '덕교 사상' 교육으로 전환되어 간다.

일본교육사의 흐름에서 볼 때 메이지기 초기 일본의 교육제도가 '지육'에서 '덕육'으로 전면적인 전환을 맞이하게 되는 것은 모리 아리노리가 초대 문부대신으로 취임한 이후부터였다고 할 수 있다. 모리는 1886년 개정교육령을 대신하는 소학교령·중학교령·제국대학령·사범학교령 등을 공포를 통해 교육의 목표를 '애국심 배양'에 두었고, 이를 실천하기 위한 기재로써 천황제에 착목했다. 각급 학교에 '어진영'을 하사했으며, 기원절, 천장절에는 어진영 배례를 중심으로 한 축하의식을 추진했다. 또한, 천황 축하를 위해 '천황폐하 만세'의례를 적극적으로 도입한 것도 모리였다. 모리의 이러한 교육이념은 1891년 4월의 '소학교설비준칙'을 발령을 통해 어진영·교육칙어의 '봉치(奉置)'에 관한 구체적 규정으로 나타났으며, 6월에는 '소학교축일대제일의식규정(小學校祝日大祭日儀式規定)'을 제정 등을 통해 국가주의 이데올로기교육의 강화로 이어진다.

제2부

음악 교육을 통한
국민국가 만들기

제4장 도덕 교육에 대해서

도덕 교육 형성과정을 중심으로

1. 들어가는 말

일본 자국사에 한정시켜 볼 때 메이지유신의 정치·사회적 변혁을 통한 근대 국민국가로의 발돋움은 분명 현대 일본의 풍요를 가능케 했던 문명사적 사건이었음이 틀림없다. 그러나 그것이 결과적으로 우리를 포함한 아시아 제국에게 씻을 수 없는 오욕의 역사를 갖게 했고, 아시아·태평양전쟁으로 이어지는 세계사적 비극의 시발점이 되었다는 것 또한 자명한 사실이다.[1]

---

[1] 근대 일본은 유신 이후 이어졌던 개혁과 변혁, 그리고 대외 침략과 전쟁에서의 승리를 통해 외형적으로는 저네들이 목표로 삼았던 서구 근대 국민국가의 형태를 완성하였다. 그러나 아시아 유일의 근대 국민국가 완성이라는 외형적 화려함과는 대조적으로 자유민권운동으로 대표되는, 자유와 민권 확립을 갈망했던 민중들의 모든 투쟁을 압살시켰을 뿐만 아니라, 조선과 중국 민중의 민족독립운동을 무력으로 진압하고 국권을 강탈한 역사이기도 했다. 다시 말하자면 메이지 일본의 경이적인 발전은 일본 민중에 대한 정치적 억압과 경제적 불평등을 강요하고, 식민지 또는 반식민지 상태의 인국

유신 이후 일본은 '존왕근왕주의(尊王勤王主義)'와 '서구자유주의(西歐自由主義)'라는 '보수'와 '진보' 두 이념의 이항 대립적 구도 속에서 근대 국민국가의 틀을 구축해 나간다. 주지하는 바와 같이 근대 국민국가는 '네이션(Nation)' 형성을 절대적 조건으로 하며 '민족', '국민', '국가' 의식 형성은 공통된 이데올로기의 공유를 전제로 한다. 이를 위해 메이지 신정부는 전제군주제를 채택함으로써 전통문화와 사상을 조탁(彫琢)하고 이념화하기 위한 강력한 '내셔널리티'를 창출해 내고, 동시에 문명개화를 통한 근대 국민국가로의 편입이라는 공통의 목표를 설정했다. 이러한 과정 속에 '전통'과 '혁신'이라는 병립 불가한 이질적 가치체계의 충돌은 필연적이었으며, 이를 극복하기 위해 신정부가 주목한 것이 바로 국민 전체를 대상으로 하는 보통교육의 시행이었다.

저자는 지금까지 다양한 기회와 지면을 통해 메이지기 국민교육에 대한 제 고찰을 통해 '국민국가 일본의 규범 형성과 교육'이라는 커다란 문제의식에 대한 나름대로의 해답을 찾으려 노력해 왔다. 저자가 이렇듯 메이지기의 교육에 관심을 갖는 이유는 근대 국민국가 형성기라고 할 수 있는 메이지기를 통해 국가권력에 의해 구상되고 시행되었던 그 어떤 제도나 정책보다도 교육이야말로 '국가(國家)'와 '국민(國民)'이라는 '상상의 공동체(imagined association)'를 만들어내고, 절대 군주국가에 대한 충성심을 창출해 내기 위한 가장 유효한 장치로 기능했다는 점에 주목하고 있기 때문이다.

결과적으로 메이지기 국민교육을 통해 형성된 국체사상은 일반 인민

(隣國)에 대한 무단(武斷) 억압과 경제적 수탈을 통해 이루어진 것이었다.

들에게 왜곡된 국가관과 세계관을 심어주는 사상적 근원으로 작용했으며, 결과적으로 한국과 중국 등 근린 제국을 불행한 역사의 소용돌이로 몰아넣은 비극의 역사를 낳았다. 오늘날 동아시아 3국간의 과거사를 둘러싼 갈등과 반목 또한 그 연원을 거슬러 올라가 보면 메이지기에 형성된 국체사상이 내셔널리즘이란 이름으로 그 외피만을 갈아입었을 뿐 의연히 일본인들의 역사관·세계관 속에 뿌리 깊게 자리 잡고 있음에 연유함이 아니겠는가.

본 장에서는 보통교육의 핵심이라 할 수 있는 소학교 교육을 중심으로 메이지 전기 도덕 교육의 형성과정과 전개과정을 조감해 봄으로써 근대기 보통 일본인의 사유체계 형성에 도덕 교육의 역할과 그 교육사상사적 의의에 대해 살펴보고자 한다.

2. 국민국가 형성과 도덕 교육

도덕은 "사회 구성원들이 양심, 사회적 여론, 관습 따위에 비추어 스스로 마땅히 지켜야 할 행동 준칙이나 규범의 총체로서 외적 강제력을 갖는 법률과 달리 각자의 내면적 원리로서 작용하며, 또 종교와 달리 초월자와의 관계가 아닌 인간 상호 관계를 규정하는"[2] 것이라 정의할 수

---

2   국립국어원 표준국어대사전(http://stdweb2.korean.go.kr/search/List_dic.jsp)
     에서 인용.

있다. 즉, 도덕은 인간이 사회생활을 영위해 나가는 데 있어 선악·정사 (正邪)를 판단하고 올바른 행위를 하기 위해 개인의 내면적 원리로써 작용하는, 인간상호 관계를 규정하는 각종 규범의 총체를 말한다. 또한, 도덕은 크게는 인간 주변을 둘러싼 외면적 도덕과 인간의 마음과 관계된 내면적 도덕으로 나눌 수 있는데, 이 둘은 서로 갈등하고 길항하면서 보다 높은 수준의 도덕을 형성해 간다.

근대 이후 서양철학의 영향 하에 도덕·윤리학이 성립되기 이전 일본의 도덕 교육의 이념은 중국과 한반도와의 교류를 통해 형성되어 왔다. 중국과 한반도에서는 오랜 세월 유학, 특히 공자와 맹자의 사상이 많은 부분 정치와 도덕의 최고 가치로 작용했음은 주지의 사실이다. 『주역(周易)』『설괘전(說卦傳)』1장에는 성인(聖人)은 "도덕에 화순하고 의리를 다스리며, 이치를 궁구하고 성품을 다함으로써 명에 이른다[和順於道德而理於義, 窮理盡性以至於命]"라는 대목이 보인다. 사람이 마땅히 밟아 실행해 나가야 하는 것이 '도(道)'이며, 도를 행함에 마음으로부터 체득한 것을 '덕(德)'이라 할 때 도는 천명(天命)이며, 덕은 그에 응해 나가는 것을 의미하는 것으로, 도덕은 성군이 갖추어야 할 가장 중요한 덕목의 하나로 여겨져 왔다. 그러나 주자학으로 대표되는 에도 시대의 유교사상은 봉건제 정치 이데올로기의 사상적 핵심을 구축하기는 했으나 일반 서민들의 행동윤리로써 강하게 의식된 적은 없었다.[3]

---

3 주자학은 에도 시대 유교사상의 핵심으로 유교의 여러 유파(流派)가 접목되면서 봉건제 이데올로기의 골격을 구축했다. 에도 후기로 가면 주자학의 격물치지(格物致知)에 의한 서양 자연과학의 수용과 주자학의 명분론(名分論)에 의거한 미토학[水戶学]의 존황양이(尊皇運動) 사상, 중국 청조(清朝)의 유교연구의 영향을 받은 절충학파(折衷学派)와 고증학파(考証学派)의 연구로 근세 일본사상의 핵심을 이루었다.

오랜 봉건적 질서에서 근대 자본주의 체제로의 이행 과정에서 필연적으로 겪게 되는 사회적 혼란을 극복하고, 나아가 식산흥업·부국강병을 통한 근대 국민국가의 형성과 그 성원으로서의 '국민의 규범 창조'라는 자기 혁신의 일환으로 추진된 일본의 근대교육은 그 시작부터 철저하게 국가권력에 의해 계획되고 관리되었다. 유신이라는 천지개벽에 가까운 문명사적 사건을 통해 새로운 질서를 구축하고 이를 수행해 나갈 조직을 만들고 제도를 시행함에 정부의 역할은 절대적이다. 일본이 근대교육을 도입하는 데 있어 모델로 삼았던 서구 제국 또한 근대 국민국가 형성기에는 국가의 책임 하에 교육을 시행하였으나 진리나 도덕 등 교육의 내용적 가치에서만큼은 국가는 언제나 중립적 입장을 취했으며, 그러한 가치의 선택과 판단은 오로지 교회와 같은 사회적 집단 내지는 개인의 양심에 맡기며 국가주권의 기초를 그러한 내용적 가치로부터 사상(捨象)된 순수한 형식적 법 기구 위에 놓고 출발했다.[4]

그러나 일본의 경우는 근대 교육제도의 개시 이후에도 오랫동안 국가가 교육의 내용적 가치를 규정하고 이를 강제하였다. 1867년 12월 9일 왕정복고의 대호령(大號令)이 발령되었고,[5] 이듬해인 3월 14일 천황은 신정부 구상의 대원칙이라 할 수 있는 5개조서문(誓文)을 발포한다. 그

---

4 仲新, 『現代學校論』, 目黑書店, 1949, 119~121면 참조.
5 1867년 10월 14일, 도쿠가와 요시노부는 조정에 대정(大政)을 봉환하겠다는 상표문을 제출하고, 조정에서는 다음날 이를 청허(聽許)한다. 이러한 움직임 속에 사쓰마·조슈를 중심으로 하는 반 막부파의 토막(討幕) 계획도 착착 진행되어 요시노부가 상표문을 제출한 같은 날 오쿠보 도시미치는 토막의 밀칙(密勅)을 받는다. 이른바 공무합체파(公武合體派)와 무력토막파 사이에 팽팽한 힘겨루기가 진행되던 중 결국 토막파가 조정 내의 왕정복고파와 손을 잡고 쿠데타를 계획, 같은 해 12월 9일 이를 결행하며 왕정복고의 대호령이 발령되기에 이른다.

가운데 "과거의 잘못된 폐해와 풍습을 타파하고 모든 일을 천지 도리에 따를 것"과 "지식을 전 세계에서 구하고 '황기(皇基)'를 진기할 것"이라는 제4조와 5조는 신정부의 교육에 관한 기본 방침을 명시한 것으로서, 근대 일본의 국민국가 형성기에 교육은 국가와 민족을 강하게 의식하며 부국강병을 통한 천황제 국가의 완성이라는, 절대주의국가 형성을 뒷받침하는 국체사상 형성을 최고로 가치로 상정하며 출발한다.

또한, 같은 해 9월 천황은 황학소(皇學所)와 한학소(漢學所)의 가설에 관하여 "국체를 분별하고 명분의 옳고 그름을 분명히 해야 할 것[国体ヲ弁シ名分ヲ正スヘキ事]", "한토서양의 학문은 모두 황도의 우익이어야 할 것[漢土西洋ノ学ハ共ニ皇道ニ羽翼タル事]"이라는 명령을 내리고 있다. 게다가 1869년 창평학교(昌平学校), 의학교(醫學校), 개성소(開城所)를 대학교(大學校)로 통합함에 즈음하여 내려 보낸 신정부의 포달(布達)에도 "신전국전의 요체는 황도를 숭상하고 국체를 올바르게 아는 것에 있다, 즉 황국의 목적을 배우는 것이 선무이다[神典国典ノ要ハ皇道ヲ尊ミ国体ヲ辨スルニアリ乃チ皇国ノ目的学者ノ先務ト謂フヘシ]"라 하여, 무엇보다도 '황국의 목적을 배우는 것이 학자의 선무'라 정의하고 있다.

이처럼 유신 초기 정부가 목표로 했던 교육이념은 동서양의 지식을 막론하고 결국 천황 내지는 천황제 국가, 즉, '황도' 이데올로기 형성에 부익하는 것이어야 함을 분명히 밝히고 있었다. 그중에서 특히 도덕 교육은 개인이 마음과 몸을 바르게 닦아 훌륭한 행실을 하기 위해 힘쓴다는 수신(修身)을 최고의 덕목으로 삼아, '인의충효'에서 '충군애국'으로 이어지는 황도주의 사상 형성이라는 최고의 교육 가치를 실현하고, 충량(忠良)한 신민을 창출하는 가장 효율적 기재로 작용하며 국체사상을

떠받치는 사상적 연원 형성에 이용되었다.[6]

메이지 신정부는 1869년 2월 '부현시정순서(府県施政順序)' 공포를 통해 직할구역인 제 부현에 소학교를 설치할 것'을 지시하였다.

소학교를 설치함에 관해서

주로 서학소독산술을 배우게 함으로써 원서서한기첩산간 등 그것에 이용함에 부족함이 없게 할 것. 또한, 때때로 **강담(講談)을 통해 국체시세를 분별하고 충효의 도를 알 수 있도록** 가르치고 풍속을 공고히 함이 필요하다.[7]

여기에서는 소학교에서 가르치는 기본 과목을 '서학 · 소독 · 산술'의 기본과목과 더불어 '때때로 강담'으로 정하고 있는 것은 에도 시대의 서민 교육기관이었던 데라코야의 가장 일반적이었던 '습자 · 독서 · 산술'이라는 교과과정을 확대 · 발전시킨 것으로 볼 수 있다. 특히 '강담(講談)'을 통해 국체시세를 분별하고 충효의 도를 가르칠 필요성을 강조하고 있는 것은 보통교육의 기본이자 핵심이라 할 수 있는 소학교 교육에 국체

---

6 수신(修身)이라는 말은 유교의 교전『대학(大學)』8번째 조목의 '格物, 致知, 正心, 誠意, 修身, 齊家, 治國, 平天下'에서 유래하는 개인도덕의 수양을 의미한다. 원래 유교는 서민을 대상으로 하는 가르침이라기보다는 사대부(士大夫)가 '나의 몸을 먼저 닦아 사람을 다스린다'는 '기수인치(己修人治)'를 위한 학문으로 오히려 유학이라고 부르는 것이 더 어울릴 것이다. 따라서 유학은 선왕의 도(道)를 받들어 그 언행을 전하는 오경(五経)을 학습하고 공자(孔子)를 시조로 받들며 그의 말을 중시하고, 오상(五常, 仁義禮智信)의 덕을 기르고, 오륜(五倫)의 도(道), 즉 부자유친(父子有親), 군신유의(君臣有義), 장유유서(長幼有序), 부부유별(夫婦有別), 붕우유신(朋友有信)을 지켜야 함을 주된 내용으로 하는 학문이다.

7 "小学校ヲ設ル事 専ラ書学素読算術ヲ習ハシメ願書書翰記牒算勘等其用ヲ欠カサラシムヘシ又時々講談ヲ以テ国体時勢ヲ弁ヘ忠孝ノ道ヲ知ルヘキ様諭シ風俗ヲ教クスルヲ要ス". 敎育史編纂會 編,『明治以降敎育制度發達史』第一卷, 龍吟社, 1938, 230면. 밑줄은 인용자.

사상 함양이 중요한 과제 중 하나임을 분명히 명시하는 것이었다. 거기에 '습자' 과목 또한 수신 교육을 포함하는 것이었다. 유신 이전의 도덕 교육 상황은 '유신전동경시사립소학교 교육법 및 유지법조사서[維新前東京私立小学校教育法及維持法取調書, 이하 '조사서'라 함]'에 의하면 '습자'는 "스스로 읽는 법[読方], 작문, 지리, 수신 등의 제 과목을 함유(含有)하는" 교과목이었음을 알 수 있는데,[8] 조사서에서는 에도 시대의 데라코야에서의 '습자' 교육에 대해 다음과 같이 기술하고 있다.[9]

> 예전에는 수신 과목을 두지 않았지만 이 과목을 가지고 사가교수(師家教授)의 골수(骨髓)라 말하는 것이다. 즉, **때때로 담의(談義)라 하여 충신의복(忠臣義僕), 효자, 절부(節婦) 등의 사례를 구술하는 것**은 지금의 수신구수(修身口授)로 예의, 작법과 같은 것은

이처럼 에도 시대 서민들의 대표적 교육기관이었던 데라코야에서는 따로 수신 과목을 설치하지는 않았으나 습자 시간이나 때때로 이루어지는 담의(談義)를 통해 수신담(修身談)을 들려주는 형식으로 도덕 교육을 시행하고 있었음을 알 수 있다.

비록 데라코야의 정식 과목으로 독립되어 있지는 않았지만, '습자'나 '독서'를 구성하는 일부분으로서 '담의'나 '강담' 등을 특별히 설치함으

---

8 帝國教育會 編, 『維新前東京私立小学校教育法及維持法取調書』, 1892, 20면. 본 장에서의 인용은 일본 근대디지털라이브러리(http://kindai.ndl.go.jp/info:ndljp/pid/797477)에 의함.

9 "昔時ニ於テ修身科ノ目ヲ立テザルモ此科ヲ以テ師家教授ノ骨髓トハナシタルナリ. 即チ時ニ御談義ト唱ヘ忠臣義僕, 孝子, 節婦等ノ事歷ヲ述ベタルハ今ノ修身口授ニシテ, 礼儀, 作法ノ如キハ". 위의 책, 23면.

로써 사실상 학제의 수신 과목에 이어지는 도덕 교육의 기반이 이미 에도 시대 때 형성되어 있었다고 볼 수 있다. 학제의 수신 과목도 '소학교칙(小學敎則)'을 보면 수신은 '수신구수(修身口授)'라는 명칭으로 정의되고 있는바, 그 실질은 담의나 강담의 형식을 취하고 있었음은 근대 일본의 도덕 교육 성립에 근세 서민교육의 전통이 기저에 깔려 있음을 의미한다. 그러나 이러한 전통을 인정하면서도 학제에서 수신 과목이 독립된 교과목으로서 이름을 올리고 있는 데에는 분명 학제를 만드는 데 참고했던 서양의 교과과정, 그중에서도 『불국학제(佛國學制)』의 영향이 결정적이었음은 부정할 수 없다.[10]

유신 이후의 수신 교육 상황에 대해서 살펴보면, 먼저 유신 정부는 1870년 2월 공포한 '대학규칙(大学規則)'을 통해 교과(敎科)·법과(法科)·이과(理科)·의과(醫科)·문과(文科)의 5학과제를 대학의 기본 과목으로 정하였다. 그리고 교과에는 신교학(神敎學)·수신학(修身學)이라는 과목을 두었는데, 독립된 학과목으로서 '수신'이라는 명칭은 여기에 처음으로 등장한다. 그리고 학제에는 하등소학교에서 가르쳐야 할 6번째 교과목으로 '수신' 과목을 들고 있다.

---

10 학제를 제정함에 『불국학제』의 영향이 컸다는 것은 이미 정설이 되어 있다. 예를 들면 학제 제21장에서 '小學'의 교육목적을 '교육의 초급[敎育ノ初級]'이라 하고, "인민 일반 반드시 배우지 않으면 안 된다[人民一般必ス學ハスンハアルヘカラサルモノ]"고 한 표현 자체가 『불국학제』의 "중인이 반드시 배워야 하는 보통 학과를 가르치는 것을 가리켜 소학이라고 한다[衆人ノ必ス學フヘキ普通ノ學科ヲ教フル者ヲ指シテ小學ト謂フ]", 혹은 "소학교는 교육의 초급으로 제인 반드시 배워야 하는 보통 과목을 가르치는 곳이다[小學校ハ敎育ノ初級ニシテ, 諸人ノ必ス學ハサルヘカラサル普通ノ科ヲ敎フル處ナリ]"라는 것에서 차용한 것이라는 것은 이미 잘 알려져 있다. 『仏國學制』는 일본국회도서관 근대디지털라이브러리(http://kindai.ndl.go.jp/info:ndljp/pid/809575)를 통해 확인할 수 있으며, 또는 『明治文化全集』第10卷 教育篇, 61~98면에 수록되어 있다. 참고 바람.

3. 학제 시기의 도덕 교육

전 213장으로 이루어진 학제는 메이지 신정부의 개명정책(開明政策)의 일환으로, 전국 규모의 통일된 국민교육시스템을 시행하고 있던 프랑스의 학제를 모방해 만들어졌다. 학제의 시행은 종래 소규모 데라코야나 사숙(私塾)을 중심으로 이루어지던 개인적 비전사상(秘傳思想) 중심 교육의 국가적 단위로의 전환을 의미했다. 근대 국민국가 형성이라는 국가적 목표 달성을 위해서는 이를 수행해 나갈 우수한 인재 확보가 절실했으며, 인재 육성을 위해서는 무엇보다도 전 국민을 대상으로 하는 보통교육 시행을 통한 국민개명이 우선이었기 때문이다.

학제에서 추구하는 교육이념은 흔히 학제의 서문(序文)이라 불리는 태정관포고 214호 「학사장려에 관한 피앙출서[學事獎勵に關する被仰出書]」(이하 '피앙출서'라 함)를 통해 확인할 수 있다. 여기에서는 국민개학(國民皆學)이라는 교육 평등주의의 원칙에 따라 개인의 사회적·경제적 지위 향상을 위한 교육의 필요성을 강조하는 공리주의(功利主義)적 교육관과,[11] 종래의 사장기송(詞章記誦)식 공리허담(空理虛談)이라는 허학(虛學)을 배척하고 실학주의 교육을 중심으로 하는 인간형성과 국민교육의 이념이 분명히 명시되어 있다.[12] 그러나 5개조서문에 명시되어 있던 '황기의 진

---

11 에도 말기에 볼 수 있었던 상인층의 대두와 도시에서의 무사계급의 빈곤화, 농민의 계층화에 따른 소농, 소작인으로의 전락 등 사회이동의 사실이 학제의 실용주의적 교육사상을 준비했으며, 입신출세라는 공리주의적 사상은 에도 말기에 벌어지고 있던 계층 이동의 사실을 그대로 추인한 것이다. 水田聖一, 「近代日本における教育制度の形成と道徳教育」, 『人文社会学部紀要』 2, 富山国際大学, 2002.3, 143면.

12 학제의 교육이념은 개인의 자립이나 사적 이익추구라는, 서구 국민국가에서 보이는

기'라는 황도 이데올로기적 교육이념과 관련된 내용은 어디에도 찾아볼 수 없었다.

학제에서는 하등소학과 4년, 상등소학과정 4년의 2단계 교육을 기본으로 해서, 아이들이 신분이나 성별과 관계없이 만 6세부터 8년간 소학교에 다니며 학습할 것을 장려하고, 제27장에서 하등소학 과정에서 14개, 상등소학과정에서는 18개 교과목을 교습할 것을 규정하고 있다.[13] 이어서 1872년 9월 학제의 구체적 시행규칙인 '소학교칙'이 공포되었는데 수신 과목에 대해서는 다음과 같이 규정하고 있다.

하등소학 제8급 수신구수 일주이시간 즉 이틀 걸러 한시간

민가동몽해동몽교초 등을 가지고 교사 말로써 누누히 이를 설유한다

제7급 수신구수 일주이시간 전급과 같다

교육의 보편적 가치를 표면적으로는 지향하고 있기는 했지만, 실제로는 공리주의적 가치와 공공성이라는 국민의 규범 형성에 교육의 궁극적 목표를 설정하였고, 천부인권이나 사민평등, 자유민권주의(自由民權主義)라는 말로 대표되는 자아의 각성과 실현이라는 개인의 독립된 사상을 키우는 교육관을 강하게 갖고 있지는 못했다

13 "下等小学教科 一 綴字読並盤上習字 二 習子字形ヲ主トス 三 単語読 四 会話 読 五 読本解意 六 修身解意 七 書牘解意並盤上習字 八 文法 解意 九 算術九々数位加減乗除但洋法ヲ用フ 十 養生法講義 十一 地学大意 十二 理学 大意 十三 体術 十四 唱歌 当分之ヲ欠ク 上等小学ノ教科ハ下等小学教科ノ上ニ左ノ条件ヲ加フ 一 史学大意 二 幾何 学罫画大意 三 博物学大意 四 化学大意". 1872년 8월 문부성에서는 포달 제22호를 통해 하등소학과의 十二 이학대의(理學大意)를 궁리학대의(窮理學大意)로, 상등소학 교과목 二 기하학괘도대의(幾何學掛圖大意)를 기하학대의(幾何學大意)와 괘도대의(掛圖大意)로 나누고, 四 화학대의(化學大意) 다음에 생리학대의(生理學大意)를 추가한다. 또한, 같은 해 11월에는 포달 제44로를 통해 하등상등 양 소학과정에 국체학(國體學)을 추가한다. 教育史編纂會 編, 앞의 책, 363면. 학제 전문은 일본 문부과학성 '學制百年史 資料 編'(http://www.mext.go.jp)에서 확인할 수 있다.

제6급 수신구수 일주이시간 전급과 같다

권선훈몽수신론 등을 가지고 교사가 이를 강술하는 것은 전급과 같다.

제56 수신구수 일주한시간 성법략 등의 대의를 강수한다.[14]

학제 시행 당시 소학교의 수신 과목은 '수신구수'라는 이름으로 하등
소학 1,2학년 과정에만 설치되었으며, 이 '수신구수'라는 것이 근대교육
제도 내에서의 도덕 교육의 출발점이다.[15] 수업시간은 주 2시간을 할애
했으며 2학년 후반 6개월 동안은 주 1시간으로 줄어든다.

학제에서 규정하고 있던 교과목은 당시 일본 현실사회의 내적 요구
(Social needs)로 만들어졌다기보다는 번역적 교육이념(Social idea)으로
써 고찰된 것에 지나지 않았다. 때문에 위의 교과목 중에는 시행 곤란한
과목이 다수 포함되어 있었다. 이에 소학교칙을 보완하여 1873년 6월
시행 가능한 교과목과 실행 방법을 구체적으로 제시한 소학교칙 부표(附
表)를 각 학교에 교부하였다. 소학교칙 부표에는 하등소학 과정에서 교
수 가능한 과목으로 철자(綴字), 습자(習字), 단어독방(單語讀方), 양법산술
(洋法算術), 국체학구수(國體學口授), 수신구수(修身口授), 단어암송(單語暗誦),
회화독방(會話讀方), 단어서취(單語書取), 독본독방(讀本讀方), 회화암송(會

---

14 "下等小學 第八級 修身口授 一週二字 即チ二日置キ二一字 民家童蒙解童蒙教草等ヲ以テ
教師ロッカラ継々之ヲ説諭ス 第七級 修身口授 一週二字 前級ノ如シ 第六級 修身口授 一
週二字 前級ノ如シ 勧善訓蒙修身論等ヲ用ヒ教師之ヲ講述スルコ前級ノ如シ 第五六 修
身口授 一週一字 性法略等ノ大意ヲ講授ス". 教育史編纂會 編, 上揭書, 399~402면. 또
한, '字' 자를 '時' 자로 고쳤다. 같은 책, 422~425면 참조.
15 학제 제정 당시 도덕을 가르치는 교과를 '수신(修身)'이라 명명한 것은 오랜 세월 익숙
했던 유교의 '수신'에서 시사를 받았다. 또한, '수신'을 독립된 교과로 삼은 것은 프랑
스 학제를 모방한 것이었다. 勝部真長・渋川久子, 『道德教育の歴史』, 玉川大学出版部,
1984, 15면.

話暗誦), 지리독방(地理讀方), 양생구수(養生口授), 회화서취(會話書取), 독본윤강(讀本輪講), 문법(文法, 당분간 뺀다), 지리학윤강(地理學輪講), 이학윤강(理學輪講), 서독(書牘), 각과 온습(溫習)을 들고 있으며, 상등소학과정에서는 여기에 세자습자(細字習字), 서독작문(書牘作文), 사학윤강(史學輪講), 세자속서(細字速寫), 괘화(罫畵), 기하(幾何), 박물(博物), 화학(化學), 생리(生理)를 더하고 있다.

부표에서는 수신 교육이 주 1시간으로 줄었는데, 이는 이미 5월 19일 '개정소학교칙' 포달을 통해 '국체학구수(國體學口授)'를 하등소학 1학년 과정에 주 1시간 가설함에 따라 제8급 및 7급의 '수신구수' 시간을 일주일에 한 시간으로 줄인 결과를 반영한 것이었다. 수신 교육은 교사가 학생들에게 '구수'로써 가르쳤기 때문에 따로 교과서는 없었고 교사용 참고서로써 『민가동몽해(民家童蒙解)』(青木輔清 저, 1874), 『동몽교초(童蒙教草)』(福沢諭吉 역, 1872), 『서양 권선훈몽[泰西勸善訓蒙]』(箕作麒祥 역, 1871), 『수신론(修身論)』(阿部泰蔵 역, 1872), 『성법론(性法論)』(神田孝平 역, 1871) 등의 서양의 도덕론 내지는 법률론 등의 번역서를 사용해 이를 설유(說諭)하거나 강수(講授)하였다.

참고 도서의 내용도 근로, 검약, 관용, 인내, 성실 등과 같은 개인의 도덕, 혹은 박애, 노유(老幼) 등의 인간관계에 관한 것, 권리, 의무와 같은 사회인으로서의 도덕에 관한 것 등으로 당시의 사회생활과는 괴리가 있는 관념적 내용이었는데,[16] '수신구수'에 대한 훈독이 '교기노사토시[行儀の諭し]'였다는 것만 보더라도 그 내용을 대략 파악할 수 있다. 교사용 참

16　馬新媛·西村正登, 「近代日本における道德教育の変遷」, 『研究論叢』 58, 山口大学教育学部, 2008, 76면.

고서에는 위의 번역서 이외에도 서양의 지리·풍속을 소개하고 윤리도덕과 정치경제에 관한 계몽서 종류도 다수 포함되어 있었는데, 이는 일본 사회에 뿌리 깊게 자리 잡고 있던 과학기술은 서양이 앞서 있지만 윤리도덕만큼은 동양이 앞서 있다는 생각을 계몽하기 위함이기도 했다.[17]

학제 당시에는 도덕 교육뿐만 아니라 모든 교과에서 사용하는 교과서는 대부분이 번역서였는데, 이는 전시대의 데라코야식 교육에 필수 교양으로 여겨졌던 사서(四書)를 위시한 한적(漢籍) 류가 근대 학교 교육의 장에서 자취를 감추었다는 것을 의미한다. 이것은 다름 아닌 학제에서 추구했던 교육이념이 전통적 덕목주의와 한학을 철저히 추방하려 한 주지주의(主知主義)적 실학교육이었음을 여실히 보여주는 것이었다.[18] 이는 폐쇄된 봉건사회에 지배와 피지배의 질서원리를 이론적으로 뒷받침하던 유교적 사유체계에 대한 부정이기도 했다. 여기에 '황도주의·국체주의 사상 함양의 부익'이라는 유신 초기 설정했던 교육이념은 없었다. 도덕 교육 역시 마찬가지였다.

이와 같은 교육이념의 전환에는 다음과 같은 배경을 생각할 수 있다. 먼저 막부 말기 네덜란드에 유학한 후 귀국해 『화란학제(和蘭學制)』(1879)를 번역한 우치다 마사오[内田正雄], 『불국학제』(1873)를 번역한 가와즈 스케유키[河津祐之], 프랑스 사정에 정통한 미쓰쿠리 린쇼[箕作麟祥]와 스지 신지[辻新次], 영국학에 정통한 우류 하지무[瓜生寅] 등의 학제 기초위원들의 면면에서 알 수 있듯이, 교육 입안의 주도권이 유신 초기 국학자

---

17 毛内嘉威·佐藤三三, 「明治前期における道徳教育と社会教育の関係に関する一考察」, 『弘前大学教育学部紀要』 107, 弘前 大学教育学部育学部, 2012.3, 124면.

18 水田聖一, 前揭論文, 144면.

들로부터 양학자들로 옮겨갔다는 것이다. 여기에 교육정책이나 입안에 직접 참여한 적은 없지만 사실상 '미타[三田]의 문부경'이라 불리며 서양의 실용주의 학문 보급에 앞장섰던 후쿠자와 유키치의 영향 또한 지대했다.[19] 『학문의 권장』 초편(1872)에서 후쿠자와는 '인간 보통일용에 가까운 실학[人間普通日用に近き実学]'을 장려하면서 '수신학'의 중요성을 언급하고 있다.

그렇다면 오늘날 이런 알맹이 없는 학문은 우선 다음으로 미루고, 전념해야 할 것은 인간 보통 일용에 가까운 실학이다. (…중략…) **수신학이란 행동 거지를 바르게 하고 사람들과 교제하며 세상을 살아가야 하는 천연의 도리를 논함이다.** 이들 학문을 하는 데에는 모두 서양의 번안서를 조사하여, (…중략…) 오늘날의 필요에 이용해야 할 것이다.[20]

후쿠자와는 직접 윌리엄 챔버스(William Chambers)와 로버트 챔버스(Roberts Chambers)의 *The Moral Class-Book*을 『동몽교초(童蒙敎草)』라는 이름으로 번역하기도 했는데, 위에서 언급하고 있는 수신학이 서양의 윤리도덕을 말하고 있음은 의심할 여지가 없다.

---

19 후쿠자와의 교육계에 대한 영향력이 얼마나 컸냐 하면, "문부성은 다케하시[竹橋]에 있고, 문부경은 미타[三田]에 있다"라고 불릴 정도였다. 國民敎育獎勵會, 『敎育五十年史』, 民友社, 1922, 28면.

20 "されば今斯る實なき學問は先ず次にし, 專ら勤むべきは人間普通日用に近き實學なり. (…中略…) 修身學とは身の行を修め, 人に交り, この世を渡るべき天然の道理を述たる者なり. 此等の學問をするに, 何れも西洋の翻案書を取調べ, (…中略…) 今日の用を達すべきなり." 福沢諭吉, 「学問のすすめ」 初編, 『福沢諭吉著作集』 第3卷, 慶應義塾出版会, 2002, 7~8면, 강조와 한국어 역은 인용자.

두 번째로, 유신 이후 1872년 학제 제정까지의 신정부의 일련의 근대화 정책과 상호 관련지어 생각해 볼 수 있다. 1868년 9월 연호를 메이지[明治]라 고치고 10월에는 도쿄 천도가 이루어진다. 이듬해 1869년에는 판적봉환이 이루어지고 1870년에는 징병규칙을 제정했다. 1871년에는 폐번치현을 단행하여 306개의 현을 두고, 정부에서 직접 지사(知事)를 임명해 세금을 징수함으로써 중앙집권체제가 성립했다. 이는 통일적 국가권력체제의 기본적 완성을 의미하는 것이었다.

근대 국민국가로서의 기본적 틀이 완성되자 신정부는 유신의 최대 과제였던 부국강병을 목표로 경제면에서는 식산흥업이라는 캐치플레이즈 하에 자본주의 생산체제 구축을 적극적으로 추진하는 한편으로, 학제(學制)·병제(兵制)·세제(稅制) 개혁에 박차를 가한다.[21] 여기에는 국민개학과 국민개병이라는 공평·평등의 이념과 능력주의를 정부가 채용함으로써 몰락한 200만 가까운 사족(士族) 계층을 위무한다는 유신 정부의 계산이 있었다.[22] 학제의 공리주의·실용주의 교육이념의 등장은 이러한 일련의 과정을 거치며 천황을 중심으로 하는 절대적 국가권력 체제가 어느 정도 모습을 갖추기 시작했다는 확신 위에서 가능했던 개명정책이었다. 이와 같은 흐름 속에서 학제의 수신 과목은 서양의 도덕론을 내용

---

21 막부 말기 서양 제국세력의 무력 앞에 국가 존망의 위기를 맛보았던 유신 정부 수뇌부는 무엇보다도 이에 대적할 수 있는 병력을 키우는 데 주력했고, 이를 위해서는 먼저 산업을 일으켜 자본주의시스템을 확립하는 것을 최우선 과제로 삼았다.

22 실제로 메이지 시대 이후 다이쇼 시대까지 일본의 관계(官界)·학계(學界) 등, 이른바 학력을 바탕으로 하는 상류사회는 거의 사족(士族) 출신자들이 차지한다. 그 이유는 사족에게는 예부터 학문을 중시하는 풍토가 있었다는 것과, 무엇보다도 신분제가 철폐됨으로써 학문을 통한 입신 이외에 자신을 궁상(窮狀)으로부터 구제할 방법이 없다는 현실적 필요에 따른 결과였다. 司馬遼太郎, 『明治という国家』, 日本放送出版協会, 1991, 109면.

으로 함으로써 '구래의 누습(陋習)'을 타파하고 자본주의적 발전에 부합하는 인간관계, 사회생활에 필요한 개인의 윤리도덕을 지향했다.

4. 교육령 시기의 도덕 교육

'피앙출서'의 모두에는 학문을 하는 이유에 대해서 "사람들이 스스로 입신하고 치산하며 창업함으로써 그 생을 완수할 수 있는 것은 다름 아닌 수신하고, 지식을 넓히고 재능과 재예를 신장시키는 것에 의한 것이다. 그리고 지식을 넓히고 재능과 재예를 신장시키는 것은 학문에 의하지 않으면 안 된다"고 정의하고 있다. 즉, 근대교육의 내용은 "수신하고, 지식을 넓히고 재능과 재예를 신장시키는 것"이어야 한다는 것이었다. 여기서 '수신'이라 함이 유교적 교양이 아닌 서양의 도덕론을 내용으로 함으로써 자본주의적 발전에 조응(照應)하는 인간관계와 사회생활의 일정한 윤리를 말하며, '재능과 재예'는 근대 서양의 실용적 학문을 가리키는 말이었다. 이것은 메이지 천황의 5개조서문에서 명시했던 "지식을 전 세계에서 구하고 황기(皇基)를 진기할 것"이라는 교학이념과는 맥을 달리 하는 것이었다. 즉, 메이지 초기의 교육정책은 국가 부강에 직접 이용할 수 있는 법제, 산업, 군사 등의 분야에 중점을 두는, 이른바 공리주의 교육에 편중되어 있었고 유교적 가치는 심지어 도덕 교육에서조차 철저히 외면당했다.

문자(文字)를 읽는 것만 알고 사물의 도리(道理)를 변별하지 못하는 자는 이것을 학자(學者, 배운 사람 – 인용자)라 할 수 없다. 이른바 논어를 읽는 다는 사람이 논어를 모른다(論議読みの論語知らず)라는 말이 즉 이것이다. 우리나라의 고사기(古事記)는 암송하지만 오늘날 쌀값을 모르는 자는 이것을 세상 학문에 어두운 자라 해야 할 것이다. 경서사류(經書史類)의 오의(奧義)에는 통달해 있으면서도 장사하는 방법을 알아 빠르게 거래를 하지 못하는 자는 이를 장합법(帳合法, 손익을 계산하는 방법 – 인용자)에 서투른 사람이라 해야 할 것이다. 수년간 고생하여 수백의 집행금을 써서 양학(洋學)은 성업(成業)했지만, 일개 사립(私立)의 활계(活計)를 이루지 못한 자는 시세의 학문에 둔한 사람이다. 이들 인물은 단지 이것을 문자(文字)의 도매상이라 할 뿐이다. 그 효능은 밥을 먹는 사전과 다를 바 없다. 나라를 위해서는 무용지물이고, 경제를 방해하는 식객이라 해도 좋을 것이다.[23]

후쿠자와는 구시대의 유교적 교양과 사유체계를 비판하고 있을 뿐만 아니라, 아무리 양학이라 할지라도 그것이 실용적이지 않다면 '무용지물'과 같다며 서양의 실용주의 학문 실천의 중요성을 강조했다. 이처럼 학제의 교육이념은 오로지 입신출세만을 강조하는 공리주의 교육을 강하게 주장하는 것이었다. 이에 유교주의를 바탕으로 하는 일본의 전통적 가치체계의 붕괴에 따라 '품행을 망치고 풍속을 해치는 자'가 많아졌으며, '서구화 만능' 풍조가 사회 전반에 걸쳐 만연하는 등의 사회적 혼란을 타파하고자 1887년을 전후로 해서 학제의 폐지 혹은 개정에 대한

---

23 福沢諭吉, 앞의 책, 16~17면. 원문은 생략함.

움직임이 공공연해진다.

학제를 대신하는 '교육령' 제정을 주도했던 다나카 후지마로[田中不二麻呂] 문부대보는 1877년 1월 제2회 미국 교육사정시찰에서 돌아온 이 듬해인 1878년 5월에 학제에 대한 개정법안을 기초했다. 거의 동시기에 문부성 고관에 의해 지방교육사정에 대한 시찰이 이루어졌고 학제 하에서의 교육상황이 실로 우려할 상황이며 개혁이 필요하다는 순시보고서 (巡視報告書)가 제출되었다. 니시무라 시게키[西村茂樹]는 1887년 5월 4일부터 7월 2일에 걸쳐 제2대학구(大學區) ― 시즈오카[静岡], 아이치[愛知], 미에[三重], 기후[岐阜], 이시카와[石川] ― 를 순시한 후 교육 부진의 원인에 대해 '작금의 보통교육의 병[方今普通教育ノ病]'이라 평하며 다음과 같이 보고했다.[24]

첫 번째는 오직 외면의 수식(修飾)에 힘써 교육의 본지를 뒤로 하는 것에 있다. 두 번째는 교육을 위해 인민의 돈과 시간을 너무 많이 사용하는 것에 있다. 세 번째는 소학교칙 가운데 우원(迂遠)하여 내실이 없는 것에 있다. 네 번째는 일정한 교칙을 가지고 이를 전국에 시행하려 하는 것에 있다.

학제는 서구의 교육제도를 모방하여 만들어진 인위적 제도로, 각 지방의 문화와 생활을 달리하는 교육환경 차이를 고려하지 않은 획일적 제도였다. 또한, 서구의 합리주의 사상에 기초한 실학적 교육내용의 강제는 필연적으로 신도와 유교주의를 바탕으로 하는 일본의 전통적 가치체

---

24 『文部省年報』第四年報, 1876, 44면. 원문은 생략. 『文部省年報』의 본문은 일본 국립국회도서관 디지털콜렉션(http://dl.ndl.go.jp)을 통해 확인할 수 있다.

계와 충돌했으며 실생활과의 괴리 또한 컸다. 무엇보다도 수급자부담원칙이라는 경제적 부담이 과도했고 이는 취학에 대한 거부로 이어지고 있었다. 이에 1879년 9월 29일 태정관 포고 제40호를 통해 학제를 대신하는 교육령이 공포되었다.[25]

1879년의 교육령은 학제의 획일주의·간섭주의에 대한 반성에 따른 자유주의 교육을 지향하는 것이었다. 교육의 내용 면에서는 학제의 실용주의·공리주의 교육노선을 계승하면서 이에 대한 사회적 부작용이 이미 노정되어 있는 상태에서 국민의 공공의식 형성의 일환으로 '덕행(德行)'의 중요성을 명시했다. 모토다와 함께 대표적 천황 측 인사였던 니시무라 시게키는 위의 보고서를 통해 학제의 구체적 개선방책을 제안하고 있었는데 그중의 하나가 바로 수신 교육의 강화였다.

> 무릇 세계 제국의 교육은 모두 수신을 가지고 근본으로 삼고 있지 않은 곳이 없다. 즉, 서구의 경우를 말하자면 야소교법은 즉, 수신에 전념하는 것이다. 그 밖에 중국은 말할 나위가 없다. (…중략…) 모두 그 나라의 교육은 종교에 기초하고 종교는 모두 수신을 주로 삼고 있지 않은 곳이 없다. (…중략…) 우리나라의 수신의 도(道)는 공맹(孔孟)의 설을 버리고 다른 것에서 취할 만한 것은 없다.(…중략…) 소학의 수신서는 한적(漢籍)의 사서(四書)를 가지고 하는 것을 첫째로 삼아야 한다.[26]

---

25 교육령의 제정은 다나카 문부대신에 의해 '일본교육령(日本敎育令)' 원안이 제출된 단계(1878년 5월 11일), 이어서 이토 히로부미 법제국 장관에 의한 수정(1879년 2월 20일) 단계, 이토의 수정안에 대한 원로원(元老院)에서의 심의(1879년 5월 20일~6월 25일)를 거쳐 1879년 9월 29일 태정관포고 제40호를 통해 공포되었다.
26 『文部省年報』第四年報, 1876, 46면.

교육령에는 모토다 등의 천황 측근 세력의 입김에 의해 덕행의 중요성을 명시하기는 했으나 이를 실천하는 데에는 이토 히로부미[伊藤博文]를 중심으로 하는 개명파 관료들의 저항에 부딪혔다. 즉, 메이지 신정부의 개명파 관료들이 목표로 했던 국민교육의 지향점은 어디까지나 지육 우선을 통한 근대적 '국민' '국가'의 완성에 있었으며 덕육은 그다음에 고려할 대상이었던 것이다. 따라서 1879년 교육령의 단계에는 도덕 교육 강화를 통한 국체주의 형성을 최우선으로 하는 교육이념과 정책의 전환은 없었다. 도덕 교육의 내용이나 방법 또한 학제의 수준에서 크게 벗어나지 않았다. 그러던 것이 1880년을 전후로 하여 커다란 전환기를 맞이하게 된다.

1879년의 교육령은 학교 설비, 관리, 교과의 내용 등 많은 부분 교육의 자율화를 지향했다. 그러나 교육의 자율·자치라는 개념이 일반 인민들에게는 아직 생소했으며, 게다가 교육 재원 절감을 위해 공립소학교를 없애거나 통폐합하는 곳이 많았다. 이는 자연스럽게 취학률의 저하로 나타났다.

취학을 시키지 못하는 자는, 생각건대 거의 없다. 이것이 오늘에 이르러 교육의 간섭주의로 나가야 하는 이유여서, 앞으로의 학정(學政)은 더욱 이 진로를 따르려 한다.

교육령의 발행 이후 인민 학사를 홀시(忽視)하는 기상(氣象)이 생기고, 곧잘 정부는 인민에게 교육의 자유를 허여(許與)했다고 말한다. 그리고 지방관들도 또한 왕왕 교육령의 취지를 잘못 이해해 이를 예전처럼 독려하지 않는다. 단지 지방관만 그런 것이 아니다. 문부성, 그 밖의 중앙정부의 관리들도 간간이 일종의 세론에 파양(簸揚)되어 그 지방에 대한 언담(言談) 중에 혹은 교육을 풀어 준다는 내용을 나타내곤 한다.[27]

이에 1879년 교육령은 반포된 지 불과 15개월 만에 새로운 교육령(개정교육령)으로 대체된다.[28] 개정교육령의 반포와 더불어 도덕 과목인 수신과(修身科)는 소학교 교과목의 필두과목 혹은 수위(首位) 과목으로서 위치하게 되었으며, 그 내용 또한 '인의충효' 사상을 기본 골자로 하는 국체주의 사상을 전면에 내세우는 것이었다. 이를 위해 정부에서는 다양한 정책을 펼치는데 이는 다시금 교육이 정부의 간섭과 통제하에 놓이게 되었다는 것을 의미하는 것이다. 교육에 관한 권력의 간섭과 통제주의는 1945년 아시아・태평양전쟁 종료 시까지 일괄되게 나타나는 일본 근대교육의 특징이기도 하다. 개정교육령 반포 이후 소학교 교육은 도덕 교육을 강화함으로써 황도주의・국체주의 사상 형성을 부익하는 기재로 이용되는데, 이와 같은 교육이념의 전면적 전환은 이토를 중심으로 하는 개명파 관료들과 모토다 나가자네[元田永孚]를 중심으로 하는 천황 측근세력 간의 이해관계가 교묘히 맞아떨어진 결과라 할 수 있다.

모토다는 대정봉환 이후 일본의 정치가 응당 천황친정(天皇親政)에 의

---

27 문부경(文部卿) 고노 도가마[河野敏鎌]가 1880년 6월부터 예정되어 있던 천황의 야마나시[山梨], 미에[三重], 교토[京都]의 순행(巡行)에 앞서 순행처와 나가노[長野]・기후[岐阜]・아이치[愛知]의 제 학교를 시찰한 결과를 보고한 상표문「地方學事視察につき上書」에는 당시 교육령 하에서의 지방 교육행정의 난맥상이 여실히 드러나 있다. 山住正己 編,『敎育の体系』日本近代思想大系 6, 岩波書店, 1990, 88면. 원문은 지면 관계상 생략. 한국어 역은 인용자.
28 1879년의 교육령을 '자유교육령(自由敎育令)', 1880년의 교육령을 '개정교육령(改正敎育令)'이라 통칭한다.

해 이루어져야 함에도 불구하고 황실이 경시되고 일부 번벌(藩閥) 관리들에 의해 전횡되고 있음에 강한 불만을 갖고 있었다. 또한, 그는 유교도덕을 최고의 교학이념으로 생각했을 뿐만 아니라 국민교화의 근원을 황실을 중심으로 하는 황도주의 전통에서 찾으려 했다. 그러던 차에 1878년 가을 메이지 천황은 호쿠리쿠[北陸], 도카이[東海] 지방의 여섯 개 현을 방문해 당시 각 학교를 둘러보고 양학 중심 교육의 폐해를 심히 우려했다 한다. 천황이 영어 교과서를 유창하게 읽던 학생에게 그 뜻을 물어보았는데 전혀 대답을 하지 못했다는 일화는 유명하다.

천황 주변 세력들은 학제의 실학주의 사상은 물론이거니와 당시 사회 전반에 만연하고 있던 구화만능주의 사상에 대해서도 강한 거부감을 갖고 있었다. 이에 천황이 직접 시강(侍講)이었던 모토다를 통해 그 대책을 강구케 하였고 모토다는 정확하지는 않지만 1979년 8월인가 9월에 교육의 개량에 의한 풍속 교정(矯正)에 대한 천황의 하문을 이토에게 전달했다. 이에 이토는 1879년 9월 이른바 '교육의(教育議)'[29]라는 상표문을 통해 현재의 혼란은 커다란 사회변동에 따른 일시적 현상에 지나지 않음으로 '구시대의 누습[旧時の陋習]'으로 돌아가지 말고 개화정책을 성공리에 완수해야 하는 것이 급무라 하여 이를 일축하였다. 이토는 일단 풍속의 폐해를 인정하면서도 그 원인은 교육에 있는 것이 아니라 세변(世變)에 있다고 보았다. 그리고 무엇보다도 이토는 덕육의 내용을 정부의 손에 의해 통제하는 것 자체에 대해 부정적이었다. 이에 대해 모토다는 '교

---

29 상표문에는 처음 '風俗之敗, 未必由教育之欠失議'(풍속의 어지러움은 그것이 꼭 교육의 결실(缺失)에 연유하는 것이 아니다)라는 표제가 붙어 있었는데, 이를 곧 '교육의'라는 간결한 표제로 고쳤다. 초안은 이노우에 고와시가 작성했다는 설이 유력하다. 이에 대해 모토다 나가자네는 '교육의부의(教育議附議)'를 통해 반론을 제기했다.

육의부의(教育議附議)'를 통해 이에 반발했다.[30] 그러나 교육의를 둘러싼 논쟁은 결국 이토를 수장으로 하는 개명관료파의 승리로 끝이 났으며 이는 곧장 1879년 자유교육령의 반포로 이어졌다. 그리고 얼마 지나지 않아 '교학성지(教學聖旨)'가 공포되었고, 이와 연동하여 개정교육령이 반포되었다.

교학성지의 공포에는 전통유학과 존황사상을 합체시켜 강력한 황도주의 이데올로기를 형성하고자 했던 천황 측근 세력의 정치적 노림수가 있었다. 이는 다름 아닌 1878년 메이지유신의 주역이었던 오쿠보 도시미치[大久保利通]의 암살 후 정부의 강력한 리더가 부재한 호기를 이용해 유명무실했던 천황 친정운동의 재개라는 의미도 내포하고 있었다.[31] 그렇긴 하더라도 이른바 '교육의 논쟁'을 통해 덕육 중시 교육으로의 전환에 반대했던 이토 히로부미를 필두로 한 신정부 관료들이 덕육을 중시하는 개정교육령의 반포에 오히려 적극적이었던 이유는 무엇인가. 여기에는 다름 아닌 당시 사회에 만연하고 있던 '자유민권운동(自由民權運動)'의 교육계로의 확산을 막기 위한 개명관료파의 계산이 깔려 있었다. 즉, 정부는 자유민권운동에 대한 민중교화책으로서 유교주의적 도덕 교육을 적극적으로 활용하려 했던 것이다.[32]

---

30 이토의 '교육의(教育議)'와 모토다의 '교육의부의(教育議附議)' 전문은 山住正己 編, 『教育の体系』日本近代思想大系 6, 岩波書店, 1990을 통해 확인할 수 있다.

31 1872년의 학제 제정의 단계서부터 모토다 나가자네, 니시무라 시게키 등 천황 측근 세력은 일본의 정치가 성지(聖旨)에 의한 것도, 민(民)에서 나오는 것도 아닌 일부 관리에 의한 권력독점과 전제(專制)에 의해 좌지우지되고 있음을 우려하며 메이지 신정부 탄생 후 유명무실해진 '천황친정(天皇親政)' 운동을 재개했다. 1878년 메이지유신의 주역이었던 오쿠보 도시미치의 암살 후 정부의 강력한 리더가 부재한 호기를 이용하려 했다.

32 1874년 이타가키 다이스케[板垣退助]가 중심이 된 민선의원설립(民選議院設立) 건백

1874년 이타가키 다이스케[板垣退助]가 중심이 된 민선의원설립(民選議院設立) 건백서 제출을 시발점으로 전국적 확산을 보이게 되는 자유민권운동은 1878년의 애국사재흥(愛國社再興), 1880년의 국회기성동맹(國會期成同盟)의 결성과 청원운동 등을 거치면서 일부의 불평사족(不平士族)의 반란이라는 초기의 성격에서 벗어나 농민층을 끌어들이면서 전국적인 반정부운동의 성격을 띠기 시작하며 체제를 위협하기에 이르렀다. 1879년의 자유교육령과 교학성지의 공포, 1880년의 개정교육령으로의 대체는 이러한 일련의 정치 · 사회적 상황 하에서 이루어졌다. 국민교육에 대한 자유민권운동파의 주장은 교육의 발전을 위해서는 자주적 집단을 형성하고, 교육의 내용을 국가가 정하지 말고 민중의 생활과 지역 실정에 따라 정해야 한다는 교육자주권을 주장하였다. 이는 자유교육령의 교학이념과 상통하는 것이기도 했다.

교학성지의 공포와 개정교육령의 등장에 따라 학제 이후 일본의 교육은 '인의충효' 사상을 최고의 가치로 삼는 도덕 교육이 최우선되었으며 '지식재예'는 그다음으로 밀려났다. 교육은 인간의 도리를 다하게 만드는 것이어야 했다. 교학성지의 등장과 자유민권운동에 대한 견제가 개정교육령을 낳았다.

서 제출을 시발점으로 전국적인 확산을 보이게 되는 자유민권운동은 몇몇 특정 지역 출신자들에 의해 국정이 운영되는 '유사전제(有司專制)' 체제를 비판하고, 국회개설, 헌법제정, 조세경감, 지방자치, 불평등조약 철폐라는 5대 요구를 내세우며 민주주의적 입헌제국가(立憲制國家)의 건설을 꿈꿨다. 자유민권운동이라 불리는 반체제운동은 1880~81년의 고양기(高揚期)를 거쳐 군마(群馬) 사건 · 지치부[秩父] 사건 · 이다[飯田] 사건 · 나고야[名古屋] 사건 등, 정부의 과격한 진압에 테러나 봉기로 맞선 이른바 1884년의 '격화사건(激化事件)'을 계기로 정부의 극심한 탄압을 받아 쇠퇴하기 시작한다.

1881년 제정된 '소학교칙강령'에서 소학교 초등과와 중등과 각 3년 과정 동안 매주 6시간, 고등과 2년 과정 동안 주 3시간에 걸쳐 간이한 격언, 사실 등을 가지고 덕성을 함양하고 더불어 작법을 가르칠 것을 명시했다.[33] 학제 당시의 주 2시간에 비하면 시수는 총 7배로 늘어났으며 전체 교과 시수의 약 10.02%를 차지했다. 이때부터 수신 과목은 다른 어떤 교과목보다 우선하는 필두과목의 자리에 올랐고, 독서·습자·산술과 함께 지역 상황과 남녀의 구별 없이 반드시 이수해야 하는 필수과목의 하나로 자리 잡았으며 이는, 1945년 12월 연합국군총사령부(GHQ)에서 나온 제4지령 '수신, 일본역사 및 지리 정지에 관한 건[修身, 日本歷史及ビ地理停止ニ関スル件]'에 의해 폐지될 때까지 국민교육의 핵으로 자리 잡는다.

그러나 개정교육령 공포 당시만 해도 아직 덕육의 중요성을 강조하는 단계에 머물러 있었고, 그 구체적 실천방안도 내용도 명시되지 않았다. 국가권력의 교육 내용에 대한 간섭은 교육 전반을 통해 아직 미미했었다고 봐야 한다.[34] 그러나 이 시점을 기점으로 하여 국체사상을 기반으로 하는 황도주의 교육 구현이라는 권력 측의 의지가 조금씩 노골화되어 갔

---

33 "「小學敎則綱領 第三章 小学各等科程度 第十条」: 修身初等科に於ては主として簡易の格言, 事実等に就き中等科及ひ高等科に於ては主として稍高尚の格言, 事実等に就て児童の德性を涵養すへしまた兼て作法を授けんことを要す". 소학교칙강령(小學敎則綱領)은 일본 근대디지털 라이브러리를 통해 전문을 확인할 수 있다(http://kindai.ndl. go.jp/info:ndljp/pid/797477).

34 都築享(1966.3), 前揭論文, 128면. 1882년 10월 5일, 교토후[京都府] 지사 기타가키 구니미치[北垣国道]는 모토다 나가자네에게 보낸 서한에서 1881년의 소학교교칙강령을 통해 수신 과목이 필두과목으로 지정되기는 했지만, 당시 학교에서는 형식적으로 수업이 진행되고 있음을 개탄하고 있다. 所功, 「教育勅語の成立と展開」, 『産大法学』 44卷 4号, 2012.2, 55면.

던 것만은 분명해 보인다. 1880년 8월에서 9월에 걸쳐 문부성에서는 교과서로 사용하기에 부적절한 서적의 명단을 발표했는데,[35] 이들 대부분이 전 시대의 계몽적 양학자들의 서적이었다는 것은 이와 같은 권력 측의 의지를 잘 보여주는 것으로, 이는 '학제'의 교육이념에 대한 완전한 부정이라는 의미를 갖는다. 여기에는 종래의 대표적 번역 수신서였던 『수신론』, 『권선훈몽』 등이 포함되어 있었다.

그런 한편으로 문부성에서는 1880년 편집국을 설치해 천황의 측근이었던 니시무라 시게키를 편집국장에 앉혀 동서양의 격언과 교훈을 중심으로 황도 이데올로기 형성과 관계된 도덕 사상을 골자로 하는 『소학수신훈(小學修身訓)』 2권을 간행했다. 또한, 1883년 4월에는 각 부현에 '소학수신서편찬대의(小學修身書編纂大意)'를 하달하여 수신 교육은 동양의 유교정신에 기본으로 하여 만세일계 천양무궁의 국체관에 따라 존왕애국 정신을 양성함을 목적으로 한다는, 소학교에서의 수신 교육의 기본 방침을 제시했다.[36]

지금 소학수신과 가운데서 도덕주의를 정함에 주로 부형이 가장 신용하는 것, 자제가 가장 경중하는 것에 착안해야 할 것이다. 우리나라는 중세 이후 상하에 통하며 일반에게 그 세력을 얻고 있는 것은 즉 유교이다. (…중략…) 유교가 우리의 세도인심(世道人心)에 신용경중(信用敬重)을 주는 것은 은성(殷盛)하다 해야 할 것이다. (…중략…) 지금 이 유학을 취해 이것을 이용함

---

35 후쿠자와 유키치의 『통속국권론(通俗国権論)』·『통속민권론(通俗民権論)』, 미쓰쿠리 린쇼의 『서양 권선훈몽[泰西勧善訓蒙]』, 가토 히로유키[加藤弘之]의 『입헌정체론(立憲政体論)』 등.
36 中村紀久二, 『敎科書の社会史 —明治維新から敗戦まで』, 岩波新書, 1992, 25면.

에는 반드시 먼저 초학에서 우리 만세일계(萬歲一系)의 천윤(天胤)을 존숭(尊崇)하고 금구무결(金甌無缺)의 제국(帝國)을 존중하는 의기(意氣)를 함양시켜야 한다.[37]

여기에서는 도덕 교육은 유교에 기반을 두어야 할 것이며, 그 유교는 천황 내지는 천황 절대주의 국가에 대한 충성에 귀일(歸一)해야 하는 것이어야 함을 분명히 제시하고 있다. 이후 문부성에서는 『소학수신서 초등과의부[小學修身書 初等科之部]』6책(1883), 『소학작서법(小學作書法)』3책(1883), 『소학수신서 중등과의부[小學修身書 中等科之部]』6책(1884) 등의 수신교과서를 펴냈고, 궁내성(宮內省)에서도 곤도 요시키[近藤芳樹] 편 『메이지효절록[明治孝節錄]』(1878)을 필두로 모토다 나가자네의 『유학강요(幼學綱要)』(1883) 등의 수신교과서를 펴냈다. 교과서의 편찬은 문부성의 소관으로 타성에서 소학교 교과서를 출판하는 것은 지극히 이례적인 일이었다.[38] 수신교과서의 모두에는 '교사수지(敎師須知)' 혹은 '교사심득(敎師心得)'이라 하여 이른바 수신 교육을 시행함에 교사들이 유의해야 할 사항들이 열거되어 있었는데, 『소학작서법』의 경우 "행의작법(行儀作法)은 일반적으로 가족 간에 우선하는 것이지만 우리나라는 제외국과 달리 황가일계(皇家一系)가 있으므로 군민(君民)의 분의(分儀)가 있고, 유소년기 때부터 천황을 공경하는 작법을 알 수 있도록 교사는 가르쳐야 한다"고 되어 있다.[39]

---

37 宮田丈夫 編, 『道德教育資料集成』1, 第一法規出版, 1959, 11~14면 참조. 원문은 지면 관계상 생략함.
38 中村紀久二, 앞의 책, 47면.
39 水田聖一, 前揭論文, 147면에서 재인용.

교학성지의 공포와 자유민권운동에 대한 억압이 1880년 개정교육령의 반포를 통해 학제의 지육 중심에서 덕육 중심으로의 교학이념의 완전한 전환의 계기를 마련했으며, 필두 과목으로서의 도덕 교육의 강화는 일반사회의 행의작법을 넘어서 유학이라는 전통사상과 존황사상을 합체시킨 국교(國敎) 체계의 구축이라는 시대착오적 교육사상을 형성하게 된다.[40] 이처럼 세류에 역행하는 방향으로의 교육이념의 전환이 가능했던 데에는 천황친정을 통해 강력한 전제군주제 국가를 만들고자 했던 천황의 측근세력은 물론이고, 자유민권운동의 전국적인 확산을 막고자 했던 신정부의 계산이 서로 일치했기 때문이다.

황도주의자들이 도덕 교육을 통해 기대했던 궁극적 도달점은 바로 천황 그 자체였다. 이에 비해 이토 히로부미를 위시한 신정부 리더들은 학제 시행 이후 사회 전반에 나타난 개인주의·공리주의적 경쟁이 초래하는 사회적 폐해를 극복하고, 충군애국 사상을 기반으로 하는 국민 의식과 국가 의식의 고취를 위해 천황이라는 최고의 존엄을 이용하고자 했던 것이다. 그리고 이를 실현하기 위한 최적의 기재로써 도덕 교육을 선택했다. 물론 이에 대한 반발 또한 컸다.[41]

---

40 이와 같은 정부의 '역주행'에 대해 후쿠자와 유키치는 다음과 같이 이를 비판했다. "메이지 14년 이래 정부의 실책은 한둘이 아니지만 나의 소견으로 보자면 교육 방침을 그르친 일이야말로 실책 중에서도 큰 실책이라 인정해야 할 것이다. (…중략…) 메지지 14년 이래 정부 당국자는 뭘 봤는지 갑자기 교육 방침을 바꿔 유신 이래 마침내 사회에 흔적을 거두려 하는 고학주의(古學主義)를 부활시켜 이른바 홍유석학(鴻儒碩學)의 고로선생(古老先生)을 학교 교사로 초빙하고, 혹은 새로 수신서를 편집 선정하여 생도들의 독본으로 삼고, 심한 것은 외국어 교수를 그만두게 하는 등, 오로지 고류(古流)의 도덕을 장려하여 만천하의 교육을 충효애국의 범위 안에 가두어 두려 한다. 「교육 방침변화의 결과[教育の方針変化の結果]」, 『시사신보(時事新報)』, 1892.11.30.

41 후쿠자와 유키치는 『시사신보(時事新報)』(1882)에 「徳育如何」, 「徳育余談」 등을 게재하면서 덕육교육으로의 전환에 강하게 반대했다. 福沢諭吉, 『福沢諭吉著作集』 第5卷, 慶

따라서 신정부 측 인사들에게 있어 천황은 황도주의자들이 신봉하는 인격적·도덕적 복종의 대상도, '국가(國家)' 그 자체도 아닌, 단지 애국심 형성을 위한 하나의 기재에 지나지 않았던 것이었다. 즉, 국가의 상징인 천황을 중심으로 전 국민의 의식이 '국가'라는 상위개념으로 통일됨을 기대했던 것이지 '천황=국가'라는 황도주의 사상을 견지하고 있지는 않았다는 점이다. 이것은 1885년 이토 내각의 초대 문부대신 자리에 오른 모리 아리노리의 교학이념을 통해 확인할 수가 있다.

메이지기 일본 근대교육의 시작과 전개를 생각하는 데 있어 이 점은 매우 중요하다. 다시 말해, 보통교육의 주역인 '인민(人民)' 혹은 '국민(國民)'의 개념을 천황 대 인민(신민)으로 볼 것인가, 아니면 국가 대 국민(민중)으로 볼 것인가에 따라 학제를 비롯한 그 이후의 모든 교육제도와 교육이념의 평가나 이를 바라보는 관점이 달라지기 때문이다. 어찌되었던 일본 근대교육은 1890년 '교육칙어'의 발포를 계기로 "지극한 충과 효로써 대대손손 천황과 나라를 위해 진력"한다는, 황도주의 사상 부익을 위한 전체주의적 성격을 더욱 강화해 나갔으며, 도덕 교육은 그 첨병으로서의 역할을 담당하게 된다. 즉, 수신 교육 강화를 통해 천황은 국가 그 자체가 되어 인민과의 관계를 강하게 규정한다.

應義塾出版会, 2002, 312~338면. 또한, 니시무라 시게키조차도 『日本道德論』(1887)을 통해 유교주의로의 지나친 경도에는 자성의 목소리를 내고 있다.

5. 맺음말

메이지 전기 도덕 교육의 교육사상사적 의의에 대해 고찰하고자 할 때 그 방법으로써 가능한 것은 먼저, 교과과정의 변천 과정이라는 각도에서 수신 과목의 성립과 전개를 살펴보는 것이다. 즉, 학교 교육에 수신 과목이 학제를 중심으로 그 이전과 이후에 걸쳐 어떠한 경위를 거쳐 변천했는 지를 살펴봄으로써 근대교육의 도덕 교육 성립과정을 추이를 파악하는 것이다. 두 번째는, 근대 일본사회의 도덕관 또는 도덕 교육관에 대해 전통적 유교주의의 사유체계와 근대 실용주의 학문과의 길항이라는 관점에서 수신과의 성립과 전개과정을 살펴보는 것이다. 이것은 근대 국민국가 형성기의 교육의 역할, 그중에서도 메이지 신정부 혹은 국가가 도덕교육에 기대했던 것이 무엇인가를 교육사상사적 관점에서 접근하는 방법이다. 저자는 후자의 입장에서 메이지 전기의 도덕 교육의 성립과정과 변천을 조감하고 이를 토대로 국체주의 사상이라는, 근대 일본인들의 사유체계 형성하는 데 있어 메이지 전기의 도덕 교육의 역할과 교육사상사적 의의를 살펴보고자 했다. 메이지 전기 국체주의사상 형성을 부익하는 도덕 교육의 강화는 교육칙어 등장의 계기를 마련했으며, 칙어교육이라는 말로 대표되는 황도주의 교육을 통해 형성된 편협한 국가관과 세계관은 19세기 말에 이르러 일본 열도 전체를 삼켜버리게 되는 군국주의・제국주의 사상을 낳는 사유체계를 형성하였고, 그 정도를 더해가며 끊임없이 반복・확대되어 갔으며, 끝내는 아시아・태평양전쟁 시기에는 '황국의 충실한 신민'이라는 정신적 연원을 형성하게 된다.

그 전쟁은 특정 소수의 전범이 국민의 의사에 반해 일으킨 것이 아니라 국민 전체의 압도적 지지 위에서 벌인 것이다. 전범이 있다고 한다면 특정 소수의 전범이 있었던 것이 아니라, 말하자면 국민 전체가 그 공범자였다고 하는 편이 역사의 현실에 가깝다고 생각한다(특정 소수의 전쟁 반대자가 있었던 것은 사실이나 그들은 한 번도 사회 전체에 영향을 미칠 정도의 목소리를 낸 적은 없었다).

압도적 다수의 국민은 열광적으로 그 전쟁을 지지했던 것이다. 전쟁 중에는 패너틱한 천황 중심주의 사상이 일본을 뒤덮고 있었는데 그것은 일부 과격한 우익이 떠받치고 있던 사상이 아니라 일본 국민 거의 전원이 믿어 의심치 않던 사상이었다.[42]

오늘날 한일 양국의 반목과 갈등은 각료들의 야스쿠니 신사 참배와 종군위안부 문제를 위시로 한 치의 양보도 없는 자국 중심의 역사인식에 독도를 둘러싼 영토문제가 맞물리면서 끝이 보이지 않는 긴 터널 속으로 빠져들고 있다. 특히 일본의 경우 1990년대 이후 '잃어버린 20년'이라 불리는 장기불황에 시달리면서 국민통합을 위한 우경화 경향이 두드러지게 나타나고 있으며, 아베 정권의 '강한 일본 만들기'는 주변국들과의 끊임없는 충돌을 야기하고 있다. 이에 자국사 중심의 역사인식을 극복하고 심화한 갈등의 요소들을 상호이해 속에서 객관적으로 이해하고자 하는 협력적 태도가 그 어느 때보다도 절실하다 하겠다.

한일 양국의 반목과 갈등의 역사는 그 뿌리가 깊다. 고대 한일관계는

---

42 立花隆, 『滅びゆく国家』, 日経BP社, 17면.

근대 식민사관의 영향 하에 상호 협력과 친목의 역사보다는 지배와 피지배의 허구를 구축하기에 급급했으며, 근세와 근대 한일관계는 일방적 침략의 역사로 인한 가해와 피해의 역사로 점철되어 왔다. 현재 자행되고 있는 과거사에 대한 부정과 미화는 근대사에 대한 불편한 진실과 정의의 독점에서 오는 폭력이라는 사유체계를 형성하며 해결 요원한 무겁고 어려운 숙제를 우리에게 던져주고 있다. 일본의 근대 제국주의 역사에 대한 무반성과 왜곡, 오히려 이를 미화하고자 하는 저네들의 몰염치에 대해 우리는 정치적 관점에서 이에 대응하고자 한다.

한일 양국이 과거사 문제로 대립과 반목을 반복하는 핵심 이유는 내셔널리즘과 집단기억이 보편적 윤리감각을 마비시키기 때문이다. 따라서 오늘날 일본 우경화 문제의 본질을 명확히 밝히기 위해서는 무엇보다도 먼저 보편적 윤리와 보편적 역사인식의 가능성이 집단적 기억과 내셔널리즘과 충돌하는 문제를 직시하여야 할 것이다. 이는 정치적 접근으로는 결코 해결할 수 없으며, 인문학의 영역에서 그 가능성을 찾을 수 있을 것이다. 즉, 이것은 양국의 사유체계의 차이에서 오는 근원적 문제인 것이다.

도덕은 인간이 사회생활을 하는 데 있어 선악·정사를 판단하고 올바른 행위를 하기 위해 개인의 내면적 원리로써 작용하는 인간상호 관계를 규정하는 각종 규범의 총체라 했다. 도덕은 학교와 가정생활을 포함해 일생 동안 학습해 나가야 하는 것이라고는 해도 초등학교에서의 도덕 교육이 인간의 도덕관·가치관을 포함한 사유체계 형성에 절대적 영향을 미친다는 것은 더 말할 나위가 없다. 그런 의미에서 본 장을 통해 메이지 전기 일본의 도덕 교육에 대해 조감해 봄으로써 근대기 보통 일본인들의 사유체계를 이해하고, 이것이 현대 일본인들의 사유체계를 이해하는 작은 실마리를 제공할 수 있었기를 기대한다.

제5장 여성 교육에 대해서

메이지기 창가(唱歌) 교육을 중심으로

1. 들어가는 말

일본의 근대교육은 메이지 신정부의 국민교육에 관한 유신 정책에 따라 많은 부분 서구 선진 제국의 교육제도를 받아들여 그 영향 하에 성립했다. 그러한 의미에서 근대기 이전의 그 어떤 교육 상황과도 구별되는 교육의 일대 혁신이었다고 할 수 있다. 그러나 교육의 내용을 가만히 들여다보면 그것이 꼭 서구의 교육 내용을 그대로 모방하거나 흉내 내고 있는 것만은 아니라는 것을 알 수 있다. 독학제와 같은 중앙 집권적 교육 행정 시스템과 교과목 등, 교육 전반에 관한 아웃라인은 신정부의 롤 모델이었던 프랑스와 독일, 미국의 것을 차용해 만들었다고는 하나 일본 또한 에도 시대까지의 긴 역사 과정을 거치며 형성된 독자적인 교육문화와 전통이 강하게 남아 있었음을 부정할 수 없기 때문이다.

따라서 일본의 근대교육이 메이지유신의 연장선상에서 학제의 시행과 더불어 교육에 관한 근대적 개혁의 일환으로 시작되었다는, 전 시대와 단절되는 제도적 혁신과 개혁의 이미지를 강조하는 나머지 오랜 일본의 교육문화와 역사를 등한시하거나 소홀히 생각해서는 안 될 것이다. 그러한 의미에서 본 장에서는 본격적인 근대 교육제도의 시행과 더불어 개시된 창가 교육의 문화사적 의의를 전 시대와의 관련을 염두에 두고 여성의 교육이라는 부분에 초점을 맞추어 생각해 보고자 한다.

메이지 신정부는 1872년 국민교육에 관한 일본 최초의 체계적 규정이라 할 수 있는 학제를 반포하며 하등소학 과정에서 가르쳐야 할 14과목 중 하나로 창가과(唱歌科)를 두었다. 일본의 교육 역사상 음악과를 정식 교과목의 하나로 설치한 것은 이때가 처음이었지만, 몇몇 특정 학교를 제외하고 창가의 교습이 실제로 이루어지지는 않았다. 학교 교육 현장에서 본격적인 음악 교육이 시행된 것은 이를 전담하는 부서로 문부성 산하에 음악조사계(音樂取調掛)가 만들어진 1879년 이후이고, 전국적인 규모로 창가 교육이 이루어진 것은 이보다도 훨씬 후인 1900년대에 이르러서였다.[1] 게다가 음악 교육이 전국 규모로 시행될 무렵부터는 음악 교육의 목적 또한 도입 당시의 아동들의 신체와 정신의 발달이라는 순수한 교육적 취지와는 달리 어린아이들에게 '인의충효' 사상을 강조하는 가사를 갖는 노래를 율동과 함께 반복적으로 부르게 함으로써, 신체와 정신 모두가 아무런 거리낌 없이 무의식중에 그러한 사상에 길들어지게 하는, 아이들의 이념 교육을 위한 이른바 정서적 · 심리적 · 감각적 도구로써 이용되었다.

1880년대 이후 일본의 교육은 유신 이후 사회에 만연했던 서구화 만

---

1   창가 교육보급의 실태에 대해서는 伊藤玲, 『唱歌教育普及の実体的研究』, レーヴック, 2009, 4~14면을 참조.

능 사상에 대한 반성과, 몇몇 특정 지역 출신자들에 의해 국정이 전횡됨을 타도하기 위해 일어났던 자유민권운동에 대한 견제 등, 1879년의 교학성지의 발표를 계기로 나타나게 되는 강력한 국가주의 사상을 뒷받침하는 존황사상과 국체사상 형성을 위한 이념교육의 장으로 변질되었고, 여기에 1894년의 청일전쟁, 1904년의 러일전쟁을 전후로 해서는 전쟁을 소재로 한 군국미담(軍國美談)과 전쟁영웅을 소재로 구성된 교과서는 언제든지 전쟁터로 투입될 수 있는 어린아이들에게 전의(戰意)를 고양하는 도구로 활용되었다. 종래 창가 교육을 중심으로 하는 근대 일본의 교육사상의 흐름 또한 근대기 교육사상의 흐름과 크게 다를 바 없다는 식의 연구가 주류를 이루어 왔으며, 이와 같은 인식은 최근 주목받고 있는 이 분야의 신진연구자들에게도 그대로 계승되고 있다.[2]

그러나 본 장에서는 메이지기 창가 교육에 관한 종래의 다양한 연구성과를 원용하면서도, 근대 국민국가를 지향했던 메이지 신정부의 국민교육의 일환으로 도입하고 시행하려 했던 메이지기 창가 교육의 실태를 '지육'에서 '덕육'이라는, 국가주의적 교육관을 중심으로 파악해 왔던 종전의 주된 연구 흐름에서 벗어나 근대기 여성 교육이라는 측면에서 이를 재검토해 봄으로써 창가 교육 효용론에 대한 새로운 가능성을 제시해 보려 한다. 그렇게 함으로써 순수예술에서 국가주의·애국주의로의 변질이라는, 종래의 창가 교육사의 단선적 파악에서 벗어나 여성 교육이라는 창가 교육 도입 목적의 또 다른 가능성과 문화사적 의의를 제시할 수 있으리라 기대한다.

---

2 奧中康人, 『国家と音楽』, 春秋社, 2008, 187~235면; 山東功, 『唱歌と国語』, 講談社新書, 2008, 12~35면.

2. 메이지유신의 교육사적 의의

메이지유신을 거칠게 정의해 보면, 19세기 중엽 이후 자국의 경제적 이익을 위해 일본의 개국을 요구하던 서구 열강의 군사적 위협과, 이에 대응하는 도쿠가와 막부의 무능함을 비판하는 몇몇 웅번의 도막 · 토막 (討幕)운동으로 야기된 내적 혼란이라는, 대내외의 급박한 환경 변화 속에서 이를 돌파하고자 선택한 정치적 변혁이었다고 할 수 있다. 유신은 일반적으로 1853년 6월 3일 미국의 동인도함대 사령장관(司令長官) 페리의 내항 이후 도쿠가와 막부가 무너지는 과정과, 유신 이후의 근대국가 건설과정이라는 두 프로세스로 나누어 생각할 수 있다. 따라서 그 시기 (始期)와 종기(終期)를 어디에 두느냐는 유신의 성격을 어떻게 보느냐에 따라 크게 달라진다.[3] 저자는 막부 말기의 대외 상황, 즉 자국의 경제적

---

3 시기(始期)에 대해서는 ① 덴포기[天保期, 1830~43], 특히 1837년의 오시오 헤이하치로[大塩平八郞]의 난, 혹은 막부의 권위와 위신이 땅에 떨어지게 되는 계기가 된 '덴포의 개혁[天保の改革]'의 실패에 두는 설. 메이지유신의 계기가 된 국내적 조건, 즉 계급투쟁의 격화와 막부의 연이은 실정(失政)에 따른 반막부 정치세력의 출현을 중시하는 입장이다. ② 1853년의 페리 내항(來航) 이후 1858년 미국과의 통상조약을 그 시기로 보는 것으로, 메이지유신이 일어난 결정적 계기를 당시의 외적요인에서 찾고 세계사적 흐름에 비추어 메이지유신의 필연성을 강조하는 견해이다. 종기(終期)에 대해서는 ① 1877년의 서남전쟁(西南戰爭)으로 보는 설. 즉, 사족(士族)의 유신 정부에 대한 반대와 저항운동이 이것으로 종식되고, 이후 통일국가 건설과 자본주의화의 방식을 둘러싸고 메이지 정부와 자유민권운동 세력과의 대립이 현저화해 짐을 모멘텀으로 보는 설. ② 자유민권운동의 절정기에 일어난 1884년의 지치부[秩父] 사건에 두는 설. 자본가 · 기생지주(寄生地主) 대 소작인 · 노동자의 대립이라는, 자본주의를 바탕을 하는 근대 국민국가 사회의 기본적 계급투쟁 관계가 대두하는 출발점으로 지치부사건을 보고 있다. ③ 1889년의 대일본제국헌법(大日本帝國主義憲法)의 반포에 두는 설. 헌법의 반포를 통해 천황제국가라는 유신 이후 일본이 지향했던 절대군주제 하의 근대 국민국가의 체제 · 기구의 정비가 어느 정도 확립되었다고 보는 것이다. 경

이익을 위해 일본에 개국을 요구했던 서구 열강의 군사적 위협과, 이에 대응하는 도쿠가와 막부의 무능함을 비판하는 사쓰마[薩摩]·조슈[長州]를 중심으로 하는 몇몇 웅번이 주도한 도막·토막양이운동(倒幕·討幕攘夷運動)이 결실을 맺고, 마침내 막부의 마지막 장군 도쿠가와 요시노부[德川慶喜, 1837~1913]의 대정봉환에 의한 천황친정체제(天皇親政體制)로의 전환이라는 정치적 변혁이 이루어지는 1868년 전후를 그 시기(始期)로 보고,[4] 천황이라는 절대군주를 중심으로 강력한 중앙집권정부하에서 근대 국민국가 형성을 목표로 벌어진 일련의 개혁이 어느 정도 마무리되는 1890년을 전후로 하는 시기를 그 종기로 본다.[5]

유신은 비단 중앙관제·법제·신분제·지방행정·징병제·외교 등의 정치·군사 분야 뿐만 아니라, 금융·유통·조세 등을 포함하는 경제 분야, 종교·사상·교육 등을 포함하는 문화 분야 등의 전 분야에 걸쳐 전 시대와 단절되는 새로운 가치 체계를 형성하게 되는데, 메이지유신의 성공으로 말미암아 일본은 19세기 말 아시아에서 벌어진 서구 열강의 식민지정책 경쟁 속에서 독립을 유지할 수 있었으며, 나아가 아시아에서는 유일한 서양식 근대 국민국가로서 우뚝 설 수 있었음은 주지의 사실이다. 서구 열강에 비해 늦게 근대화의 길로 들어선 유신 정부가 이를 극복

제사적으로도 이 시기를 전후로 하여 근대 일본의 산업자본주의 성립 토대가 거의 완성되었다고 보고 있다. 遠山茂樹, 『明治維新』, 岩波現代文庫, 2000을 참조.

4 1867년 음력 10월 14일 도쿠가와 요시노부는 야마우치 도사번[土佐藩]의 야마우치 도요시게[山內豊信]의 건의를 받아들여 정권을 조정에 봉귀(奉歸)한다는 취지의 상표문을 제출하고, 조정에서 이에 대한 중의(衆議)를 거쳐 다음날 윤허한다.

5 1889년의 대일본제국헌법(大日本帝國憲法)의 공포와 1890년의 대일본제국의회(大日本帝國議會) 개설, 1890년의 교육에 관한 칙어(勅語), 이른바 '교육칙어(教育勅語)' 반포 등을 통해 외형적으로는 어느 정도 근대 국민국가의 체제를 갖추었다고 볼 수 있다.

하기 위해 착목하고 주력했던 것이 바로 교육의 근대화였다. 봉건사회에서 근대사회로의 이행이 교육의 보급을 통해서 이루어졌음은 말할 나위도 없겠지만, 신정부의 교육개혁, 그중에서도 특히 의무교육 실현을 위한 부단한 노력과, 이른 시기에 이를 달성했다는 것이 20세기에 들어 일본이 근대화의 모델로 삼았던 서양 제국을 뛰어넘어 선진 일류국가로서 우뚝 설 수 있었던 힘의 원천이었음은 강조해도 지나침이 없다.

메이지 신정부에서는 몇 번에 걸친 막부의 견외사절(遣外使節) 파견과 1871년의 이와쿠라사절단(岩倉使節団)의 파견, 외국의 유명 학자와 교육자들을 초빙하여 직접 선진 학문과 기술을 전수받는 것도 중요했지만, 이와 병행하여 사범학교 설치 등, 하루빨리 선진 교육제도를 이식하여 자체적으로 인재를 양성해야 한다는 것에 이견이 있을 수 없었다. 이에 신정부의 초기 교육 관료들은 당시의 선진 문명국이었던 미국과 독일, 프랑스 등의 선진 교육제도를 참고 혹은 모방하여 학제를 만들었고, 시류에 따라 세부규칙을 개정한 교육령의 발령을 통해 일본의 근대교육제도는 단기간 내에 급속한 발전을 이루었다.

1872년 학제 반포 당시 교육은 국가를 위해서가 아니라 개인의 입신과 치산의 중요성을 강조하며, 의무교육 사상이라고도 할 수 있는 이른바 국민개학을 슬로건으로 내세웠다. 서구 선진 제국의 교육제도를 참고로 시작한 일본의 근대교육이 서구의 그것과 절대적으로 다른 점이 바로 여기에 있었다. 전 국민을 대상으로 재능과 능력을 충분히 발휘할 수 있는 공평하고도 평등한 교육 제도를 마련하고, 이것을 실현하기 위해 학제·교육령·학교령으로 이어지는 일련의 교육개혁이 부단히 이루어졌다는 것이 그야말로 근대 일본의 국민국가 건설의 초석이었으며 힘의 원천이었음을 저자는 다시 한 번 강조하고 싶다. 그러나 문명개화라는 미명하에 무차별적으로 수용한 서양의 문물과 사상의 범람은 필연적으로 전통적 일본문화와의 충돌을 초래했다. 메이지기 초기에 발생한 이질적 문화 간의 충돌, 즉 국학과 한학을 중심으로 하는 전통문화와, 양학이란 말로 대표되는 서구 문화 간의 충돌은 교육 분야에도 그대로 나타나는, 근대 합리주의 사상에 기초한 실학적 서양 학문은 신도와 유교주의를 바탕으로 하는 일본의 전통적 가치체계와는 서로 어울리지 않는 것이었다.

이렇듯 메이지 시대 초기의 국민교육은 상극하는 두 문화의 충돌로 인한 가치의 혼란 속에서 복잡하게 전개되어 가는데, 메이지유신 이후 1904년의 러일전쟁 발발까지의, 이른바 메이지기 일본의 교육사를 교육제도의 변천을 중심으로 개략적으로 정리해 보면 다음과 같다.

1856 반쇼시라베쇼[蕃書調所, 훗날 가이세이조[開成所]]―서양과학의
      조직적 교수
1868 교토에 학사제(學舍制)파 계통의 황학소와 학습원(學習院)파 계
      통의 한학소(漢學所) 설치
      국학자 히라타 가네타네·다마마쓰 미사오·야노 하루미치 3인
      을 각코가카리[学校掛]에 임명
      →학교 제도의 조사
      메이지 천황 '5개조서문' 반포(메이지 신정부의 교육방침 제시)
1869 황학소와 한학소 모두를 폐지. 황학과 한학을 병합하는 형태의
      대학교(大學校)를 도쿄에 설치
      *'부현시정순서(府県施政順序)' 포고(소학교 설립 장려)

기도 다카요시의 '보통학교 진흥에 대한 건언서안[普通学校の振興につき建言書案]'

이토 히로부미의 '국시강목(國是綱目)'

'부현시정순서(府縣施政順序)'

1870 '대학교' 폐지 → '대학'

양학을 주요 내용으로 하는 '대학규칙'과 '중학규칙' 발령

'대교선포의 칙[大教宣布の勅]'으로 시작하는 신도국교화정책(神道國教化政策)

도쿄에 외국어학습을 중심으로 한 '고등수준 학교들의 부속소학교'라고 부를만한 소학교 6개교 설립

1871 문부성 설치. 에토 신페이[江藤新平] 문부대보에 취임

1872 학제에 관한 '피앙출서'(학제 서문)

학제 공포. '소학교칙' 공포. 도쿄에 사범학교 설치

교부성(教部省)하에 교도직(教導職) 설치 → 삼조의 교헌을 바탕으로 인민교화정책이 교부성을 중심으로 전개

*삼조(三條)의 교헌(教憲) ─ 1. 경신애국(敬神愛國)의 취지를 몸소 실천할 것 2. 천리인도(天理人道)를 분명히 할 것 3. 황상(皇上)을 봉대(奉戴)하고 조지(朝旨)를 준수할 것

1873 공립 소학교 8천 교, 사립 4천 5백 교 *취학률 31%

1878 학제의 '소학규칙' 폐지, '교육령포고안(教育令布告案)'

1879 '교학성지'. 교육령 제정(자유교육령)

이토 히로부미의 '교육의(教育議)' → 모토다 나가자네의 '교육의부의(教育議附議)'

1880   교육령 개정(개정교육령)

1881   문부성달(文部省達) 14호 '소학교교칙강령'. '소학교교원심득(小
       學校敎員心得)'

       이노우에 고와시[井上毅]의 「인심교도의견안(人心敎導意見案)」

1882   '학제규칙에 대한 칙유[學制規則につき勅諭]'. 천황의 '유학강요
       (幼學綱要)'

1885   교육령 재개정(재개정교육령). 모리 아리노리[森有禮] 초대 문
       부대신에 취임

       '학정요령(學政要領)'

1886   종별 개별 학교령(제국대학령·사범학교령·소학교령·중학교령)

       교과서 검정제

1887   도쿄대학 설립(일본 최초의 대학)

1889   모리 아리노리 암살 *학교 거의 정비

1890   지방장관회의(地方長官會議) '덕육함양의 의의에 대한 건의[德育
       涵養ノ義ニ付建言]'

       → '교육칙어(敎育勅語)' 발포. 제2차 소학교령 공포. '대학교령
       (大學校令)'

1891   문부성달(文部省達) 제19호 '소학교교칙대강(小學校敎則大綱)'

       '소학교축일대제일의식규정(小學校祝日大祭日儀式規定)'

1892   '실업보습학교규정(實業補習學校規程)'(문부성령, 14조로 구성),

       '축일대제일의식창가(祝日大帝日儀式唱歌)' 제정

1893   이노우에 고와시 문부대신 취임

1893   '제국대학령' 개정

1894   실업교육국고보조법(實業敎育國庫補助法)', '공업교원양성규정(工
        業敎員養成規程)', '심상중학교실과규정(尋常中學校實科規程)'
        '고등학교령(高等學校令)'에 의해 제1~5 고등중학교가 고등학
        교라 개칭
        '간이농업학교규정(簡易農業學校規程)', '도제학교규정(徒弟学校
        規定)'

1897   교토제국대학[京都帝國大學] 설립. 제국대학은 도쿄제국대학으
        로 개칭

1898   소학교 취학률 80%

1899   '실업학교령(實業學校令)'(실업보습학교와 도제학교 통합한 19
        조), '고등여학교령(高等女學校令)'을 칙령으로 공포

1900   소학교 의무교육, 자동진급제, '소학교령시행규칙(小學校令施行
        規則)'

1903   '전문학교령(專門學校令)', '실업학교령(實業學校令)' 개정
        교과서 국정제(國定制)

3. 창가 도입을 둘러싼 제설 검토

메이지 초기에는 학교장의 재량에 따라 설치 여부가 결정되었던 가설
과목이었던 창가가 교육현장에서 주목을 받기 시작했던 것은 1882년 4

월 문부성에 의해 만들어진 최초의 관제 창가집『소학창가집(小學唱歌集)』초편(初編)이 세상에 나온 이후부터라고 봐야 할 것이다. 그런데 서양음악에 대한 아무런 지식도, 이를 가르칠 교사도 교재도 없는 상황에서 아무리 서양의 교과목을 모방해서 교과목을 지정했다고는 해도 뜬금없이 창가를 소학교의 교과목의 하나로 지정했던 이유는 무엇일까. 학교 교육에 창가를 도입하려 했던 목적에 대해서는 종래 이하의 몇 가지이유로서 이를 설명하고 있다.

1) 순수예술로서의 창가

근대 일본의 학교 교육에 음악 교육, 즉 창가 교육을 도입했던 목적을설명하는 정론이라 해야 할 것이다. 이자와 슈지[伊沢修二, 1851~1917][6]를 중심으로 메가타 다네타로[目賀田種太郎, 1853~1926],[7] 다나카 후지마

---

6 이자와 슈지에 대해서는 이권희,『근대 일본의 국민국가 형성과 창가』, 케포이북스, 2013, 97~101면을 참조 바람.

7 메가타 다네타로는 이자와 슈지와 더불어 현재의 도쿄예술대학[東京藝術大學]의 음악대학의 전신인 도쿄음악학교[東京音楽学校] 창설에 깊이 관여하고, 학교 교육에 있어 창가 도입에 큰 역할을 했던 일본 근대 음악교육의 선구자 중 한사람이다. 메가타가 음악교육에 관심을 갖게 된 계기는 유학생 감독이라는 직분으로 미국의 교육 실태와 현장에 대한 조사를 진행하던 때 이자와 슈지와의 만남을 통해서였다. 메가타는고급관료이자 법학자였다. 일찍이 쇼헤이자카가쿠몬조[昌平坂学問所]와 가이세이조[開成所]에서 수학과 한학을 배우고, 상경하여 도쿄대학의 전신 대학남교에 입학한다. 재학 중에 대학남교 첫 번째 국비유학생으로 미국 하버드대학으로 유학을 떠났고귀국 후에는 문부성에서 근무하다 다시금 유학생 감독으로 미국으로 건너가게 된 것이다.귀국 후에 메가타는 주요 요직을 두루 거치며 국제연맹(國際連盟)의 일본 대사로도 활약했다. 부인은 가쓰 가이슈[勝海舟]의 딸이었다. 또한 1880년 9월 실질적으로 일본 최초 사립 경제・법률학교라 할 수 있는 센슈대학[專修大学]의 창설 멤버로도활약한다. 당시 일본에서 법률학을 가르치는 전문학교는 도쿄대학 법학부와 사법성

로[田中不二麻呂, 1845~1909] 등 몇몇 주요 인물들의 활약으로 근대 일본 교육에 창가가 도입되었고, 이들은 창가 교육을 통해 학동들의 "지각심경(知覚心経)을 활발히 하여 정신을 쾌락하게 만들 수 있다는 것", "마음에 감동을 일으킬 수 있다는 것", "발음을 정확하게 하고 호흡을 조절할 수 있게 한다"는 순수예술교육적 입장에서 창가를 도입하고 이를 시행하려 했다고 보는 것이다.

원래 음악은 학동의 신기를 상쾌하게 하고 근학의 피로를 풀어주고, 폐와 장을 강하게 해서 그 건전함을 도와주고, 음성을 맑게 하고 발음을 정확하게 하며 청력을 좋게 하고 사고를 치밀하게 하고 또한 심정을 즐겁게 하고 그 선성을 느끼며 생기게 한다. 이것이 교실에서의 직접적인 효력이다. 그리하여 사회에 선량한 오락을 제공해 자연스럽게 선으로 나아가 죄로부터 멀어지게 하고, 사회를 예법과 문화의 역으로 나아가게 하여 국민 모두 자랑스럽게 왕덕을 받아 태평을 즐기게 하는 것은 그 사회에 대한 간접의 공이다.[8]

(司法省)의 법학교, 두 관립학교밖에 없었고, 도쿄대학에서는 영어로 영미법(英米法)을 가르쳤고 사법성 법학교에서는 불어로 프랑스의 법률을 가르쳤다. 따라서 센슈대학의 법률과는 처음으로 일본어로 법률학을 조직적으로 가르쳤다는 데에 있어 의의를 갖는다. 이권희, 앞의 책, 104면.

8 "夫レ音楽ハ学童神気を爽快ニシテ其ノ勤学ノ労ヲ消シ肺臓ヲ強クシテ其ノ健全ヲ助ケ音声ヲ清クシ発音ヲ正シ聴力ヲ疾クシ考思ヲ密ニシ又能ク心情ヲ楽マシメ其ノ善性ヲ感発セシム是レ其ノ学室ニ於ケル直接ノ効力ナリ然シテ社会ニ善良ナル娯楽ヲ与ヘ自然ニ善ニ遷シ罪ニ遠カラシメ社会ヲシテ礼文ノ域ニ進マシメ国民揚々トシテ王徳ヲ頌シ太平ヲ楽ムモノハ其ノ社会ニ対スル間接ノ功ナリ". 山住正巳, 『唱歌教育成立過程の研究』(東京大学出版会, 1967)에 수록되어 있는 것을 재인용했다. 이자와는 사범학교 조사원으로 미국 유학시절 보스턴시의 초등교육 음악감독관이었던 메이슨(Luther Whiting Mason, 1818~1896)에게 사사(師事)하며 서양음악의 기본을 배웠다. 메이슨에게 직접 사사를 받으며 음악 교육의 이론과 실기를 체득한 이자와는 전통음악의 부흥과 음악 교육에 관심을 갖고 있던 유학생감독관 메가타 다네타로와

이자와는 어린아이들의 정조(情操)와 신체적 발달이라는 측면에서 창가 교육이 필요함을 강조함과 동시에, 창가의 사회적 효능으로는 "건전한 오락이 되며, 죄를 없애고 선으로 나아가게 하고, 나아가 예법과 문화가 유지되는 태평을 즐길 수 있게 하는 효능이 있다"고 강조하고 있다. 그러던 것이 메이지기 중·후기로 가면 갈수록 당시 사회에 만연했던 서구화 만능 사상에 대한 반발에 따른 메이지 천황의 교학성지의 반포를 통한 자유민권운동에 대한 견제, 나아가 청일전쟁(1894)과 러일전쟁(1904)을 치르는 동안 '충군애국' 사상을 근간으로 하는 국가주의 사상과 국체사상의 발현은 공리주의적 실학사상을 중시하는 메이지기 교육 이념의 기본 프레임을 송두리째 바꿔버렸고, 창가 또한 덕육의 도구로 변질시켰으며, 이자와는 이러한 정부의 시책에 충실한 실천자였다는 식의 연구가 주류를 이루어 왔다.[9]

이러한 견해는 창가 교육 연구의 일인자라고 할 수 있는 야마즈미 마사미[山住正己](1967)뿐만 아니라 최근 들어서는 오쿠나카 야스토[奧中康

연명(連名)으로, 귀국을 얼마 남겨 놓지 않은 1878년 4월 8일자로 문부대보 다나카 후지마로에게 학교 교육에 창가 교육이 필요한 이유와 음악 교육의 효능에 대해서 기술하고, 하루빨리 이것을 관장할 전담 부서인 음악전습소(音樂傳習所)를 설치해야 한다는 내용의 건백서(建白書)를 상신한다. 본 논문에서의 일본어 원문의 한국어 역은 인용자에 의한다.

[9] 이 점에 대해서는 이권희, 「근대일본의 '소리문화'와 창가(唱歌)—창가의 생성과 '음악조사계(音樂取調掛)'의 역할을 중심으로」, 『日本思想』 제19호, 2010; 「근대기 일본의 국민국가 형성과 창가(唱歌)—'문부성창가(文部省唱歌)'를 중심으로」, 『日語日文學研究』 제77호, 2011; 「메이지[明治] 전기 국민국가 형성과 교육—학제(學制)의 변천과 창가(唱歌) 교육을 중심으로」, 『日本思想』 제21호, 2011; 「메이지[明治] 후기 국민교육에 관한 고찰—창가(唱歌)를 통한 신민(臣民) 형성과정을 중심으로」, 『아태연구』 제19권 제1호, 2012; 「메이지기[明治期] 국민교육과 전쟁·전쟁—창가(唱歌) 교육을 중심으로」, 『日本學研究』 제37집, 2012; 메이지기[明治期] 일본의 교육과 전쟁에 대해서」, 『日本思想』 제23호, 2012 등을 통해 자세히 다룬 바가 있다. 참조 바람.

시](2008)나 산토 이사오[山東功](2008)와 같은 주목받는 젊은 신진연구자들에게도 그대로 계승되고 있다. 이는 다름 아닌 일본에 처음으로 창가 교육을 도입하는 과정에서 지대한 공헌을 했던, 이자와 슈지와 메가타 다네타로가 창가 교육 개시와 그것을 전담할 부서인 음악조사계 설치를 위해 문부성에 상신했던 일련의 문서와 음악조사계의 활동보고서를 통해 강조했던 음악 교육의 효용론에 기초한 것이다.

2) '국민 만들기'의 도구로서의 창가

학제에서 정하고 있는 14개 과목 안에 창가를 포함하고 음악조사계와 그 후신인 동경음악학교 등과 같은 음악 교육 정책을 담당하는 부서가 그 어떤 제도나 인프라의 정비에 앞서 이른 시기에 수립되고 시행되었음을 메이지 신정부의 국민국가 형성에 음악 교육, 즉 창가 교육이 그 어떤 필요성에 의해 특별한 사명을 띠고 이루어졌다고 파악하는 것이다.

와타나베 히로시[渡辺裕](2010)는 국가신도적 이데올로기에 바탕을 둔 국체의 형성이라는 근대 국민국가 형성의 궁극적 지향점과, '국민' 혹은 '신민'으로서의 자각과 지켜야 할 규범 형성을 위한 심리적·정서적 도구로써 창가를 이용했다고 보고 있다. 즉, 메이지 신정부는 근대 국민국가를 출발시킴에 거기에 속하는 국민의 아이덴티티의식을 만들어내는 것이 가장 중요한 과제로 삼았고, 그것을 위해 음악이 필요했다는 것이다. 서양에서는 이미 국민이 공유할 수 있는 국민음악을 만들고 이것을 합창함으로써 국가에 대한 귀속의식과 연대 의식을 높여가는 것이 근대 국민국가를 만들어가는 데 있어 커다란 역할을 했음에 와타나베는 주목하고, 이를 실현하기 위해 서양 제국의 음악 교육에 대한 사정을 조사[取調]하고 그것을 모델로 해서 자국 내 음악 교육의 비전을 제시하고 한시라도 빨리 실행에 옮기기 위해 이른 시기에 음악조사계를 설치했다고 보고 있다.

결국, 창가 교육을 통해 청각과 발성의 이중작용을 도야함은 물론, 합창을 통해 대동단결의 정신을 강화하고, 충군애국사상과 유교적 교양을 담은 가사를 소리 높이 부르게 함으로써 국가와 국민을 강하게 의식하게 했으며, 국민으로서의 바른 사고와 행동 규범을 반복 학습시켰다고 보는 것이다. 국가 제창이나 교가, 응원가, 아니면 애창곡을 함께 부르며 공유한다는 것이 공동체 의식과 연대 의식을 높이기 위한 가장 유효한 수단이었음을 메이지의 교육 수뇌들은 잘 알고 있었던 것이다.

3) 애국심 교육을 위한 창가

2항의 '국민 만들기의 도구로서의 창가'와 비슷한 맥락에서 근대 일본의 창가 교육은 애초부터 자라나는 어린아이들에게 일본이라는 통일된 근대 국민국가를 떠받치는 신민으로서의 자각과, 국가에 대한 애착, 군주에 대한 경외심과 충성심을 신체적·정서적으로 전수한다는 덕육과 애국심과의 관계로 시작되었다고 보는 것이다.

1875년 2월 14일 문부성에서 간행한 『문부성잡지(文部省雜誌)』 제3호에는 애국심과 교육의 관계를 강조하고, 창가가 애국심을 배양하는 데 특히 유효하다는 독일의 교육론이 소개되었다. 이 논문에서는 부모를 애모(愛慕)하고 고향을 그리워하는 것은 자연의 정(情)이지만 애국심은 달라 '상상의 감각에서 생기는' 것이고, 이 감각을 일으키는 것은 어릴 때 학교에서 시작하는 것이 좋다고 한다. 그리고 애국심을 교육하기 위한 구체적인 방법으로는 '애국 창가'를 골라 이것을 교수하고 노래 부르게 할 것을 제안하고 있는데, 이를 토대로 문부성에서 애국심 교육을 위한 한 방법으로써 창가를 주목하고 있었음을 추정하는 것이다.[10]

또한, 이자와 슈지와 함께 일본의 학교 교육에 창가를 도입하기 위해 활약했던 메가타 다네타로는 1871년 신정부의 문부대승(文部大丞)에 임명되어 이와쿠라사절단에 이사관(理事官) 자격으로 참가하는데, 사절단의 공식보고서인 구메 구니타케[久米邦武]의 『특명전권대사미구회람실기(特命全権大使米欧回覧実記)』(1878)에는 사절단 일행이 방문했던 많은 곳에서 서양음악을 접했다는 기술이 보인다. 오쿠나카는 특히 보스턴에서 개최된 '태평악회(太平樂會)'에 참가했던 사절단이 '태평악회'의 기술에 많은 자수(字數)를 할애하고 있는 것은 음악에 의해 애국심을 유발하는 장치로써 '태평악회'를 보고하려 했기 때문이라고 한다.[11] 즉, 사절단은 『특명전권대사미구회람실기』를 통해 문명국에는 애국심과 애국심을 유발하는 내셔널 뮤직(국민음악)이 필요하다는 것을 주장하려 했다고 보고, 이것을 계기로 학교 교육에 창가를 도입하기에 이르렀다고 보는 것이다.[12]

---

10 원문은 일본국립국회도서관 근대디지털라이브러리(http://kindai.ndl.go.jp)에서 검색 가능.
11 奧中康人, 앞의 책, 84면.
12 저자는 일본 최초의 관선 창가집인 『소학창가집』전 3권에 실려 있는 91곡의 분석을

4) 국악 진흥을 위한 창가

계몽사상가들의 결사 메이로쿠샤[明六社] 멤버이기도 했던 간다 다카히라[神田孝平, 1830~98]는 1874년 『메이로쿠잡지[明六雜誌]』 제18호에 「국악을 진흥해야 하는 설[国楽ヲ振興スヘキノ説]」을 발표한다.[13] 작금의 일본에는 개량해야 할 것들이 많다고 시작하는 이 논고에서 간다는 특히 음악의 개량과 진흥에 대해서 다음과 같이 이야기하고 있다.

방금 우리나라에서 개량 진흥해야 할 것이 아주 많다. 음악 가요 희극 같은 것도 그중 하나이다. (…중략…) 「지금 이것을 진흥하기 위해서는 먼저 음률학(音律學)을 강구(講究)해야 한다. 음률학은 격치학(格致學)을 바탕으로 따로 일과(一課)를 만들어 음(音)에 따라 보(譜)를 만들고, 보를 궁리해서 조(調)를 만드는 법(法)이다. 이 법 지나(支那)에도 있고 구미 제국에는 거의 정묘(精妙)에 달해 있다. 단 우리나라에는 아직 시작되지 않았다. 지금 이것을 강구하는 것은 우리의 결점을 보완하는 길이다」 악기는 화한구아(和漢歐亞)를 막론하고 가장 우리가 사용하기 편리한 것을 고르면 된다. 악장에 이르러서는 외국 것은 사용하기에 적합하지 않고, 내국에서 사용하는 것 또

통해 여러 동식물을 포함한 일본의 자연물을 소재로 한 노래가 43곡으로 과반수에 가까운 압도적 다수를 차지하고 있다는 것을 창가와 애국심 교육과의 관계로 파악할 수 있음을 제기한 바 있다. 이 점에 대해서는 제6장 '애국심 교육에 대해서'에서 자세히 다루겠다.

13 간다 다카히라는 메이지 시대의 계몽가로서, 에도에서 유학과 난학을 배웠다. 1862년 반쇼시라베쇼[蕃書調所]의 교수에 취임. 메이지 시대에 들어서는 신정부의 관료가 되었다. 1874년 설립의 메이로쿠샤[明六社]의 멤버로 『메이로쿠잡지[明六雜誌]』에 많은 논고를 발표하는 등 계몽가로서의 활약한다.

한 적합하다고 생각되는 것이 없다. 어쩔 수 없는 경우에는 간제[觀世]나 호쇼[實生]나 다케모토[竹本]나 우타자와[歌澤] 등 얼마간은 현금(現今)의 중인(衆人)이 향하는 곳에 따라 취사선택하여 조금씩 음절을 고쳐 가면 될 것이다」 아무래도 우리나라의 악장에는 각운(脚韻)이 없어 듣는 이로 하여금 크게 감발(感發)케 만들기에 부족하다. 중인 조금씩 시나구아[支那歐亞]의 창가를 듣고 각운에 각별한 묘미가 있음을 알게 된다면 그 매력을 흉내 내서 우리말로 신곡을 만드는 것 또한 어렵지 않을 것이다」 나는 일전에 외국기예를 채용해야 하며, 특히 창가를 만드는 법은 외국곡을 그대로 사용하면 안되고 신곡을 만들어야 한다고 한 적이 있다.[14]

먼저, 중국과 구미에서는 기보법이 발달해 있는데 일본에는 아직 없으므로 이것을 보충하기 위해서 음악 교육이 필요하다고 서양의 음악과 이론으로부터 배워야 할 것을 분명히 제시한 후, 모방에 그치지 말고 독자적인 '국악'을 창조해 가야 한다고 하고 있다. 구체적으로 악기에 대해서는 일본·중국·구미의 어느 것을 사용해도 상관없지만, 가사는 일본의 것을 사용해야 한다고 하고 있다. 어쩔 수 없는 경우에는 노[能]나 분

---

14 "「今之ヲ振興センニハ第一音律ノ学ヲ講スヘシ音律ノ学ハ格致ノ学ニ基キ別ニ一課ヲ為シ音ニ従テ譜ヲ作リ譜ヲ案シテ調ヲナスノ法ナリ此法支那ニハ略ホコレ有リ欧米諸国ニハ殆ト精妙ヲ極ム只我邦未タ開ケス今之ヲ講スルハ我欠ヲ補フ道ナリ」楽器ハ和漢欧亜ヲ論セス最モ我用ニ便ナル者ヲ撰ムヲ可トス楽章に至テハ外国ノ者ハ用ニ適セス内国ニ行ハルル者亦タ適当ト覚シキ者ナシ止ムヲ得スンハ観世ナリ宝生ナリ竹本ナリ歌沢ナリ姑ク現今衆人ノ趣ク所ニ従ヒ稍稍取捨テ加ヘ音節ヲ改メハ可ナラン」到底我邦ノ楽章ニハ脚韻ナキヲ以テ聴ク者ヲシテ大ニ感發セシムニ足ラス衆人追々支那欧亜ノ唱歌ヲ聴キ脚韻ニ一段ノ妙趣アル事ヲ知リ得ハ其趣ニ倣ヒ邦語ヲ以テ新曲ヲ製スルコト亦難カラサルヘシ」余嘗テ謂フ外国技芸採用スルヘカラサル者ナシ特に唱歌ノ法外国ノ儘用フヘラス新曲ノ製ノ止ム可カラサル所ナリ." 大久保利謙 編, 『明治啓蒙思想集』明治文学全集 3巻, 筑摩書房, 1967.

라쿠[文樂]에서 사용하는 것 같이 세상에 널리 퍼진 것을 개작해서 사용하면 되지만, 일본의 가사에는 각운이 없으므로 아무래도 감명을 주기 쉽지 않으며, 창가는 외국 것을 그대로 사용하지 말고 신곡을 만들어야 한다고 주장하고 있다.

아마도 일본에서 가장 이른 시기에 음악 교육의 필요성을 주장하고, 음악 교육에 사용하는 창가는 외국 것을 사용하지 말고 일본의 것을 만들어 사용할 것을 주장하는 등 구체적인 방법까지 제시하고 있는 논고라 여겨진다. 메이지유신이라는 시대의 변혁 속에서 사회 전반의 개량·개몽주의의 발흥에 따른 속악(俗樂) 개량의 필요성에 따라 서양음악을 도입해서 국악을 개량하고 진흥하자는 주장이었다. 그러나 간다는 이와 같은 음악 개혁 이론을 실천에 옮기지는 못하였다. 게다가 안타깝게도 이자와 슈지 등 훗날 음악 교육의 실질적 책임자들이 이와 같은 간다의 이론을 받아들였다는 흔적 또한 찾아보기 어렵다.[15]

5) 기독교 보급과 창가

일본에 처음으로 유입된 서양음악은 기독교의 찬미가(讚美歌)였다. 일본에 처음 기독교가 전파된 것은 일반적으로 포르투갈 예수회 소속의 프란시스코 데 자비엘이 1549년 규슈[九州] 남단 가고시마[鹿児島]에 도착하여 포교활동을 개시했던 것을 그 시발점으로 보고 있다.[16] 그렇다면

---

15 山住正巳, 『唱歌教育成立過程の研究』, 東京大学出版会, 1967, 27면.
16 일본의 기독교 역사는 1549년 예수회 소속 스페인 사람 프란시스코 데 자비엘의 가고시마[鹿児島] 도래로부터 시작된다. 전국시대(戰国時代)를 통해 교세(教勢)는 규슈

당시에 이미 선교를 위한 기독교음악이 함께 들어왔었다고 볼 수 있을 텐데, 에비사와 아리미치[海老沢有道]에 의하면 1552년의 강탄제(降誕祭) 때 스오야마구치[周防山口, 지금의 야마구치현[山口縣]]에서 예수회 사람들이 모여 '노래미사(missa cantada)'를 올린 것이 일본에서의 최초의 찬미가였다고 한다.[17]

이후 계속되던 기독교 탄압 때문에 찬미가를 중심으로 하는 서양음악의 보급이 어떠한 형태로 이루어졌는지에 대해서는 그 상세를 알 수 없지만, 기독교 금지령을 해제했던 1872년 이후 요코하마[橫浜]에 생긴 일본 최초의 교회에서 본격적으로 찬미가가 불렸으며, 또한 선교를 위한 찬송가집이 만들어졌음은 야스다 히로시[安田寬]의 연구를 통해 잘 알 수가 있다.[18] 그러나 종교음악인 찬미가는 극히 한정된 일부 지역과 사람들을 대상으로 하였기에 예술·예능과 교육이라는, 많은 국민이 수용하고 향수하는 대중문화로서의 음악으로 보급·확대되어 갈 수 없는 한계를 지니고 있었다.

그런데 여기서 한 가지 주목해야 할 것은 음악조사계에서 활약한 어용(御用) 외국인 교사로서 일본의 근대 학교 교육에 음악 교육을 시행함에 지대한 공헌을 했던 메이슨(Luther Whiting Mason, 1818~96)의 경우, 이자와 슈지나 메가타 다네타로가 계획했던 창가 교육의 목적과는 달리 기독교의 보급을 위한 은밀한 계획을 갖고 찬미가의 음계 위에 일본어

[九州]에서 교토[京都]에까지 미쳤다. 그러나 도요토미 히데요시[豊臣秀吉]에 의한 탄압, 거기에 1612년에 시작된 에도막부에 의한 금교정책(禁敎政策)과 1639년 이래의 쇄국정책에 따라 일본 내 기독교도들의 활동은 자취를 감추고 지하로 숨어들게 된다.

17　伊沢修, 山住正已 校注, 「해설」, 『音樂事始』, 平凡社, 1971, 331면.
18　安田寬, 『唱歌と十字架』, 音楽之友社, 1993; 『「唱歌」という奇跡 十二の物語』, 文藝春秋, 2003을 참조.

가사를 붙이는 식으로 창가를 보급하는 데 진력했었다는 점이다.[19] 메이슨이 만든 〈기미가요[君が代]〉, 〈하루노야요이[春のやよい]〉, 〈미와타세바[見わたせば]〉 등의 초창기의 창가는 당시 자주 부르던 찬송가의 멜로디를 그대로 이용한 것들이다. 메이슨은 기독교 음악을 보급하는 것으로 일본사회를 개량할 수 있고, 창가의 보급을 기독교 선교의 효과적인 수단으로 생각했다. 그러나 이자와는 서양음악의 장점을 취해 일본 전통음악을 개량할 수 있고, 그렇게 함으로써 새로운 일본음악을 창출할 수 있으리라 확신하고 있었다. 이에 둘 사이에는 음악 교육을 둘러싸고 충돌이 빈번했다고 한다.[20]

이자와에게 있어 창가는 일본인의 교육에 필요한 것이지 결코 기독교의 포교 따위에 공헌하는 것이 아니었다. 이자와는 무엇보다도 창가의 가사를 중시했고 이를 위해 심혈을 기울였으나 메이슨은 이해할 수도 없는 일본어 가사 따위에는 아무런 관심도 없었다. 이자와의 배후에는 문부성이, 메이슨의 배후에는 미국의 종교계가 있었기에 양자는 일본 창가 교육에 대한 생각이 180도 달랐다. 메이슨은 1882년 여름, 다시 돌아

19 메이슨은 보스턴 음악아카데미에서 수학한 음악 교육 전문가로 루이빌과 신시내티에서 초등교육의 음악교사를 역임하였고, 음악 교육에 관한 많은 저서를 출판하였다. 그 공적에 의해 1864년부터 보스턴에 초빙되어 학제 개혁을 시행하는 등 커다란 성과를 올린 인물이다. 야스다 히로시[安田寛]에 의하면 정치가이자 교육가였고, 이토 히로부미 내각에서 초대 문부대신(文部大臣)을 지낸 모리 아리노리는 대리공사(代理公使)로 미국에 재임 중이던 1872년 보스턴에 있는 뉴음악원의 E・트루제(E・Tourjee)를 만나 음악 교육 전문가의 추천을 의뢰했는데, 그때 트루제는 음악원 교원이었던 메이슨을 추천했다고 한다. 安田寛,「唱歌導入の起源について」,『山口芸術短期大学紀要』第25巻, 1993, 13〜24면.

20 메이슨이 일본으로 건너온 원래의 목적이기도 했던 기독교 보급을 위한 창가 교육이라 측면에서의 연구와, 이 점과 관련해서 일어났던 이자와와의 충돌에 대해서는 安田寛『「唱歌」という奇跡 十二の物語』(文藝春秋, 2003)에서 자세히 소개하고 있다. 참조 바람.

올 생각으로 일시 귀국을 했고 이자와를 중심으로 하는 문부성은 이를 계기로 메이슨을 해고했다.

4. 여성 교육과 창가

1872년의 반포에 따라 이듬해인 1973년부터 전국적으로 시행되기 시작한 학제는 여자의 취학을 보장하고, 학제에 의해 개교·정비되는 소학교에는 소수이기는 했지만, 여자가 취학을 하기 시작했으며, 메이지 10년대 이후부터는 이들 여자아이들 중에 일부가 중등교육 과정으로 진학을 하기에 이르렀다. 가까운 곳에 고등여학교(高等女學校)가 있으면 그곳으로 진학을 했지만 없을 경우에는 중학교에 입학을 했는데, 기본적으로 중학교는 남학생만으로 입학이 한정되어 있었다. 1882년에는 일본 최초로 도쿄여자사범학교[東京女子師範學校]의 부속 고등여학교가 설립되었고, 그에 따라 여자들의 중등교육을 담당할 교과목이 만들어졌다.

남자 중심의 중학교에서 배워야 할 교과목과 비교해서 영어·수학·이과(理科) 등의 주요과목의 내용을 간략화 하고, 그 대신에 수신·국어·재봉·가사 등의 과목이 포함되어 있었는데, 이는 훗날 고등여학교 교육의 원형을 나타내는 것이었다. 이 도쿄여자사범학교 부속 고등여학교를 모델로 해서 교토·도치기[栃木] 등의 몇몇 지역에서 공립여학교가 설립되기에 이르렀다. 여기서 한 가지 주목해야 할 점은 근대 초기의 여자교육, 특히 여자의 중등교육에는 기독교 계통의 외국 선교집단이 적극적인 개입과 활약을 했다는 점이다. 이른바 미션스쿨(Mission Schoool) 계통의 여학교가 도쿄·요코하마·고베[神戶] 등의 도시부를 중심으로 설립되었고, 외국어교육을 위시한 위의 과목이 외국인 여교사들에 의해 직접 교습 되어 여성의 계발(啓發)에 큰 공헌을 했다는 점은 주목할 만하다.[21] 이는 개화기 조선의 여성 교육 사정과도 많이 닮아 있다.

그러나 국민개학이라는 원칙에 따라 남녀의 구별과 부모의 사회적 지위고하와 관계없이 원하는 자 모두가 교육을 받을 수 있게 한다는 근대 일본의 교육개혁의 일환으로 시행되었던 학제의 시행 후 20년이 경과하면 남자의 취학률은 완만한 성장세를 보였지만 중등교육은 말할 나위도 없고 초등교육에서조차 여자의 취학률은 극히 낮았다. 당시 일본 사회에서는 여자가 특별히 학교에 다니며 교육을 받을 필요까지는 없다는 '여자교육불용(女子敎育不用)' 관념이 아직도 뿌리 깊게 잔존하고 있었으며, 극히 일부 부유층의 자녀를 제외하고 여자아이들은 집안일을 돕거나 아이를 돌보야 하는 등, 가사노동에 많은 시간을 빼앗겼다. 어차피 여자아이들은 장래 가정에서 남편과 아이를 키우는 것이 주된 일이기 때문에 학교 교육은 필요 없다는 생각이 지배적이었다. 이른바 '현모양처'가 되기 위한 재봉이나 요리 등은 가정에서 어머니를 도우며 자연스럽게 배울 수 있는 것으로, 가사보조와 더불어 어머니로부터 직접 전수 받았다. 그리고 외출복 등을 만드는 본격적인 재봉 기술은 지역에 이를 위한 주

---

21 文部省, 『學制百二十年史』, ぎょうせい, 1992, 33~35면 참조.

쿠[藝]가 있어 그곳에서 배우면 되었다.

학제를 바탕으로 하는 학교 교육은 서구형의 근대적 지식 습득이 중심이어서 정작 실생활에 필요한 실기(實技)는 배울 수가 없었다. 학교에 다니며 공부를 하더라도 생활에는 아무런 도움이 되질 않았고 그런 점에서 특히 여자아이들에게 학교 교육은 필요 없다는 인식이 메이지 초기에는 만연해 있었다. 거기에다가 학제 반포 당시에는 교육비 또한 수급자가 이를 부담하는 것이 원칙이었기에 여자아이들의 취학률은 전혀 늘어나지 않았다.

이상이 메이지 초기 여성 교육의 극히 대략적인 개요라고 할 수 있는데, 음악 교육의 관점에서 여성 교육과의 관계를 논할 때는 먼저 조쿠가쿠[俗樂] 개량이라는 관점에서 접근해 볼 필요가 있다. 이 점에 대해서는 후술하도록 하고, 먼저 1876년 5월 8일 간행된 『교육잡지(敎育雜誌)』 제3호에 곤도 야스조[近藤鎮三]가 번역한, 창가가 애국심 교육과 여자들 교육에 유효하다는 독일의 교육론이 소개되었음에 주목하고 싶다. 당시 문부성에서는 『문부성잡지(文部省雜誌)』나 『교육잡지』를 직접 발행하고, 거기에 선진 제국, 특히 독일의 교육론을 주로 초역(抄譯)의 형태로 소개했는데, 전역이 아닌 초역을 문부성에서 직접 발행하던 잡지에 게재했다는 것은 그것이 문부성이 계획하고, 이상으로 삼고 있는 교육이념의 현시라는 중요한 의미를 가지며, 일본의 학교 교육을 확립해 감에 그러한 번역물들이 참고가 되었으리라는 것은 쉽게 짐작할 수 있다.

(창가는) 여자의 언어를 바르게 하고 또한 그 풍교(風敎)를 증진한다. 원래 여자의 성질은 경박한 것이어서 오로지 화식(華飾)을 좋아하는 데에서

결국에 가서는 그 심성을 탕일(蕩逸)하게 하여 나태하고 음벽(淫癖)에 빠뜨리릴 폐해가 있어 어릴 때부터 이것을 가르쳐 경부(輕浮)한 기상(氣象)을 극복하게 만들어야 한다. [22]

현대 여성들이 들으면 몹시 반발할 내용이기는 하지만 당시 독일에서는 여자들의 습성을 상가와 같이 파악하고 있으며, 이것을 그대로 일본의 교육 잡지에 소개하고 있음은 일본의 여성들의 습성 또한 독일의 그것과 별반 다르지 않음을 전제로 해서 창가 교육이 여성의 이러한 나쁜 습성을 고치는 데 효과가 있다고 본 것일 것이다.

또한, 1876년 도쿄의 쇼헤이칸[昌平館]에서 열린 제1대학구 부현교육의회(府縣敎育議會)에서는 남녀를 교육함에는 방법이 다르다는 것이 논의(男女ヲ敎授スルニ方法自ラ別アルノ議)되고 "창가주악(唱歌奏樂)은 심정을 부드럽게 하고 유순을 으뜸으로 침으로 여자에게는 빠트릴 수 없는 과목으로 삼는다"고 하며, 가사는 정부열녀(貞婦烈女)를 칭양하는 것이 적합하다고 하고 있다.[23] 게다가 니시무라 시게키[西村茂樹]는 「제2대학구 순시공정(巡視功程)」을 통해 "여자는 장래의 사업(事業)이 남자와 달라 그 교육은 남자와 다르지 않을 수 없다"라고 하면서 여자아이들에게는 지리나 역사 수업을 줄여서라도 창가음악을 가르치는 것이 좋다고 하고 있다.

이처럼 메이지 초기 여자아이들의 올바르지 못한 언어나, 탕일(蕩逸)하고 음벽(淫癖)에 빠지기 쉬운 심성을 바로 잡기 위해서 여자 교육에 창

---

22 近藤鎭三 譯, 「獨乙敎育書抄 女學校」(文部省, 『敎育雜誌』第3號, 1876.5.8). 여기에서는 山住正巳, 『唱歌敎育成立過程の硏究』, 東京大学出版会, 1967, 14면에서 재인용.

23 山住正巳, 위의 책, 14면.

가를 도입함의 중요성을 강조하는 위의 언설들이 나온 배경에는 에도 시대 이래의 여자 교육에 문제가 있었기 때문이다.

에도 시대 이래 여자아이들이 배워야 하는 필수 교양 중 하나에 도키와즈[常磐津] · 기요모토[清元] · 하시우타[端歌] 등의 죽쿄쿠[俗曲]가 있었다. 특히 도쿄에서는 여자아이들에게 샤미센[三味線] · 도키와즈 등을 '오게이코[御稽古]'로써 배우게 하는 것이 통례였는데, 이 '오게이코'는 학교가 아닌 특별한 공간에서 스승이 제자에게 직접 전수하는 일자상전(一子相傳) 식으로 이루어지는 극히 개별적 교육이었다. 죽쿄쿠의 습득은 특히 여자아이들에게는 절대로 빠트릴 수 없는 필수 교양이라 여겨지고 있었기 때문에 학교에는 가지 않더라도 게이코 만큼은 절대로 빠져서는 안 된다고 교육을 받았다.

또한 1880년대 이후 학교 교육을 통해 조금씩 시행되고 있던 창가라 불리던 음악 교육은 일본의 전통 음악과는 발성법이나 음계가 전혀 다른 것이어서 게이코의 장애가 된다 하여 부모가 여자아이들을 학교에 보내지 않는 경우도 있었다고 한다.[24] 이렇게 게이코를 통한 전통 음악 교습이 중시되었던 것은 한마디로 노래를 잘하면 좋은 곳에 시집을 갈 수 있고 못 하면 여자로서 자질이 부족하다고 생각하는, 노래를 잘하고 못함이 여자의 인생의 결정하는 중대한 요소라 여겨지는 구래의 연습(沿襲) 때문이었다.

문제는 여자아이들이 학교 교육보다도 중요시하며 오게이코를 통해 배우던 이른바 죽쿄쿠[俗曲]라 불리던 노래들의 실태였다. 여자아이들의

---

24 田甫桂三 編, 『近代日本音楽教育史』, 學文社, 1980, 110면.

필수 교양으로 일상생활에 뿌리 깊게 자리 잡고 있던 좃쿄쿠는 그야말로 어린아이들이 입에 담기에는 너무나도 외설적인 내용으로 가득했다. 식물학자로 유명한 메이지기의 교육관계자였던 야타베 료키치[矢田部良吉, 1851~99][25]는 「학교교육론(學校敎育論)」 안에서 다음과 같이 당시의 좃쿄쿠의 실태를 비판하고 있다.[26]

우리나라 속곡의 추잡함에 대해서

눈을 돌려 우리나라의 속가(俗歌)가 어떠한지를 살펴봄에 그 곡이나 가사가 몹시 난잡하기에 짝이 없고 모두가 언어도단(言語道斷)이다. 옛 성현이 음악의 풍교(風敎)에 긴요함을 논함과 동시에 또한 정성(鄭聲)을 멀리해야 함을 논했었다. 그리고 우리나라의 좃쿄쿠와 같은 것은 그중에서도 가장 심한 것이다. 나는 이것을 그것과 인증(引證)하는 것조차 몹시 싫지만 나의 언사가 결코 부당하지 않다는 것을 증명하기 위해 그중에서 한두 가지를 적출하려 한다. (…중략…) 또한, 여기에 기요모토본[淸元本]이 몇 종류가 있다.

---

25 다나베 료키치는 1851년 시즈오카현[静岡県] 출생으로, 아버지는 막부의 포술가(砲術家)였다. 한학을 배운 후 영학을 배우고, 18세의 젊은 나이에 개성학교(開成學校) 교수시보(敎授試補)가 되었다. 1876년 미국의 코넬대학을 졸업하고 귀국 후에는 도쿄개성학교[東京開成学校] 교수와 도쿄교육박물관장[東京教育博物館長]을 겸임했다. 1877년 도쿄대학이 설립되자 25세의 나이로 이학부(理學部)의 식물학 교수가 되었다. 그 외 도쿄맹아학교장[東京盲唖学校長], 도쿄고등여학교[東京高等女學校, 훗날의 お茶の水女子大学] 교장, 고등사범학교(高等師範学校, 훗날의 京都教育大学) 교장, 도쿄음악학교장[東京音楽学校長] 등을 역임했다. 야타베는 식물학자로서 뿐만 아니라 1882년의 이른바 '신체시운동(新体詩運動)'이라는 언문일치 시운동을 추진한 걸로도 유명. 또한, 같은 해에는 「로마자로 일본어를 표기하는 설[羅馬字ヲ以テ日本語ヲ綴ルノ説]」 등을 발표하며 로마자의 채용을 주장하고 로마자회(羅馬字会)를 만드는 데 진력했다.

26 「我邦俗曲の卑猥なる事」, 『近代日本思想大系 藝能』, 岩波書店, 1988, 350~352면. 원문은 생략함. 이하 예문도 마찬가지임.

그 추잡하고 난잡스러움은 도키와즈본[常磐津本]에 전혀 뒤지지 않는다. 예를 들면 '소데가우라치카이노나카나카[袖浦誓中偕]'(일명 お駒得兵衛)는 어떤 저택에서 일하던 중에 밀통을 하여 부부가 되는 것을 적고 있고, '소노사쿠라우와사노이로도키[其噂桜色時]'(일명 おしゅん伝兵衛)는 의리를 지키기 위해 음사(淫事)로써 사람을 유혹하는 것을 적고 있으며, '우메야나기나카모요이쓰키[梅柳中宵月]'(일명 淸心)은 창기가 파계승과 굳게 맺어져 그 씨를 임신한 채 유곽을 출분(出奔)하며 치정(癡情)의 끝을 보이다 결국 정사(情死)한다는 내용을 적고 있고, '소노우와사후케요카카와카제[其噂吹川風]'(일명 玉屋新兵衛)는 유지로[遊次郎]와 예기(藝妓)의 정사(情死)를 적고 있고, '쓰키토모카쓰라노카와나미[月友桂川浪]'(일명 お半長右衛門)는 어릴 적에 양육했던 여자와 이세(伊勢) 참배에서 돌아오는 길에 정을 통해 결국에는 정사한다는 이야기를 적고 있다.

이 밖에도 모두 대동소이하다. 그 내용이 추잡할 뿐만 아니라 그 언사도 추잡해서 지금 이것을 하나하나 적출할 수가 없다.

이처럼 야타베는 기요모토와 도키와즈의 구체적인 몇몇 작품을 예를 들어 그 내용의 추잡하고 난잡함을 비판하면서 다음과 같이 말을 잇고 있다.

조쿄쿠는 하등사회의 교과서이다

위에서 열거한 하시우타, 도키와즈, 기요모토 등은 하등사회가 가장 즐기는 부분이고, 그 여파가 상류사회에 또한 달하고 있다. 특히 도키와즈, 기요모토 같은 것은 부덕(不德)의 방법을 정중하고 친절하게 교도(敎導)하는 것이다. 하등사회 사람들은 이것을 듣고 이것을 암송하며 두뇌(頭腦)에 세기고 있는데, 그 감화력은 실로 강대한 것이어서 학교 교육과는 비교를 할 수 없다. 고로 나는 감히 말한다. 죳쿄쿠본[俗曲本]은 하등사회의 수신교과서(修身敎科書)이고 (바이블)이라고. 그런데 이 교과서가 학교의 독본(讀本)처럼 재미가 없질 않아서 범부(凡夫)의 범정(凡情)에 호소하고 추잡함에 호소하는 것뿐만 아니라, 거기에다가 추잡한 음곡(音曲)을 가지고 하는 것이어서 감화력이라는 것만 놓고 말하자면 천하무쌍(天下無雙), 교육사회 절무(絶無)의 좋은 교과서이다. 이와 같은 둘도 없는 교과서를 가지고 훈도(薰陶)되는 자가 어찌 난잡한 것을 치욕이라 생각하겠는가.

야타베는 죳쿄쿠를 하등사회의 교과서라 칭하고, 그 여파가 상류사회에까지 미치고 있음을 우려하고 있다. 또한, 난잡한 내용을 음곡에 실어 전달하는 방법은 학교의 교과서와는 달리 그 감화력에 비교할 수 없을 정도로 크다고 하고 있다.

계속해서 야타베는 그러한 죳쿄쿠 개량을 위해서 다음과 같은 구체적인 방법을 제시하고 있다.

죳쿄쿠 개량의 방법

전술한 바와 같이 죳쿄쿠는 도저히 개량을 하지 않으면 안 된다. 그러나이 일은 결코 쉬운 일이 아니다. 본디 법령으로써 이를 개량할 수는 없다. 가령 하시우타, 도키와즈, 기요모토 등을 금지시킬 수 있다 하더라도 사람은 각자 발성 기관이 있고 듣는 기관이 있어 뭔가 이것을 대신해서 부를 것과 들을 것이 없으면 안 된다. 나라의 개명(開明)과 초매(草昧)를 불문하고 아직까지 음악이 없는 곳이 없다. 따라서 죳쿄쿠 개량에 관해서는 서서히 이를 계획하는 것 이외에는 없다. 그 방법은 왼쪽의 3조(條)가 가장 좋다는 것은 식자들이 널리 인정하는 부분이 아니겠는가.

첫 번째 학교창가를 활성화시키는 것.

두 번째 좃쿄쿠 중에서 취할만한 것은 이것을 취하고 혹은 수정을 가할 것.

세 번째 우미고상(優美高尙)한 음곡(音曲)의 기호(嗜好)를 장려할 것.

오른쪽의 3조 가운데 첫 번째는 가장 시행하기 쉽고 가장 세력이 있는 것이다. 왜냐하면 순량창가(純良唱歌)의 발성 기관을 발달시켜 덕성을 함양시키는 것은 유아 때가 그 공(功)이 가장 두드러지기 때문이다.

야타베는 추잡하고 난잡한, 한마디로 외설적인 내용의 좃쿄쿠를 개량하기 위해서는 무엇보다도 학교에서의 창가 교육을 활발히 할 필요가 있음을 주장하고 있다.

이자와 슈지 또한 「음악조사성적신보서(音樂取調成績申報書)」 안에서 좃쿄쿠의 폐해에 대해서 다음과 같이 말하고 있다.[27] 좃쿄쿠는 사회 풍습에 나쁜 영향을 미치고, 국민의 취미를 저속하게 만들어 양질의 음악 진흥을 방해하며, 도덕적 교육을 방해하고, 마지막으로 외교에 국가의 체면을 손상한다는 것이다. 따라서 좃쿄쿠를 그대로 방치해 둔다면 아무

---

27 1884년 2월 이자와 슈지는 문부경(文部卿) 오키 다카토[大木喬任]에게 「음악조사성적신보서(音樂取調申報書)」를 제출했다. 이것은 음악조사계 창설의 개요에 대해서 기술한 '창치처무개략(創置處務槪略)', '내외 음률의 이동연구에 대해서[內外音律의異同研究の事]', 일본음악에 대해서[本邦音樂の事]', '음악과 교육의 관계[音楽と教育との関係]', '음악창가 전습에 대해서[音樂唱歌傳習の事]', '속곡개량에 대해서[俗曲改良の事]' 등의 항목으로 구성된 음악조사계의 사업에 대한 보고서였다.

리 '아정선량(雅正善良)한 음악'을 일으키고, 많은 학교를 만들어 최선의 덕육(德育)을 시행하더라도 폐풍(弊風)을 개선할 수가 없으므로, 창가 교육을 통해 하루라도 빨리 죳쿄쿠를 개량해야 할 것을 주장하고 있다.

야타베와 이자와는 당시 사회에 만연하고 있던 저속한 음악을 개량할 것을 주장하고 그 대안으로써 창가 교육을 적극적으로 시행할 것을 주장하고 있는데, 이는 단순히 저속한 음악의 개량에 머무르는 것이 아니라 저속한 가사로 인해 땅에 떨어진 윤리도덕적 레벨 또한 개량하고자 했던 것임을 알 수 있다. 특히 당시 사회에 죳쿄쿠가 여성 교육에 차지하고 있던 비중을 생각해 볼 때 창가는 전통음악의 후진성과 그로 인한 윤리도덕의 저하 또한 개량할 수 있는 수단뿐만 아니라 여자교육의 새로운 가능성과 방법을 제시해 주는 것이기도 했다.

5. 맺음말

근대 초기 일본 사회에서는 '여자교육불용(女子敎育不用)'이라는 관념이 강하게 작용하고 있었으며, 일부 부유층의 자녀가 소학교에 입학하였고 그중에서도 극히 일부만이 상급학교인 고등여학교로 진학했다. 교과목은 서구형의 근대적 지식 습득 중심으로 구성되어 있어 학교에 다니며 공부를 하더라도 실생활에는 아무런 도움이 되질 않았다. 대부분의 여자아이는 가사노동에 많은 시간을 빼앗겼고, 그런 점에 특히 여자아이들에게 학교 교육은 필요 없다는 인식이 만연해 있었다. 여자아이들은 장래 이른바 '현모양처'가 되는 데 필요했던 재봉이나 요리 등은 가사를 도우며 자연스럽게 배울 수 있었고, 무엇보다도 여자아이들이 배워야 하는 필수 교양이었던 죳쿄쿠는 학교 교육보다도 중시되었다. 노래를 잘하고 못함이 여자의 인생의 결정하는 중대한 요소라 여겨지는 구래의 연습이 메이지기에 들어서도 강하게 남아있었기 때문이다.

메이지 신정부의 교육 수뇌들이 근대 일본의 학교 교육과정에 창가를 도입하고 시행했던 이유는 크게 이자와 슈지를 중심으로 하는 순수예술론적 입장에서 아동들의 정신과 육체의 발달을 위한 음악 교육이라는 관점과, 근대 국민국가 형성기에 요구되는 국민의 심리적·정서적 교화 수단으로써 음악의 효용론적 관점에서 이를 이해해 왔으며, 음악조사계를 활약을 중심으로는 국악의 창성(創成)과 속악(俗樂)의 개량이라는 점에 중점을 두는 연구가 주류를 이루어 왔다. 그러나 저자는 이 장을 통해 근대 여성의 교육이라는 관점에서 창가 교육의 의의에 대해 생각해 보았다.

문부성은 여자아이들의 올바르지 못한 언어나, 탕일(蕩逸)하고 음벽(淫癖)에 빠지기 쉬운 심성을 바로 잡기 위해서는 도키와즈·기요모토·하시우타 등으로 대표되는 난잡한 내용의 죳쿄쿠를 창가를 도입함으로써 개량할 수 있을 것이라 기대했다. 메이지의 교육 수뇌들은 음곡을 통해 사상과 이념을 전달하고 개량하는 방법은 학교의 교과서와는 달리 그 감화력에 비교할 수 없을 정도로 크다는 것을 다양한 채널을 통해 알고 있었다. 순수예술론적 교육사상을 바탕으로 이자와 슈지를 중심으로 하여 본격적인 창가 교육이 시행되기 훨씬 이전에 여자교육에 창가를 활용하려 했던 움직임이 있었다는 것은 일본에서 제일 먼저 창가 교육을 시행했던 곳이 다름 아닌 교토여학교였다는 사실만 보더라도 충분히 납득할 수 있다.

교토여학교에서는 1878년 11월에 『창가(唱歌)』라는 교과서를 출판하고, 쓰쿠시소[筑紫箏]를 반주악기로 창가 교육을 시행했다. 여기에 실려 있는 〈이즈모부리[出雲曲]〉나 〈미야코노소라[都のそら]〉 등 15곡의 창가는 서양음악이나 새롭게 만든 노래가 아니라 당시 널리 퍼져 있던, 우리로 치자면 민요(民謠)에 해당하는 '지우타[地唄]'를 그대로 사용하며 가사만 교육적으로 개사를 했다. 가사 대부분은 천황의 세상에 대한 봉축(奉祝)이나 천황이 다스리는 평화로운 세상에 태어날 수 있었던 기쁨, 부모의 가르침을 따라야 하고, 자매(姉妹)간의 우애나 선진 제국의 문명을 받아들여 배워야 한다는 계몽적인 내용이었다. 노래의 구체적인 분석은 지면의 제약 때문에 생략하기로 한다.

근대 국민국가의 형성기라고도 할 수 있는 메이지 초기, 어찌 보면 불요불급(不要不急)의 문화정책, 그 가운데에서 창가를 중심으로 하는 음악 교육 정책이 그 어떤 제도나 인프라의 정비보다도 앞선 시기에 수립되고 시행되었다는 것은 메이지 신정부의 국민국가 형성에 음악 교육, 즉 창가 교육이 그 어떤 필요성에 의해 특별한 사명을 띠고 이루어졌다는 것을 의미한다. 그 특별한 사명이 종래에 언급되었던 것처럼 국가신도적 이데올로기에 바탕을 둔 국체 형성의 도구로서 이용되었다는 오직 한 가지만이 아니라 한다면 여자아이들의 교육에 유효한 수단으로써 창가가 주목되었고 시행되었음을 학교 교육에 창가를 도입하고 시행하려 했던 또 하나의 가능성으로 제기할 수 있지 않을까.

제6장 애국심 교육에 대해서

1. 들어가는 말

1872년의 학제 반포를 통해 데라코야와 사숙을 중심으로 이루어지던 전 시대의 소규모·개인적 교육을 국가가 이를 직접 관리하고 통제할 수 있는 집단적 교육 체제로 바꾸어 버렸다. 스승이 제자와 직접 대면하는, 이른바 일 자상전(一子相伝)식으로 이루어졌던 음악 교육 또한 그러하다.[1]

일본의 교육사상 연구사를 돌이켜볼 때, 1872년 일본 최초의 학제에서 정하고 있는 교육과정에 창가과(唱歌科)가 포함된 이유를 어린아이들의 신체 발달과 정조 교육이라는 음악 교육 본연의 순수한 교육적 측면

---

[1] 예로부터 일본사회에는 가카쿠[雅樂], 노가쿠[能樂], 가부키[歌舞伎], 지우타[地歌], 샤미센카요[三味線歌謡], 소가쿠[箏樂], 민요[民謡], 와라베우타[童謡] 등의 다양한 전통음악이 공존하고 있었다. 이런 다양한 일본의 전통음악들은 가가쿠를 제외하고는 거의 개인적인 전수나 교습을 통해 계승되고, 특정한 장소에서 피로되는 지극히 사적인 음악들이다.

에서 이를 설명한다. 그러면서 메이지 10년대의 '덕육논쟁'을 통해 강화되기 시작해서 1890년의 교육칙어 반포를 통해 최고의 정점으로 치닫는, 이른바 도덕 교육의 중시와 편중이라는 현상이 나타난다고 설명하고 있음을 볼 때, 음악 교육의 역사 또한 근대 일본 교육사상사의 큰 흐름과 궤를 같이하는 발전의 형으로서 파악해 왔음을 알 수 있다. 그리고 이러한 흐름은 최근 일본의 교육사상 분야의 신진연구자로서 주목받는 오쿠나카 야스토[奧中康人]나 산토 이사오[山東功]의 연구에도 그대로 계승되어, 서양음악의 도입에 관해서는 제설을 제창하지만, 도입 이후의 발전 과정에 대해서는 종래의 연구사의 흐름에서 크게 벗어나 있지 않다.[2] 저자 또한 이러한 연구 동향과 그리 멀지 않은 거리에서 일련의 연구논문을 발표해 왔다.[3]

그러나 최근 들어 학교 교육에 창가를 도입한 목적이 애초 국가주의 사상을 고취하기 위한 장치로 노래를 활용하고자 했던 의도된 기획 하에 이루어졌다는, 음악 교육을 통해 지향하고자 했던 메이지 신정부의 국민교육관을 주목하게 되면서 이와 같은 기존의 연구 흐름에 의문을 갖기에 이르렀다. 왜냐하면, 신정부의 초기 교육정책이 개인의 자립과 사적

---

2   奧中康人, 『国家と音楽』, 春秋社, 2008, 187~235면; 山東功, 『唱歌と国語』, 講談社新書, 2008, 12~35면.

3   이권희, 「근대일본의 '소리문화'와 창가(唱歌)-창가의 생성과 '음악조사계(音樂取調掛)'의 역할을 중심으로」, 『日本思想』 제19호, 2010; 「근대기 일본의 국민국가 형성과 창가(唱歌)-'문부성창가(文部省唱歌)'를 중심으로」, 『日語日文學硏究』 제77호, 2011; 「메이지[明治] 전기 국민국가 형성과 교육-학제(學制)의 변천과 창가(唱歌) 교육을 중심으로」, 『日本思想』 제21호, 2011; 「메이지[明治] 후기 국민교육에 관한 고찰-창가(唱歌)를 통한 신민(臣民) 형성과정을 중심으로」, 『아태연구』 제19권 제1호, 2012; 「메이지기[明治期] 국민교육과 전쟁·전쟁-창가(唱歌) 교육을 중심으로」, 『日本學硏究』 제37집, 2012; 「메이지기[明治期] 일본의 교육과 전쟁에 대해서」, 『日本思想』 제23호, 2102 등.

이익추구라는, 서구 국민국가에서 볼 수 있는 교육의 보편적 가치를 지향하는 한편으로, 근대 국민국가를 형성하는 과정에서 공리주의적 가치와 공공성, 도덕 교육의 강조를 통한 애국심 함양이라는, 근대 국민국가에 걸맞은 국민의 규범 형성에 국민교육의 궁극적 목표를 설정하였으며, 이것을 실현하기 위한 구체적 방법을 끊임없이 강구해 왔음을 간과할 수 없기 때문이다.

이에 본 장에서는 종래의 메이지기 일본의 교육사상 연구의 축적된 연구 성과를 원용하면서도, 근대 국민국가를 지향했던 메이지 신정부의 국민교육의 일환으로 도입하고 시행했던 메이지기 국가교육의 실태를 국가주의적 교육관을 중심으로 다시 한 번 재검토함으로써 '지육'에서 '덕육'이라는 단선적 흐름으로 파악해 왔던 종래의 근대 일본의 교육사상의 흐름에서 벗어나, 처음부터 국가주의·애국주의 교육관을 최고의 가치로 삼고 그것을 실현하기 위한 하나의 방편으로써 창가 교육을 시작했다는, 창가 교육의 또 다른 효용론의 가능성에 대해 살펴보고자 한다.

2. 창가 도입에 관한 정론 검토

전술한 바와 같이 메이지기 초 일본의 학교 교육에 창가라 불리던 서양음악을 도입하려 했던 이유는 "학업으로 지친 심신을 회복시키고, 폐와 장기를 튼튼하게 하며, 발음을 정확하게 하는 동시에 청력을 좋게 하고, 사고를 치밀하게 하며, 마음을 즐겁게 함과 동시에 선한 심성을 분기케 한다"[4]는, 순수한 교육적 목적에 의한 것이었으며, 메이지 20~30년대를 전후로 사회에 만연했던 서구화 만능 사상에 대한 반발과 몇몇 특정 지역 출신자들에 의한 국정 전횡을 타도하기 위해 일어났던 자유민권운동에 대한 견제, 나아가 청일전쟁(1894)과 러일전쟁(1904)을 치르는 동안 충군애국사상을 근간으로 하는 국가주의 사상과 국체사상의 발현은 공리주의적 실학사상을 중시하는 메이지 교육이념의 기본 프레임을 송두리째 바꿔버렸고, 창가 또한 덕육의 도구로 변질시켰다는 식의 연구가 주류를 이루어 왔다.

이러한 인식은 다름 아닌 일본에 처음으로 창가 교육을 도입하는 과정에서 지대한 공헌을 했던, 근대 일본 음악 교육의 아버지라 불리는 이자와 슈지와 메가타 다네타로가 학교 교육에 음악 교육의 필요성에 대해 기술했던 일련의 문서에서 강조했던 음악 교육의 효용성과, 이와 같은 상신이 계기가 되어 음악 교육 전반을 담당하게 하기 위해 신설한 음악조사계에서 편찬한 『소학창가집(小學唱歌集)』(1882~1884)의 내실이 너무나도 다르다는 것에 기인하는 것이었다.

그러나 저자는 창가 교육은 애초부터 아이들에게 일본이라는 통일된 근대 국민국가를 떠받치는 신민으로서의 자각과 군주에 대한 경외심, 나아가 국가에 대한 애착과 충성심을 신체적·정서적으로 주입한다는 덕육과의 관계로 시작되었다고 본다. 문제는 덕육의 성격이었다. 효행

---

4 「장래 학술 진보에 필수의 건[将来学術進歩ニ付須要ノ件]」, 『愛知師範学校年報』, 1875. 2.26. 이 보고서는 문부성에서 간행된 『文部省第二年報』에 실려 있다. 「愛知師範学校年報」는 국립국회도서관 디지털라이브러리(http://dl.ndl.go.jp)를 통해 확인할 수 있으나 본서에서는 『音樂敎育硏究』, 1973.2, 45면에서 재인용.

과 오륜(五倫)을 중시하는 개인의 유교적 교양으로 시작하여 그 목표가 궁극적으로는 국가와 민족을 위한 충군애국의 덕육으로 변질되어 갔을 뿐, 처음에는 순수한 예술적 차원에서 음악 교육이 도입되었지만, 점차 국가주의 성향을 띠기 시작하면서 덕육의 색채가 강해졌다는 식으로만 이해했던 종래의 이해 방식은 학교 교육에 창가를 도입하는 과정을 전후로 해서 일어났던 교육계 안팎의 움직임을 너무 획일화·단순화하고 있다.

그럼 여기서 근대 일본의 학교 교육에 음악 교육을 도입하는 경위에 대해서 종래의 학설을 중심으로 간략하게 정리해 보기로 하자.

1872년 반포된 학제에서는 하등소학과정에서 14개, 상등소학과정에서는 18개 교과목을 교습할 것을 정하고 있는데,[5] 그중에서 하등소학교에서 가르쳐야 할 과목에 창가를, 하등중학교에 주악(奏樂)을 포함하고 있었다.[6] 그러나 당시 서양음악은 찬미가나 군악 등 특수한 영역에 보급

---

[5] 학제는 교육에 관한 모든 제도를 법률로써 정한 것이다. 구체적으로는 교육의 목표, 내용, 대상, 취학 연령, 수학연한, 학교 간의 접속과 분화 관계 그리고 연계 등, 교육 전반에 관한 포괄적 제도를 말한다. 민주주의 국가에서 법률이나 제도는 시대의 추이와 변화, 그에 따른 개정의 필요성에 대한 국민의 합의를 전제로 하여 만들어지거나 개정되는 것이라는 것은 주지하는 바와 같다. 그러나 메이지 신정부는 겉으로는 자유민주주의를 기반으로 하는 정치체제를 표방하면서도 많은 경우 위정자들의 의지에 따라 제도가 정해지거나 개정되기를 반복했다. 따라서 교육목표의 변화에 따른 학제의 개정과 이에 따른 교육 전반에 걸친 변화에 대한 고찰을 통해 우리는 메이지 신정부 관료들이 설정했던 시대적 가치와, 일본이라는 근대국가의 지향점이 어디를 향하고 있었는지를 조금이나마 이해할 수 있다.

[6] 학제에서는 하등소학과정(下等小學課程) 4년, 상등소학과정(上等小學課程) 4년의 2단계 교육을 기본으로 해서, 아이들이 신분이나 성별과 관계없이 만 6세부터 8년간 소학교에 다니며 학습할 것을 장려하고 있다. 중등교육 또한 하등과 상등으로 나누고 있다. "下等小学教科 一 綴字読並盤上習字 二 習字字形ヲ主トス 三 単語読 四 会話読 五 読本解意 六 修身解意 七 書牘解意並盤上習字 八 文法解意 九算術九々数位加減乗除但洋法ヲ用フ 十 養生法講義 十一 地学大意 十二 理学大意 十三 体術 十四 唱歌 当分之ヲ欠ク

되어 있었을 뿐 일반인들과는 거리가 멀어,[7] 창가나 주악을 누가 무엇을 가지고 어떻게 가르쳐야 할지 문교 당국도 학교 측도 아무런 해답을 갖고 있지 않았기에 "당분간 이것을 뺀다[当分之を欠く]"는 단서를 달았고 실제로 창가나 주악교육은 이루어지지 않았다. 게다가 같은 해 9월 8일에 포달된 학제의 시행규칙인 '소학교칙'에도 창가에 대한 언급은 전혀 보이질 않는다. 그러나 실제로 교육이 이루어지지는 않았지만 창가를 교과목의 하나로 지정했다는 것 자체가 머지않아 이루어질 창가 교육의 시발점임과 동시에 일본에서의 음악 교육의 출발점이라는 점에서 의의를 인정할 수 있다.

　　1874년 3월, 아이치사범학교[愛知師範学校] 교장으로 취임한 이자와 슈지는 그 부속 유치원에서 원생들을 대상으로 창가유희(唱歌遊戱)를 실험하였고, 그 결과를 1875년 2월 26일 자로 문부대보 다나카 후지마로에게 제출한 메이지 7년도의 성과를 담은 '아이치사범학교연표[愛知師範学校年表]' 가운데 「장래 학술 진보에 필수의 건[将来学術進歩ニ付須要ノ件]」을 통해 정리하고 있다. 이자와는 이 보고서를 통해 앞으로의 창가 교육에 대한 제언과 더불어 창가유희에 대해서 다음과 같이 말하고 있다.

　　上等小学ノ教科ハ下等小学教科ノ上ニ左ノ条件ヲ加フ 一 史学大意 二 幾何学罫画大意 三 博物学大意. 四 化学大意. 下等中学教科 一 国語学 二 数学 三 習字 四 地学 五史学 六 外国語学 七 理学 八 画学 九 古言学 十 幾何学 十一 記簿法 十二 博物学 十三 化学 十四 修身学 十五 測量学 十六 奏楽 当分欠ク". 학제에서 정하고 있는 교과목은 일본 문부과학성(http://www.mext.go.jp)의 '學制百年史 資料編'에서 인용.

7　　실제로 학제가 시행되었을 당시 일본에서 서양음악의 5선기보법(五線記譜法)을 해독할 수 있었던 것은 육군과 해군의 군악대원 정도였다고 한다. 中村理平, 『洋学導入者の軌跡』, 刀水書房, 1993, 462면.

창가유희를 시작하는 건 / 창가의 유익한 점은 많다. **첫째로 지각심경을 활**

발히 하여 정신을 쾌락하게 한다. 둘째로 인심에 감동력을 생기게 한다. 셋째

로 발음을 정확하게 하고 호흡법을 조절한다. 이상은 유아교육상 창가를 꼭

시행해야 하는 요지의 대강을 들었을 뿐 그 자세한 내용은 일일이 여기서 다

말할 수 없다.[8]

이자와는 창가의 효능에 대해서 먼저, ① 지각심경(知覚心経)을 활발히

하여 정신을 쾌락하게 만들 수 있다는 것, ② 마음에 감동을 일으킬 수 있

다는 것, ③ 발음을 정확하게 하고 호흡을 조절할 수 있게 한다는 것 등을

들며, 이것은 유아교육에 절대로 빠트릴 수 없는 것이라 말하고 있다.

이자와는 4년간의 나고야사범학교 시절을 뒤로하고 1875년 7월 18

일 다카미네 히데오[高嶺秀夫, 1854~1910]・고즈 센자브로[神津專三郎, 1852

~1897]와 더불어 미국의 교육사정, 그중에서도 특히 사범학교의 교육현

황, 교원양성 방식 등을 조사하라는 문부성의 명을 받고 매사추세츠주

브릿지워터사범학교(Bridgewater Normal School)로 파견된다. 그곳에서

이자와는 보스턴시의 초등교육 음악감독관이었던 메이슨(Luther Whiting

Mason, 1818~1896)에게 사사하며 서양음악의 기본을 배웠다.

---

8 "唱歌遊戱ヲ興スノ件 唱歌の益タルヤ大ナリ第一知覚心経ヲ活発ニシテ精神ヲ快楽ニス
第二人心ニ感動力ヲ発セシム第三發音ヲ正シ呼法ヲ調フ以上ハ幼生教育上唱歌ノ必欠
ク可ラサル要旨ノ槪略ヲ挙クルノミ其細目如キハ喋々此ニ弁セス". 「愛知師範学校年報」,
1875.2.26. 이 보고서는 문부성에서 간행된 『文部省第二年報』에 실려 있다. 「愛知師範
学校年報」는 국립국회도서관 디지털라이브러리(http://dl.ndl.go.jp)를 통해 확인
할 수 있으나 본서에서는 『音樂教育研究』, 1973.2, 45쪽에서 재인용한다. 여기에서는
'호접(胡蝶)' 등 창가유희에 사용한 창가 3곡과 더불어 자세한 율동에 대해 기술하고
있다. 이자와가 사용한 창가는 서양음악도 아니었고 가가쿠[雅樂]도 아닌 당시 항간
에서 불리던 아이들의 노래였던 '와라베우타'였다.

미국 유학을 통해 음악 교육의 이론과 실기를 체득한 이자와는 귀국을 얼마 남겨 놓지 않은 1878년 4월 8일 전통음악의 부흥과 음악 교육에 관심을 두고 있던 유학생감독관 메가타 다네타로와 연명(連名)으로 문부 대보 다나카 후지마로에게 학교 교육에 창가 교육이 필요한 이유와 음악 교육의 효능에 관해서 기술하고, 하루빨리 이것을 관장할 전담 부서인 음악전습소(音樂傳習所)를 설치해야 한다는 내용의 건백서를 제출한다.[9]

현재 서구의 교육자는 모두 음악을 교육의 한 과목으로 삼고 있다. 원래 음악은 학동의 신기를 상쾌하게 하고 근학의 피로를 풀어주고, 폐와 장을 강하게 해서 그 건전함을 도와주고, 음성을 맑게 하고 발음을 정확하게 하며 청력을 좋게 하고 사고를 치밀하게 하고 또한 심정을 즐겁게 하고 그 선성을 느끼며 생기게 한다. 이것이 교실에서의 직접적인 효력이다. 그리하여 사회에 선량한 오락을 제공해 자연스럽게 선으로 나아가 죄로부터 멀어지게 하고, 사회를 예법과 문화의 역으로 나아가게 하여 국민 모두 자랑스럽게 왕덕을 받아 태평을 즐기게 하는 것은 그 사회에 대한 간접의 공이다. 위의 내용은 그 효력의 대강으로 그러한 효력이 있는 것은 분명히 서구 각국에서 볼 수 있다. 문부성에서는 일찍부터 그것을 알고 창가를 공학의 한 과목으로 삼았지만 이것을 시행하는 것 또한 쉽지 않았다. 예를 들면 우리나라 음악에는 아속의 구별이 있고, 그 아라는 것은 곡조가 아주 높아 대부분의 사람이 듣기 어렵고, 또한 그 속이라는 것은 노래가 몹시 천박해 그 해가 오히려 많다. 필경 이와 같아서

---

9 "学校唱歌ニ用フベキ音楽取調ノ事業ニ着手スベキ, 在米国目賀田種太郎, 伊沢修二ノ上申書". 遠藤宏, 『明治音楽史考』, 有朋堂, 1948, 52면에서 재인용. 한국어 번역과 강조는 인용자.

는 학과로서 시행하기는 어렵다. 그렇다면 서양의 음악을 취해 바로 이것을 이용하면 쉬울 것처럼 보이지만 그것이 우리와 맞을지 어떨지 아직 알 수 없다. (…중략…) 피아를 서로 화합하여 하나의 음악을 만들면 우리 공학에 창가 과목도 만들 수 있으리라 보여 요즘 보스턴공학의 음악감독 메이슨 씨와 의논하여 그의 편저 음악괘도에 따라 그 악보에 우리의 가사를 넣어 시험해 봤는데 그럴듯하게 들렸습니다. 즉, 궤도는 따로 올리겠습니다. 자세한 내용은 별지에 기재하겠습니다. 따라서 경비를 부탁합니다.[10]

메이지[明治] 11년 4월 8일

유학생 감독관 메가타 다네타로

이자와 슈지

문부대보 다나카 후지마로 도노[殿]

---

10 "現時欧米ノ教育者皆音楽ヲ以テ教育ノ一課トス夫レ音楽ハ学童神気を爽快ニシテ其ノ勤学ノ労ヲ消シ肺臓ヲ強クシテ其ノ健全ヲ助ケ音声ヲ清クシ発音ヲ正シ聴力ヲ疾クシ考思ヲ密ニシ又能ク心情ヲ楽マシメ其ノ善性ヲ感発セシムルレ其ノ学室ニ於ケル直接ノ効力ナリ然シテ社会ニ善良ナル娯楽ヲヘ自然ニ善ニ遷シ罪ニ遠カラシメ社会ヲシテ礼文ノ域ニ進マシメ国民揚々トシテ王徳ヲ頷シ太平ヲ楽ムモノハ其ノ社会ニ対スル間接ノ功ナリ右ハ其ノ効力ノ大要ニシテ然カク効力アル事照々欧米礼文ノ各国ニ見ルベキナリ我省夙ニコヽニ見ルアリテ唱歌ヲ公学ノ一課ニ定メラレシト雖モ之レヲ実施スル亦易キニアラズ例ヘバ我国ノ音楽ニ雅俗ノ別アリ其ノ雅ト称スルモノ調曲甚高クシテ大方ノ耳ニ遠ク又其ノ俗ト称スルモノハ謳甚卑クシテ其害却テ多シ畢竟此ノ如クニテハ之ヲ学課トシテ施スベカラズ然ラバ西洋ノ楽ヲ彩リテ直ニ之レヲ用ヰバ事易キニ似タレドモ其ノ我ニ和スルヤ否ヤ未ダ知ルベカラズ (…中略…) 彼我和合シ一種ノ楽ヲ興サバ我公学ニ唱歌ノ課モ追々相立候様相可成ト存候依テ此頃ボウストン公学音楽監督メイソン氏ト相議シ其ノ編著ノ音楽掛図ニ拠リ其楽譜ニ我歌詞ヲ挿ミ相試ミ候処先々相応ニ相聞候即チ掛図別ニ進呈候其委細ノ事ハ別紙ニ記載候可然御経費ヲ願フ 敬具". 이 건백서의 문장은 山住正巳, 『唱歌教育成立過程の研究』, 東京大学出版会, 1967, 38~39면에 수록되어 있는 것을 재인용했다. 한국어 번역과 강조는 인용자.

이자와의 위의 건백서 내용은 다소 구체적이긴 하지만 큰 흐름에 아이치사범학교 시절의 창가 교육관과 크게 다르지 않다. 여기에서도 이자와는 창가 교육의 직접적 효능을 "학업으로 지친 심신을 회복시키고, 폐와 장기를 튼튼하게 하며, 발음을 정확하게 하는 동시에 청력을 좋게 하고, 사고를 치밀하게 하며, 마음을 즐겁게 함과 동시에 선한 심성을 분기케 한다"고 정의했다. 즉, 어린아이들의 정조와 신체적 발달이라는 측면에서 창가 교육이 필요하다는 것이었다.

같은 달 4월 20일 메가타도 단독으로 다나카 후지마로에게 「우리나라 공학에 창가 과목을 설치하는 방법에 대한 사견[我公学に唱歌の課を興す仕方に付私の見込み]」이라는 사신(私信)을 제출하는데, 그 내용은 이자와와 연명으로 제출했던 상신서와 대동소이한 것이었다.[11] 다른 점이 있다면 메가타는 일본에 창가를 도입하는 방법에 대해서, 창가 과목을 우선 도쿄사범학교와 도쿄여자사범학교에 개설할 것, 둘째로 사범학교의 부속 소학교, 유치원에서도 창가를 가르칠 것, 이러한 실험이 성공한다면 도쿄의 공립학교에서도 창가를 가르칠 것 등을 제안하며, 음악 교육전문가 메이슨 초빙의 필요성을 강조하는 등, 열두 가지에 이르는 구체적인 시행 방안을 제안하고 있다는 점이다.[12]

---

11 目賀田種太郎의 「我公学に唱歌の課を興す仕方に付私の見込み」 전문은 山住, 앞의 책, 39~44면에서 확인할 수 있다.

12 이후 프뢰벨식 보육을 실천하려 했던 도쿄여자사범학교(오차노미즈여자대학의 전신) 부속유치원에서는 창가를 긴요한 교과의 하나로 설정하고, 1877년부터 11월 6일부터 창가교육을 실시했다. 같은 달 26일에 황후(皇后)와 황태후(皇太后)를 맞이해서 실시한 창가유희는 유명하다. 이곳에서 사용했던 창가는 궁내성(宮内省) 식부료(式部寮) 아악과(雅樂課)에 의뢰해서 만든 '보육창가(保育唱歌)'로 약 100곡 정도가 남아 있다. 가사는 유명한 옛 와카집[和歌]에서 따온 것이 가장 많아 대략 반 수 정도를 차지하고 있고, 유치원 보모 등의 작사가 5분의 1, 나머지는 미상이다. 보육창가는

귀국 후 이자와는 다시 한 번 1879년 3월 8일 「음악전습소설치안(音樂傳習所設置案)」을 문부성에 제출했다. 이 설치안에서 이자와는 음악을 진흥시키는 것은 교육상 급무이며 이것을 민간에 기대할 수는 없으므로 문부성 내에 음악전습소를 설치하여 음악 진흥을 꾀해야 할 것을 주장하였고, 그것을 위한 구체적 경비와 예산에 대해서도 언급을 하고 있다.

위의 이자와와 메가타의 상신서를 바탕으로 전습소가 만들어졌고, 서구의 창가 교육 실태에 관한 조사와, 이를 일본에 접목하기 위한 교사의 양성, 창가 교과서 제작 등의 시급한 문제 해결에 착수했다. 전습소는 1879년 10월 23일 문부성 내의 '음악조사계(音樂取調掛)'로 승격되었고, 1885년 2월 '음악조사소(音樂取調所)'로 개칭되었다가 같은 해 12월 재차 '음악조사계'로, 1887년에는 도쿄음악학교[東京音樂學校]로 개칭되었다. 현재의 도쿄예술대학[東京藝術大學] 음악학부의 전신이다.

이상이 종래 이자와 슈지의 활약을 중심으로 기술되는 근대 일본의 학교 교육에 음악 교육을 도입한 경위의 개요이며 흔히 말하는 정론이다.

아이들의 일상과는 전혀 관계가 없던 가가쿠[雅楽]을 바탕으로 어려운 고문(古文)의 가사를 갖고 있어 전국으로 보급되기에는 무리가 있었다. 보육창가에 대해서는 田部先生還暦記念論文集刊行会 編, 『東亜音楽論叢』(山一書房, 1943)에 실려 있는 히라데 히사오[平出久雄]의 「『保育唱歌』覚え書—附, 国歌『君が代』小論考一」를 참조 바람.

3. 창가를 통한 애국심 교육

근대 일본의 교육체제와 교육이념은 1872년의 학제 반포 이후 1879년의 교육령, 1880년과 1885년의 교육령의 개정에 이어, 1886년의 종별 학교령 반포까지, 긴 세월에 걸쳐 수많은 시행착오 끝에 그 기본 골격이 확립되었다. 거기에 1890년에 공포된 교육칙어의 교육이념을 같은 범주에 넣고 생각한다면, 비록 우여곡절은 있었지만 대략 메이지유신 이후 20여 년의 긴 세월에 걸쳐 충군애국 사상을 최고의 가치로 삼는 국민교육의 틀이 만들어졌다고 해도 과언이 아니다. 그것은 바로 황도주의사상을 근간으로 하는 국가주의 교육이었다.

앞에서 살펴보았듯이 대부분의 연구자들은 근대 일본의 학교 교육에 음악 교육을 도입한 목적을 그야말로 순수예술론에 근거해서 설명하고 있다. 이자와가 처음 「아이치사범학교연표[愛知師範学校年表]」 속 「장래 학술 진보에 필수의 건」을 통해 제언했던 "지각심경을 활발히 하여 정신을 쾌락하게 만들 수 있다는 것", "마음에 감동을 일으킬 수 있다는 것", "발음을 정확하게 하고 호흡을 조절할 수 있게 한다"는, 학교 교육에 창가유희의 목적과 효능이 그러하고, 미국에서 귀국 후 음악조사계의 책임자로서 상신한 「음악조사에 대한 계획서」를 통해 밝힌 "학업으로 지친 심신을 회복시키고, 폐와 장기를 튼튼하게 하며", "발음을 정확하게 하는 동시에 청력을 좋게 하고", "폐와 장기를 튼튼하게 하고", "사고를 치밀하게 만들며, 마음을 즐겁게 함과 동시에 선한 심성을 분기케 한다"는, 학교에서 시행하는 창가 교육의 목적과 직간접적인 효능을 주장했다는 것이 그것을 뒷받침해준다.

그러던 것이 1882년에 완성된 일본 최초의 관선(官選) 창가집『소학창가집(小學唱歌集)』(1882~84)이 만들어질 무렵부터 창가 교육의 목적을 '덕성의 함양'을 가장 중요시하게 되었으며, 이러한 창가 교육의 목적과 이념 변화의 배경에는 창가 교육을 통해 도덕상의 효능을 적극적으로 이용하려 했던 교육정책의 전환이 있었다고 설명하며,[13] 그것을 1879년 음악조사계가 설치된 같은 해 8월에 발표된 메이지 천황의 '교학성지'에서 규정하고 있는 교육이념의 제시와 결부시켜 설명하는 것이 거의 정설로 자리 잡고 있다.[14] 이는 이자와가 정부에 제출한 보고서를 통해서도 확인할 수 있다.

1884년 2월 이자와는 문부경 오키 다카토[大木喬任]에게 「음악조사성적신보서[音樂取調申報書]」를 제출했다.[15] 이것은 음악조사계의 창설 개요를 기술한 '창치처무개략(創置處務概略)', '내외 음률의 이동연구에 대해서[內外音律の異同研究の事]', '일본음악에 대해서[本邦音樂の事]', '음악과 교육의 관계[音樂と教育との関係]', '음악창가 전습에 대해서[音樂唱歌傳習の事]', '속곡개량에 대해서[俗曲改良の事]' 등의 항목으로 구성된 음악조사계의 사업에 대한 보고서였다. 이 가운데 '음악과 교육의 관계'에 대해서

---

13 山住, 앞의 책, 72~73면.

14 이와 관련해서는 이권희, 「근대일본의 '소리문화'와 창가(唱歌)—창가의 생성과 '음악조사계(音樂取調掛)'의 역할을 중심으로」, 『日本思想』 제19호, 2010, 126~133면에서 자세히 다룬 바 있음. 참조 바람.

15 음악조사계의 규칙과 『소학창가집』의 가사를 제외하고는 모두 책임자였던 이자와 슈지가 작성한 것으로 보이나, '음악연혁대강(音樂沿革大綱)'과 '메이지송 선정에 대해서[明治頌伊選定の事]'의 일부, 적어도 그 원안은 음악조사계 감사(監事)였던 고즈 센자브로[神津專三郎]에 의해 작성되었다고 추정된다. 伊沢修二(山住正巳 校注), 앞의 책의 「해설」, 319~320면 참조.

이자와는 이를 '장단 2음계의 관계', '건강상의 관계', '도덕상의 관계'로 세분하여 기술하고 있다. 그중에서 도덕과의 관계에 대해서 다음과 같이 기술하고 있다.

도덕상의 관계

음악은 자연을 바탕으로 그 심정을 감동 접촉하는 것으로써, 희열의 가곡은 인심을 기쁘게 만들고, 비애의 가곡은 인심을 비탄하게 하는 것처럼 그 어느 하나 심정의 감동을 일으키지 않는 것이 없다. 그러므로 정아(正雅)한 노래를 부를 때는 마음이 저절로 바르게 되고, 화악(和樂)의 음을 들을 때는 마음이 저절로 편안해진다. 마음이 편하고 바를 때는 사악한 생각이 밖으로부터 들어올 수가 없다. 마음에 사악한 생각이 없을 때는 선을 선호하고 악을 피하는 것이 인지상정이다. 이것으로서 마음을 바르게 하고 몸을 닦고 속에 대항하는 것은 음악만 한 것이 없다. 고어(古語)에서 말하기를 '禮樂不可以須臾去身'이라고, 성현들이 예악을 존중하는 것은 이와 같았다. 원래 유시(幼時)는 사람의 필생(畢生)에 가장 감화가 빠른 시기여서 후래(後來) 선악의 구별을 표현함은 바로 이때의 훈도(薰陶)에 인유(因由)하지 않는 것이 없다. 이에 이 유시에 가르치기를 지량(至良)의 가곡을 가지고 한다면 온량순정의 덕성을 발육함에 부족함이 없음은 의심의 여지가 없다. (…중략…) 이로써 본 조사계에서 선정하는 것은 많은 부분 이러한 취지를 주로 하여 진력하여 평화롭고 논의의 여지가 없는 것을 골랐다. 가끔 이의가 있는 부분도 있겠지만, 대부분은 화조풍월의 낱말을 그 사이에 섞어 심신을 열역(悅懌)하게 하고, 나도 모르는 선으로 바뀌고 사(邪)를 없애는 마음을 깃들게 하고, 오로지 덕육에 도움이 되는 것을 취용했다. 예를 들면 유치진학(幼稚進

學)의 쾌정을 고무시키는 것에는 〈進め進め〉와 같은 것, 붕우를 애모하고 교제상 신의를 두텁게 하는 심정을 양성하는 것에는 〈霞か雲か〉, 〈蛍の光〉 등과 같은 것, 부모의 은혜를 그리워하게 하는 것에는 〈大和撫子〉, 〈思ひ出れば〉 등과 같은 것, 성주(聖主)의 덕택을 흠모하고 신도(臣道)를 다해야 하는 지정(至情)을 양성케 하는 것에는 〈雨露に〉, 〈忠臣〉 등과 같은 것, 존황애국의 적심의기(赤心義氣)를 환발(渙發)케 하는 것에는 〈君が代〉, 〈皇御国〉 등과 같은 것, 경신(敬神)의 마음을 일으키게 하는 것에는 〈栄かゆく 御代〉와 같은 것이 바로 이것이다.

이상 기술한 바와 같이 **창가가 교육상에 관계하고, 특히 체육과 덕육에 많은 도움이 되는 것은 자명하다.**[16]

이자와는 교육에서의 음악의 효용에 대해서 먼저, '정아(正雅)한 노래'를 부름으로써 마음을 바르게 만들며, '화악(和樂)의 소리'를 들음으로써 마음이 편안해진다고 하고 있다. 또한, 이러한 음악을 부르고 들음으로써 인간의 마음에는 사심(邪心)이 생기지 않고, 마음을 맑고 바르게 만드는 것은 음악 이외에 없음을 강조하며, 그러므로 덕육에 음악이 꼭 필요하다고 끝맺고 있다. 얼핏 보면 이자와의 이전의 음악 교육관과 별반 다르지 않게 보이지만, 자세히 들여다보면 그 모든 기술이 결국에는 '덕육'이라는 말로 수렴되고 있음을 알 수 있다.

이러한 일련의 자료를 보면 이자와 슈지를 중심으로 하는 음악 교육 관계자들은 애초 서양의 창가를 일본교육에 도입함으로써 유아들의 인

---

16 伊沢修二(山住正巳 校注), 앞의 책, 150~156면.

간성 형성과 정서의 발달, 나아가 일본어의 발음을 정확하게 하고 호흡을 조절할 수 있다는 순교육적 효과를 기대했지만, 메이지 신정부는 창가 교육을 통해 자라나는 아이들에게 덕성을 함양하고, 충군애국의 정신을 주입하길 원해 음악 교육 본래의 목적이 권력에 의해 덕육과 충군애국의 교육정책으로 전환되어버렸다는 식의 해석이 가능하게 된다.

그러나 근대 일본의 창가 교육은 애초부터 자라나는 어린아이들에게 일본이라는 통일된 근대 국민국가를 떠받치는 신민으로서의 자각과, 국가에 대한 애착, 군주에 대한 경외심과 충성심을 신체적·정서적으로 전수한다는 덕육과 애국심과의 관계로 시작되었다.

1875년 2월 14일 문부성에서 간행한『문부성잡지(文部省雜誌)』제3호에는 애국심과 교육의 관계를 강조하고, 창가가 특히 유효하다는 독일의 교육론이 소개되었다.

독일교육론 적역(摘譯)

애국심의 교육

소학교는 아동들을 위해 지기(志氣)를 정립하고 품위를 부여하는 곳이다. 누가 그 태어난 가정을 돌아보지 않고 또한 누가 그 고향(舊里)을 애모하지 않으리오. 하물며 그 나라에 태어나서 그 나라를 사랑하는 마음을 갖지 않음은 인정이 아니다. 시르레르(독일의 유명한 시문가)가 말했다. 사람은 귀중한 본국을 위해 분발진력하고, 그렇게 함으로써 이를 그 심리(心裏)에 두고 잊지 않으면 즉, 그 세력은 더욱 견고해질 것이라고. 지금 모두에게 반드시 이 마음을 갖게 하고 그 나라를 보기를 집을 보듯이 하게 만들고 싶으면 학교 말고 무엇을 가지고 할 수 있단 말인가. 이것이 바로 교육의 역할이 가장 귀중한 이유이다. (…중략…)

두 번째 애국심의 교육

사람이 어릴 적에 부모가 있는 집을 애모(愛慕)하고, 모국(生國)을 회념(懷念)하는 것은 그 집과 나라의 습관에서 발생하는 정이라고는 하지만 애국심은 **또 별물(別物)이어서 전혀 상상의 감각에서 생기는 것이다.** 이 감각은 소년 시절에 생겨 어른에 이르러 완전히 성숙한다. 이에 지금의 교육을 가지고 이 감각을 일으키고자 한다면 아동 시절에 해야 한다. **이것을 가르치는 것은 학교보다 나은 곳이 없다.** 왜냐하면, 학교는 사람이 설립한 하나의 사회임으로 사중(社中)의 인간은 반드시 동일의 성질 동일의 품행을 발성하는 것에 의함이다. 특히 구내의 소학교는 그 부모가 있는 집과 본국과의 중간에 있는 사람을 위해 가장 긴요한 사중임으로 즉, 그 동일한 성질, 동일한 품행은 그 소학교에서 이것을 육성하고, 퇴교 후에는 더욱 개명한 인민세계로 진입하여 그 성질품행을 더욱 고상한 것으로 만들어야 할 것이다. 그렇지만 그 애국심을 장육(長育)하기 위해서는 본국의 품속에 따라 다른 교수 방법을 마련하여야 한다. 그 방법은 하설(下說)하는 바와 같다. (…중략…)

병(丙) 애국 창가(唱歌)를 선정해 이것을 교수하고 이것을 부르게 해야 한다.

그 어느 나라에도 호걸의 사라 불리는 자가 있을 것이다. 그렇다면 그 사람을 상찬하는 시가가 있을 것이다. **이들 노래는 사기(士氣)를 작흥(作興)시키고 심사(心思)를 진기(振起)시키는 것으로** 아이들이 즐겨 배우려 하는 바이다. 또 이 노래를 만든 이유의 기전(記傳)을 설화(說話)한다면 더 한층 감각심을 일으킬 수가 있기 때문에 그 역사상 관계가 있는 날에 이르러서는 반드시 이들 노래를 노래 부르게 해야 할 것이다. 이상에서 든 개조(個條)는 애국심을 교육하는 제요(提要)이다.[17]

이 논문에서는 부모를 애모하고 고향을 그리워하는 것은 자연의 정이지만 애국심은 달라 '상상의 감각에서 생기는' 것이고, 이 감각을 일으키는 것은 어릴 때 학교에서 시작하는 것이 좋다고 한다. 그리고 애국심을 교육하기 위한 구체적인 방법으로는 '애국창가'를 골라 이것을 교수하고 노래 부르게 할 것을 제안하고 있는데, 이는 이자와 슈지 등에 의한 창가 교육 제언 이전에 이미 문부성에서는 애국심 교육을 위한 한 방법으로써 창가를 주목하고 있었음을 알 수 있는 자료이다.

당시 문부성에서는 서구 여러 나라의 교육론(敎育論)을 정력적으로 소개했었는데, 어느 교육론의 전역(全譯)이 아니라 특히 그 일부를 발췌해서 번역하고 그것을 문부성에서 발행하던 잡지에 게재했을 경우 그것이 문부성의 생각과 전혀 다른 것이었다고는 생각하기 힘들다. 그러한 번역물들은 일본의 학교 교육을 확립해 가는 데 있어서 참고가 되었다고 보아도 무방하다.[18]

교육을 국가가 통제한다는 것은 아이들의 자율적 사고와 행동을 방해한다. 일본의 경우 1872년의 학제 반포 이후 1879년의 교육령, 1880년과 1885년의 교육령의 개정에 이어, 1886년의 종별 학교령 반포된 후에는 소학교칙, 소학교교칙강령, 소학교교칙대강 등을 통해 국가가 학습

---

17 원문은 일본국립국회도서관 근대디지털라이브러리(http://kindai.ndl.go.jp)에서 검색 가능하다. 한국어 번역과 강조는 인용자.
18 山住正己, 앞의 책, 13면.

내용을 직접 규정하였는데, 그것이 특히 사회나 역사교육일 경우에는 극단적 자국중심주의 사상을 형성하며, 그 결과 아이들은 자유로운 역사관에 기초한 국가관을 갖기보다는 맹목적으로 국가에서 강제하는 역사관을 가지게 되며, 결과적으로 편협하고 편중된 자국중심주의 사상에 무의식중에 지배를 당하게 된다.

4. 애국창가집으로서의 『소학창가집(小學唱歌集)』

이자와 슈지와 함께 일본의 학교 교육에 창가를 도입하기 위해 활약했던 다나카 다네타로가 학교 교육에 음악 교육이 중요하다는 것을 인식하게 되는 계기는 다름 아닌 이와쿠라사절단의 일원으로서의 구미체험, 그중에서도 서양음악의 체험에 있었을 것이라고 감히 추측해 본다. 다나카는 1871년 신정부의 문부대승에 임명되어 이와쿠라사절단에 이사관 자격으로 참가한다. 사절단의 공식보고서인 구메 구니타케의 『특명전권대사미구회람실기』(1878)에는 사절단 일행이 방문했던 많은 곳에서 서양음악을 접했다는 기술이 보이는데, 그중에서 등장 횟수가 가장 많았던 음악에 관한 기술은 주로 사절단의 입출항 등의 공식적인 외교의례 시에 연주된 곡이었으며, 이어서 학교를 시찰했을 때의 음악수업, 군대에 소속되어 있던 군악대에 대한 언급이었다.[19] 오쿠나카 야스토는 특히 보스턴에서 개최된 '태평악회(太平樂會)'에 참가했던 사절단이 '태평악회'의 기술에 많은 자수(字數)를 할애하고 있는 것은 음악에 의해 애국심을 유발하는 장치로써 '태평악회'를 보고하려 했기 때문이라고 한다.[20] 즉, 사절단은 『특명전권대사미구회람실기』를 통해 문명국에는 애국심과 애국심을 유발하는 내셔널 뮤직(국민음악)이 필요하다는 것을 주장하려 했다는 것이다. 이와 같은 주장은 일본 최초의 관선 창가집인 『소학창가집(小學唱歌集)』의 내용을 들여다보면 자명하다.

이자와 슈지는 1879년 도쿄사범학교 교장과 음악조사계의 책임자 직을 겸직하면서 메이슨의 전폭적인 협력에 힘입어 창가집 편찬에 착수, 1882년 일본 최초의 서양식 악보가 실린 창가집인 『소학창가집』 초편을 완성한다. 1879년 음악조사계 설치 후 불과 3년 만의 일이었다. 『소학창가집』은 1882년 4월부터 1884년 3월에 걸쳐 모두 3편이 출판되었는데, 메이슨이 미국에서 음악 교육에 사용했던 주로 스코틀랜드나 아일랜드의 유명한 민요에 이나가키 지카이[稲垣千穎]·사토미 다다시[里見義]·가베 이즈오[加部嚴] 등의 문학자가 가사를 만들어 붙인 곳이 대부분을 차지했다.

『소학창가집』 전 3편에 실려 있는 91곡의 창가를 대상으로 이를 각 주제별로 분류해 보면 다음과 같다. ( ) 속의 숫자는 초편·2편·3편의 구별을 나타낸다.

① 충군애국 사상을 소재로 한 창가
いはへ(초), 千代に(초), 野辺に(초), うつくしき(초), 君が代(초), 薫りに

---

19 奥中康人, 『国家と音楽』, 春秋社, 2008, 51면.
20 위의 책, 84면.

しらるゝ(초), 雨露(초), 玉の宮居(초), 年たつけさ(2), みたにの奥(2), 皇御国(2), 栄行く御代(2), 五日の風(2), 天津日嗣(2), 太平の曲(2), やよ御民(3), 寧楽の都(3), 富士筑波(3), 治まる御代(3), 祝へ吾君を(3), 招魂祭(3)

② 일본의 사물(事物)을 소재로 한 창가

わが日の本(초), 富士山(초)

③ 유교적・도덕적 사상을 소재로 한 창가

大和撫子(초), 五常の歌(초), 五倫の歌(초), あふげば尊し(3), 母のおもひ(3), 小枝(3), 誠は人の道(3), 忠臣(3), 四の時(3),花月(3)

④ 자연물을 소재로 한 창가

かをれ(초), 春山(초), あがれ(초), 和歌の浦(초), 春は花見(초), 鶯(초), 春風(초), 桜紅葉(초), 花さく春(초), 見わたせば(초), 松の木蔭(초), 春のやよひ(초), 蝶々(초), 閨の板戸(초),若紫(초), 隅田川(초), おぼろ(초), 鳥の声(2), 霞か雲か(2), かすめる空(2), 燕(2), 鏡なす(2), 岩もる水(2), 岸の桜(2), みてらの鐘の音(2),春の夜(3), なみ風(3), 雲(3), めぐれる車(3), 墳墓(3), 秋の夕暮(3), 古戦場(3), 秋草(3), 園生の梅(3), 橘(3), 四季の月(3), 白蓮白菊(3), 春の野(3), 菊(3), 千草の花(3), 頭の雪(3), さけ花よ(3),高嶺(3)

⑤ 근학・계몽사상을 소재로 한 창가

蛍(초), 年たつけさ(2), 学び(3), 千里のみち(3), 楽しわれ(3), 花鳥(3), 心は玉(3)

⑥ 그 밖의 것을 소재로 한 창가

ねむれよ子(초, 자장가), 思ひいづれば(초, 망향가), 遊獵(2), 才女(3), 船子
(3), 鷹狩(3), 瑞穗(3, 神), きのふけふ(3, 친구)

이론의 여지가 있을 수 있겠지만 가사의 분석을 토대로『소학창가집』
전 3권에 실려 있는 91곡의 노래를 분류해 보면 대략 위와 같은 6개의
큰 주제로 나눌 수 있다. 이중에서 가장 먼저 눈에 들어오는 것이 여러
동식물을 포함한 일본의 자연물을 소재로 한 노래가 43곡으로 과반수에
가까운 압도적 다수를 차지하고 있음이다. 일전에 저자는『소학창가
집』의 노래를 분석하면서 이와 같은 노래가 거의 반수를 차지하고 있다
는 것을 "이는 이자와가 일본에 처음으로 창가를 도입함에 목표로 했던
지각심경을 활발히 하여 정신을 쾌락하게 하고, 마음에 감동을 일으키
며 즐겁게 함과 동시에 선한 심성을 분기케 한다는, 창가 교육 본연의 목
적에 부합한 결과"라고 보았다.[21] 그러나 이와 같은 일본을 상징하는 자
연물과 동식물을 노래하는 창가가 다수를 차지하고 있다는 것 또한 창가
와 애국심 교육과의 관계로 이를 파악할 수도 있을 것이다. 왜냐하면 앞
에서 인용했던『문부성잡지』제3호에서 소개하고 있는 '애국심의 발동
(發動)'에서는 그 나라의 국토와 자연물이야말로 고유의 문자와 함께 아
동들에게 자연스럽게 애국심을 갖게 하는 근원이라 말하고 있기 때문이
다.

---

21 이권희,「메이지[明治] 전기 국민국가 형성과 교육—학제(學制)의 변천과 창가(唱歌)
   교육을 중심으로」,『日本思想』제21호, 2011, 186면.

첫 번째 애국심의 발동

사람이 본국(本國)을 사랑하는 것은 그 유년(幼稚) 시절 친가(親家)를 사랑하는 마음에 이미 그 맹아(萌芽)를 볼 수 있다. 대체로 부모의 애육(愛育)을 받는 토지는 나 또한 항상 이것을 애경(愛敬)하는 마음을 잃고 있지 않기 때문에 **모국(生國)의 산도 계곡도 화초(花草)도 수목(樹木)도 그러하거니와 특히 그 문자를 가장 기뻐하는 것은 아동의 정신에 자연의 성질을 부여하는 근원이기 때문이다.** 가지친족(加之親族)의 교의토속(交誼土俗) 제식(祭式) 등은 마침내 모국 고유의 풍습에 훈염(薰染)되어, 이미 아동의 정신에 자연스럽게 친니(親昵)의 정을 불러일으키기 때문에 그 생국을 떠나 타국으로 옮겨감을 기뻐하는 이 없고, 또 타국에 와서 본국으로 돌아가는 것을 잊어버리는 자가 없다. 이는 유년 때부터 마음을 모국에 고결(固結)했다는 증거이다.

본국이란 일군(一君)이 통치하는 전국을 칭하는 것으로, 그 경외(境外) 또한 아주 넓다고는 하나 특히 국군(國君)과 국민은 마치 한 가족과 같아서 이것을 국족(國族)이라 한다. 즉, 부국(父國)이라 하고 국부(國父)라고 하고 국자(國子)라고 하는 이 삼자는 함께 애국의 마음을 가지고 그 정을 유지하고, 친목하여 떨어져서는 안 될 것이다. 이에 본국 정부 하에 있으면서 스스로 행복하다고 생각하는 자는 그 친정(親情) 한층 견고하여 보국(報國)의 마음(志) 또한 더욱 두텁고, 본국을 위해서는 자신을 돌보지 않고 그 안전을 희망하기에 이른다.[22]

---

22 원문은 일본국립국회도서관 근대디지털라이브러리(http://kindai.ndl.go.jp)에서
   검색 가능하다. 한국어 번역과 강조는 인용자.

인간은 태어나고 자란 토지와 자기가 속한 집단과 집단 성원에 대한 친근감을 가지며, 외부의 미지의 인간들에 대해서는 경계와 공포·모멸감 등의 원초적이고도 자연 발생적인 감정을 갖고 있다. 하지만 여기에서 중요한 것은, 이것은 애국심의 기저를 이루는 자연 발생적인 감정이기는 하지만 이것이 바로 국가를 사랑하고 국가에 봉사하고자 하는 애국심으로 연결되는 것은 아니라는 것이다. 여기에는 먼저 다른 공동체와 구별되는 국가라는 개념 성립이 전제되어야 한다. 자기가 태어나고 자란 토지와 주변 사람들에 대한 자연 발생적인 애착을 인위적으로 조직함으로써 국가라는 단위로 이를 승화시킬 수 있다. 즉, 애국심은 자연 발생적인 감정이 인위적인 조작으로 형성되는 작위적인 개념인 것이다.

근대 일본의 경우 '애국'은 '충군'과 결합하여 '충군애국'이라는 이데올로기를 형성했으며, 주군에 대한 충성이야말로 애국의 중핵을 이루는 것임을 보여준다. 절대군주 천황을 국가의 도덕적 중심으로 두는 충군애국 이데올로기는 학교라는 인위적인 조직에서 교육이라는 작위적 행위를 통해 형성된 최고의 교육이념이기도 했다. 그렇다면 기타로 분류한 8곡을 제외한 나머지 40곡의 대부분이 근학(勤學)과 계몽사상을 소재로 하는 약간의 노래를 제외하고 모두 천황이나 일본에 대한 칭송, 아니면 효행과 주군에 대한 충성 등, 충군애국 사상을 소재로 만들어진 노래로 구상되어 있는 이유를 굳이 설명할 필요는 없을 것이다.

5. 맺음말

본디 유소년을 대상으로 하는 예술교육, 그중에서도 음악 교육은 인간성 형성의 한 측면을 담당하는 것으로, 외부 환경에 의해 감화받기 쉬운 어린아이들의 자연스러운 정서의 발달과 온화한 심정 표현을 가장 중요시한다. 그러나 일본에서 처음 학교 교육의 일환으로 음악 교육이 시작된 메이지 시대 초기에는 음악이 갖는 순수한 예술적 영역에 대한 관심보다는 덕육 상의 필요라는 기능적 측면이 특히 강조되었고, 1945년 아시아·태평양전쟁 패전 이전까지 일본의 음악 교육은 순수 예술교육과는 요원한 것으로 국어·수신·지리·역사 과목과 더불어 국가주의적 정조 교육, 즉 애국심 교육의 한 축을 담당해 왔다. 이것은 음악 교육을 중심으로 하는 근대 일본의 교육사상 연구사의 정론이라 할 수 있다. 다시 말해, 음악 교육 본연의 순수한 교육적 목적으로 시작한 근대 일본의 창가 교육이 메이지 20~30년대를 전후로 해서 서구화 만능사상에 대한 반발과 자유민권운동 등에 대한 견제, 나아가 청일전쟁과 러일전쟁을 치르며 점차 국가주의적 성향이 강해짐에 따라 학교 교육 본연의 목적이 변질되어 갔다는 식의 연구가 근대 일본의 음악 교육 연구의 주류를 이루어 왔다는 말이다.

이러한 인식은 다름 아닌 일본에 처음으로 창가 교육을 도입하는 과정에서 현격한 공헌을 했던 이자와 슈지가 창가 교육의 필요성을 강조하고, 그것을 전담할 음악조사계 설치를 위해 상신한 일련의 자료 분석 등에 따른 결론으로, 종전의 창가 교육사의 커다란 흐름으로 파악되어 온 정설이다. 그러나 창가 교육은 애초부터 자라나는 어린아이들에게 일본이라는 통일된 근대 국민국가를 떠받치는 신민으로서의 자각과 국가에 대한 애착, 군주에 대한 경외심과 충성심을 신체적·정서적으로 전수한다는 애국심 교육의 일환으로 시작되었다고 봐야 한다. 1875년 2월의 애국심을 교육함에 창가가 특히 유효하다는 『문부성잡지』 제3호의 교육론의 존재가 그러하고, 1882년 4월부터 1884년 3월에 걸쳐 모두 3편이 출판된 일본 최초의 관선 창가집인 『소학창가집』에 실려 있는 노래의 면면이 바로 그러하다. 따라서 처음에는 순수한 예술적 차원에서 음악 교육이 도입되었지만, 점차 국가주의 성향을 띠기 시작하면서 덕육의 색채가 강해졌다는 식의 종래의 이해 방식은 학교 교육에 창가를 도입하는 과정을 전후로 하여 일어난 교육계 안팎의 움직임을 너무 단순화시켜 버린 계통적 파악에 지나지 않는다.

의회의 개설이나 사법·행정 조직의 정비와 같은 통치조직의 완비나 학교조직의 정비, 나아가 철도와 도로, 항만 등의 인프라 건설보다 훨씬 앞서 국책사업으로써의 음악조사계나 동경음악학교와 같이 음악 교육을 담당하는 부서나 기관이 메이지 신정부 발족 이후 비교적 이른 시기에 설치되었다는 것은 무엇을 의미하겠는가. 불요불급(不要不急)의 문화 정책, 그 가운데에서 창가를 중심으로 하는 음악 교육 정책이 그 어떤 제도나 인프라의 정비에 앞서 먼저 만들어지고 시행되었다는 것은 메이지 신정부의 국민국가 형성에 음악 교육, 즉 창가 교육이 그 어떤 특별한 사명을 띠고 이루어졌다는 것을 의미한다.

신정부의 수뇌부는 국가신도적 이데올로기에 바탕을 둔 국체 형성이라는 근대 국민국가 형성의 궁극적 지향점과 국민 혹은 신민으로서의 자각과 지켜야 할 규범 형성을 위한 심리적·정서적 도구로써 음악 교육을 이용했다. 즉, 신정부의 교육 수뇌들은 음악 교육의 순기능으로써 어린 아이들의 정조와 신체 발달을 강조하는 한편으로, 근대 국민국가를 떠받치는 국민으로서의 자각과 군주에 대한 충성심, 나아가서는 국가에 대한 애착을 신체적·정서적으로 전수한다는 애국심 교육의 일환으로 음악 교육을 이용했던 것이다.

제3부

국가주의 교육과 전쟁

제7장 국가주의 교육에 대해서

모리 아리노리[森有禮]의 교육사상을 중심으로

1. 들어가는 말

메이지 신정부는 1872년의 학제 포달을 통해 개인의 자립과 사적 이익추구라는 실학주의·주지주의(主知主義)적 가치를 국민교육의 지향점으로 설정하였다. 그러나 1879년 천황의 이름으로 발표된 교학성지에서는 학제의 실학주의 교육사상을 비판하고 덕교(德教)주의 교육으로의 전환을 강력히 주장하였다. 이러한 배경에는 당시 일본사회 전반에 팽배해 있던 서구화 만능주의에 대한 반성과 교육을 통한 황도주의 이데올로기 형성이라는 정치적 노림수가 있었는데,[1] 무엇보다도 당시 전국적

---

1 1880년 문부성에서는 후쿠자와 유키치의 『通俗国権論』·『通俗民権論』, 미쓰쿠리 린쇼의 『泰西 勸善訓蒙』, 가토 히로유키[加藤弘之]의 『立憲政体論』 등, 교과서로 사용이 부적합한 서적의 명단을 발표하는데, 이들 대부분이 전 시대의 계몽적 양학자(洋學者)의 서책이었다는 것은 학제에서 지향하던 서양의 실학주의·주지주의 교육이념에 대한 부정이라는 의미가 있다. 中村紀久二, 『教科書の社会史 ―明治維新から敗戦まで』, 岩波新書, 2001, 49면.

인 규모로 확산되고 있던 자유민권운동과 그 영양 하에 있던 자유민권파 교육운동에 대한 억압이라는 정부의 노골적 의도가 있었음을 간과해서는 안 될 것이다.[2] 이는 1870년 후반에 대두했던 자유주의 교육사조로부터 다시금 정부에 의해 강제되고 통제되는 간섭주의 교육으로의 완벽한 회귀를 의미하는 것이기도 했다.

교학성지와 이를 받아 개정된 교육령(1880) 포고 이후 교육은 '인의충효'를 절대시하는 국민사상의 통일을 위한 수단으로 변질되었다. 교육의 목적 또한 진리 탐구나 개성의 신장이라는 근대교육의 보편적 가치 실천보다는 '덕육'을 통해 헌법으로 보장하고 있는 국체, 즉 천황에게 충실한 신민의 육성에 중점이 놓여졌다. 이처럼 국민에게 봉건적·전통적·가부장적 충성심을 강요하는 교육은 결과적으로 협애(狹隘)하고 배타적인 국가주의 사상을 강제적으로 주입함으로써 의사(擬似) 가족주의적 국가교육에 흡수되는 신민양성 이데올로기를 지향한다.[3]

자유민권운동의 전국적인 확산이라는 급격한 국내 정치 상황의 변화와, 교육계로의 자유주의 교육사조의 침투에 대항하기 위한 황도 이데올로기를 핵심으로 하는 국체사상, 애국심 배양을 제일의 교육이념으로 삼는 1880년대의 교육환경 속에서 1885년 초대 문부대신의 자리에 오른 모리 아리노리[森有禮, 1847~89]는 황도주의 교육사조에서 한 발짝 더 나아가 국가주의 교육체제의 기틀을 마련하고 이를 공고히 한 인물로서

---

2 1880년의 교육령(간섭교육령) 반포 이후 소학교에서 학습해야 할 여러 과목 중 수신(修身) 과목을 으뜸으로 두었는데, 이것은 이러한 교학성지의 정신을 실천적으로 구현하기 위한 교육 당국의 강력한 의지의 표현이라 할 수 있다. 山住正巳, 『日本教育小事』, 岩波新書, 1987, 36면.

3 윤종혁, 『한국과 일본의 학제 변천 과정 비교 연구』, 한국학술정보, 2008, 27면.

주목받고 있다.

본 장에서는 모리 아리노리의 교육사상을 중심으로 국가주의 교육의 실체와 국가주의 교육사상이 1890년 이후의 일본 교육에 어떠한 의미가 있는지를 살펴보고자 한다. 그렇게 함으로써 근대 일본의 국민교육 형성사에서의 모리 아리노리라는 인물의 독특한 존재에 대해 다시 한 번 생각해 봄으로써, 그가 계획하고 실천했던 다양한 교육 방법이 천황제를 내실화하고, 국민에 대한 국가주의적 교육사상을 침투시킴에 적지 않은 효과를 거두었고, 나아가서는 메이지 후기에 대두하는 제국주의 사상 형성에 커다란 일익을 담당했음을 명확히 밝힐 수 있으리라 기대한다.

2. 1885년 이전의 교육 동향과 모리 아리노리

메이지 신정부가 학제 포달을 통해 명시했던 국민교육의 목적은 개인의 입신출세에 의한 풍요로운 삶을 살아가는 것[学問は身を立つるの財本]에 있었으며, 그것을 위한 지식재예(知識才藝)를 배울 수 있는 곳이 학교라 정의했다. 근대 실학사상과 공리주의 사상에 입각한 지극히 실용적인 실학주의 교육이념의 설정이었다. 그러나 개국 이후 급격한 서구화 과정에서 무차별적으로 수용한 서양적 가치의 범람은 필연적으로 일본의 전통적 가치체계와의 충돌을 초래했다. 일본의 전통문화와 서구문화 간의 충돌은 교육의 분야에도 그대로 나타났는데, 그도 그럴 것이 근대 합

리주의 사상에 기초한 실학적 서양 학문은 유교주의를 바탕으로 하는 전통적 일본의 가치체계와는 서로 어울리지 않는 것이었기 때문이다. 이렇듯 메이지 초기의 국민교육은 상극하는 두 문화의 충돌로 인한 수많은 시행착오를 거치면서 복잡하게 전개되어 간다.

이러한 가운데 1874년 이타가키 다이스케[板垣退助]의 민선의원설립(民選議院設立) 건백서 제출을 계기로 자유민권운동이 전국적인 확산을 보이기 시작했다. 그리고 그 영향하에서 자유민권파 교육운동이 일어나게 되는데, 이들은 1870년대 후반부터 고개를 들던 천황제 이데올로기 형성을 위한 교육체제에 반대하며 정부와 대립했다. 이에 자유민권운동이 학교로 파급될 것을 우려한 정부는 1875년 '참방률(讒謗律)', '신문지조례(新聞紙条例)', '출판조례개정(出版条例改正)' 등을 통해 언론통제에 나서는 한편으로, 1880년의 '집회조례(集会条例)'를 통해서는 교원과 학생들의 정치활동을 금지하고, 1882년의 '집회조례개정추가(集会条例改正追加)' 등의 법률제정을 통해 자유민권운동의 학교로의 영향을 적극적으로 차단하였다.

이후 자유민권운동은 군마[群馬] 사건·지치부[秩父] 사건·이다[飯田] 사건·나고야[名古屋] 사건 등, 이른바 1884년의 '격화사건(激化事件)'을 계기로 정부의 극심한 탄압을 받아 쇠퇴하기 시작했는데, 모리 아리노리가 초대 문부대신 자리에 올라 일본의 문교(文敎) 정책을 책임지게 된 1885년이라는 시기는 1889년의 대일본제국주의헌법(大日本帝國主義憲法) 발포와 1890년의 국회개설을 앞두고 자유민권운동으로 인해 복잡·다난했던 국내 정세가 어느 정도 일단락 지어지고 있던 시기였음에 주목해야 할 것이다.

1879년 11월 모리는 특명전권공사(特命全權公使)에 임명되어 영국으로 간다. 주된 임무는 조약개정 문제에 힘을 쏟는 것이었지만 개인적으로는 유럽 문화 전반과 교육문제에 대한 연구에 많은 시간을 쏟았다. 그러던 중 1882년 8월 유럽의 법 제도를 조사하기 위해 주로 독일과 오스트리아에 체제 중이었던 이토 히로부미가 파리를 방문했을 때 이토와 회합을 갖고 국가 발전을 위한 교육의 역할에 대해 역설하며 의기투합한다. 이토는 일본은 입헌군주국(立憲君主國)을 기본으로 국민의 권리와 의무를 가능한 한 승인하는 근대성을 가지며, 그 근대성은 군주의 안태(安泰)와 국가 부강을 꾀하기 위한 것이어야 한다고 생각했다. 이는 모리의 국가 부강을 목적으로 한 근대적 애국주의 교육관과 일치하는 것이었다.[4]

이를 계기로 모리 아리노리는 1885년 12월, 태정관제에서 내각제로의 정치제도가 쇄신된 이후 발족한 초대 이토 히로부미 내각의 문부대신 자리에 올라 이토의 적극적인 후원에 힘입어 학교제도 개혁에 착수한다. 모리는 교육제도와 조직의 정비를 위한 법령의 검토와 제정하는 한편으로, 지방순시를 통해서는 지방행정관·교육행정관·학교장 등에 대한 훈시와 연설, 그리고 교과서와 교수법 등에 대한 지시를 통해 근대 일본의 국가주의 교육체제를 확립해 나간 메이지 시대의 대표적 교육·행정 관료라 할 수 있다.

근대 일본교육사의 큰 흐름에서 볼 때 모리의 교육이념의 본질은 메이지 초기의 주지주의도, 메이지 10년대의 덕육주의도 아닌 바로 국가주

---

4 林竹二, 「森有礼とナショナリズム」, 『日本』, 講談社, 1965.4.

의 사상에 있었다.[5] 즉, 근대사회의 개인주의 · 공리주의적 경쟁이 초래하는 폐해를 지양하고, 박애 정신과 국가의식을 어떻게 형성 · 고취시키는가가 모리의 교육과제였는데, 이를 위해 모리는 '천황제'에 주목했다.

일찍이 1865년 번(藩)의 내명(內命)에 의한 영국 유학을 마치고 미국으로 건너간 모리는 신비주의 종교가 해리스(Thomas Lake Harris, 1823~1906)의 교단에 들어가 서양의 문명과 사회에 대해 많은 감화를 받았다.[6] 이때의 경험을 통해 서구 사회의 통합 기재로 작용하는 신(神)의 존재에

5　모리 아리노리는 사쓰마번의 하급 무사의 집안에서 태어나 번인인 조시칸[造士館]에서 학문을 배우고 에도의 양학소였던 가이세이조[開成所]에서 수학했던 수재였다. 1865년 번의 내명(內命)에 의해 영국으로 건너가 유학을 하고, 다시 미국으로 건너가서는 신비주의 종교가 해리스(Thomas Lake Harris, 1823~1906) 교단에 들어가 서양의 문명과 사회에 대해 많은 감화를 받게 된다. 1868년 귀국 후에는 메이지 신정부의 징사외국관권판사(徵士外国官権判事)가 되었고, 의사체제조사관(議事体裁取調), 학교조사관[学校取調] 등을 겸직하게 되는데, 폐도(廃刀) 건의가 받아들여지지 않자 사임을 한다. 1870년 소변무사(少弁務使)로서 미국에 재임하면서 외채 모집과 문화외교에 힘썼다. 재임 중에는 『신앙자유론(信仰自由論)』과 『일본의 교육[日本の教育]』을 영문으로 간행하기도 하였다. 1873년 귀국하여 외무대승(外務大丞), 청국공사(清國公使), 외무경(外務卿) 대리 등을 역임하기도 했다. 그러는 한편으로 후쿠자와 유키치 · 니시 아마네 등과 의기투합하여 메이로쿠샤[明六社]를 일으켜 남녀동권(男女同権)과 학과 문화의 진흥을 촉진하였고, 현 히토쓰바시대학[一橋大学]의 전신인 상법강습소(商法講習所)를 열어 상업교육을 증진하는 등 폭넓은 계몽활동을 전개했다. 1879년에는 특명전권공사(特命全権公使)로서 영국으로 건너가 조약개정 교섭에 힘을 쓰기도 했다. 그러던 중에 1882년 여름 이토 히로부미를 파리에서 만나게 되었고, 교육문제 등에 대해 의기투합, 1884년 귀국 후 이토의 천거로 참사원의관(参事院議官), 문부성고요가카리[文部省御用]를 겸임하게 된다. 이듬해인 1885년에는 내각제도의 설립과 함께 주변의 반대를 무릅쓰고 이토의 천거로 초대 문부대신 자리에 오른다.

6　모리 아리노리의 진보적 사상은 영국, 미국 유학의 영향이 큰데, 그 가운데에서도 특히 미국 유학 시절 몸을 맡겼던 신비주의 종교가 해리스의 영향이 크다. 해리스의 교의는 스웨덴 보르그의 교설(教説)과 유토피아 사회주의 사상에 자신의 신비적 사상을 합체시킨 것으로, 단지 개인의 구원을 문제시하는 것이 아니라 사회문제에 강한 관심을 두고 종교집단을 결성해 포도원과 포도주 공장을 경영하면서 노동하면서 사상의 사회를 성취하려 했다. 모리는 이 해리스의 농장에서 기거하며 혹독한 노동을 견뎌내며 기독교 정신을 배움과 동시에, 틈날 때마다 미국의 교과서를 수집했다고 한다. 小田陽二, 「明治初期知識人森有礼をめぐって」, 『上智史学』 14, 上智史学会, 1969.10, 49면.

착목한 모리는 기독교의 신을 천황으로 치환(置換)함으로써 신생국가인 일본이 천황을 중심으로 하는 의식의 통일을 교육을 통해 실현하고자 했다. 또한, 모리는 분제(分際), 즉 지위나 신분에 따라 능력을 형성하는 장으로서의 학교제도의 종별 목적을 명확히 하기 위하여 1886년 교육 전체를 포괄하는 교육령을 대신해 학교 종별로 '소학교령(小學校令)'·'중학교령[中等學校令]'·'사범학교령(師範學校令)'·'제국대학령(帝國大學令)'의 네 개의 개별 정령(政令)을 칙령으로 반포함으로써 일본의 근대화와 국민도덕의 강화라는 교육목표를 제시했다.[7]

이러한 모리의 교육이념은 막부 말기 국·내외의 위기 상황을 직접 체험함과 동시에 외교관으로서 외국에 주재하면서 얻은 경험과 감각을 통해 독립국으로서의 일본의 부강을 다른 어떠한 가치보다도 절실한 과제로 인식하게 되었던 것에 기인하고 있다. 이토 히로부미와 의기투합한 모리의 과제는 입헌제라는 새로운 정치체제의 출현을 앞두고 이와 보조를 함께할 수 있는 새로운 시대의 교육이념과 교육체계를 구축하는 것이었는데, 여기서 말하는 새로운 교육이념이란 바로 국가주의 교육이었고, 새로운 교육체제는 개별 학교령이라는 형태로 구체화되었다.

문교정책이 정치에 의해 흔들리고 좌지우지되는 것을 가장 우려했던 모리의 공교육제도에 대한 구상은 입헌제하에서의 문정규준(文政規準)의 확립이라는 정치규정과 강하게 연계되어 있었다. 즉, 입헌제 국가로의 출발 이전에 국가의 주도에 의한 공교육체제의 기초를 확립하는 것이야

---

7   총칭하여 '학교령(學校令)'이라 부른다. 학교령의 반포에 이르러 일본의 모든 학교, 즉, 소학교부터 제국대학에 이르기까지의 교육연구제도와 교수내용이 정비되기에 이른다. 모리 아리노리의 종별 학교령에 대해서는 이권희, 『근대 일본의 국민국가 형성과 교육』, 케포이북스, 2013, 75~77면에서 자세히 다루고 있으므로 참고 바람.

말로 모리 문정의 기본 과제였다.[8] 모리의 종별 학교령은 이러한 교육개혁구상의 구체적 실천이었던 셈이다.

모리의 교육행정에 대한 기본방침은 문부대신에 취임 전에 작성한 「방침(方針)」, 「학문(學問)」, 「교육(敎育)」, 「교육비(敎育費)」의 전 4항으로 구성된 「학정요령(學政要領)」이라는 문서를 통해 알 수가 있다.[9] 학정의 기본방침에 대해 모리는 "인민 각자의 복리와 국가 공공의 복리를 함께 증진함을 표준으로 삼을 것[人民各自ノ福利ト国家公共ノ福利ト並ニ増進セシムルヲ以テ標準トスルコト]"(제1항 「방침」)이라 밝히며, 그와 같은 맥락에서 초등교육은 "우리나라의 신민으로서의 본분을 잘 분별하여 윤리를 행해 각자 자기가 복리를 누리기에 충분한 훈련을 함에 있다[初等教育ハ我國臣民タルノ本分ヲ弁ヘ倫理ヲ行ヒ各自自己ノ福利ヲ享ルニ足ルベキ訓練ヲ行フニアルコト]"(제3항 「교육」)고 명시하고 있다.[10]

모리가 국민교육에 대해 어떠한 생각을 갖고 있었는지를 위의 문장을 통해 유추해 본다면 그것은 다름 아닌 '신민'으로서의 '본분(本分)'에 대한 훈련과 국민으로서의 각자의 복리를 향유할 수 있는 '훈련(訓練)'의 장으로써 학교를 상정하고 있다는 것이다. 얼핏 보면 신민으로서의 자각과 개인의 복리는 전혀 다른 별개의 가치로 인식되기 쉬우나, 모리에게는 이 두 가치 모두가 학교 교육의 커다란 지향점이었던 셈이다.

이어서 모리는 교육의 목적에 대해서, "학생의 기질을 단련시켜 정확하게 만듦으로써 학업을 적용함에 부족함이 없도록 할 것[生徒ノ気質ヲ鍛

---

8 窪田祥宏, 「森文相の国民教育政策」, 『教育学雑誌』 第16号, 日本大学教育学会, 1982, 10면.
9 집필 연월은 불분명한데 초고를 문부성에서 사용하는 용지에다 작성하고 있는 것으로 보아 문부성 고요가카리[御用掛] 시절에 작성했으리라 추정하고 있다.
10 「學政要領」은 大久保利兼 編, 『森有礼全集』 第一巻, 宣文堂書店, 1972, 355면에서 인용함.

練シテ正確ナラシメ以テ学業ヲ適用スルニ足ラシムルコト]"(제3항「교육」)이라 하고 있다. 이것은 초등교육은 물론이거니와 그가 생각하는 보통교육 전반의 방법론이라고도 할 만한 것으로, 모리는 그 핵심을 '기질(氣質)', '기력(氣力)'이라는 말로 표현했다. 모리는 이 '기질'과 '기력'에 대해서 교육의견서「각의안(閣議案)」을 통해 다음과 같이 설명하고 있다.

> 학문에 힘쓰고 지력을 연마해 일국의 문명을 진전시키는 것은 이 기력이다. 생산에 노동하여 부원의 개발하는 것은 이 기력이다. 무릇 만반의 장애를 삼제하여 국운의 진보를 신속하게 하는 것은 모두 이 기력에 의하지 않은 것이 없다. 장자는 이 기력을 가지고 유자에게 전수하고, 부조는 이 기력을 가지고 이것을 자손에게 전해 사람들이 서로 공유하며 가가상화하고, 일국의 기풍이 일정하여 영구히 흔들림이 없기에 이르면 국본이 강고해지길 원하지 않더라도 강고해질 것이다.[11]

모리는 국민의 사기·기력을 배양 발달시키는 것이야말로 일국 독립·국가 부강으로 가는 기초이며, 교육의 일정한 준적(準的)이라 역설했다. '준적'으로서의 기력에 대해서는, "돌이켜 보건대 구미의 인민 상하 구별이 없고, 남녀 구별이 없으며, 일국의 국민은 각각 일국을 사랑하는 정신을 갖고[顧ミルニ欧米ノ人民上下トナク男女トナク一国ノ国民ハ各一国ヲ愛

---

11 "学ヲカメ智ヲ研キ一国ノ文明ヲ進ムル者此ノ気力ナリ生産ニ労働シテ富源ノ開発スル者此ノ気力ナリ凡ソ万般ノ障害ヲ芟除シテ国運ノ進歩ヲ迅速ナラシムル者総テ皆此ノ気力に倚らざるはなし. 長者は此気力を以て之を幼者に授け, 父祖は此気力を以て之を子孫に伝へ, 人々相承け家々相化し, 一国の気風一定して永久動かすべからざるに至らば国本強固ならざるを欲すとも得べからざるべし". 大久保利兼 編, 앞의 책, 344～346면. 한국어 역은 인용자.

スルノ精神ヲ存シ]"라는 것으로 보아, '애국심'을 기력의 원리라 보고 있음을 알 수 있다. 즉, 모리는 국민교육을 통해 '애국심'이라는 기력을 배양하고 이를 발달시킴으로써 서구 열강과 어깨를 나란히 할 수 있는 부강한 국가를 실현하고자 했다. 그때 모리가 애국심 배양의 기재로써 착목했던 것이 바로 '아국만세일왕(我國萬歲一王)'의 국체와 '인민호국의 정신, 충무공순의 기풍[人民護國ノ精神忠武恭順ノ風]'으로, 이것이야말로 일국 부강의 기초를 이루는 '무이의 자본, 지대의 보원[無二ノ資本至大ノ宝源]'이라 하였다.[12] '애국'을 중핵으로 하는 국민의 '기력'을 배양하기 위한 구체적 수단으로 '국체'를 이용하려 했던 모리가 시행했던 것이 바로 관공립학교에 '어진영(御眞影)'을 하사하고 그것에 대한 배례의식(拜禮儀式)을 시행하는 것이었다.

모리는 1886년 9월 오키나와사범학교[沖繩師範学校]에 어진영을 하사하는 것을 시작으로 도부현립사범학교(道府縣立師範學校)와 심상중학교에 이를 하사하여 기원절(紀元節)·천장절(天長節) 등의 축일(祝日)에 어진영 배례를 중심으로 하는 학교의식(學校儀式)의 제정을 추진했다. 모리의 이러한 의지는 그의 사후(死後)인 1891년 4월의 '소학교설비준칙'을 발령을 통해 어진영·교육칙어 '봉치(奉置)'에 관한 구체적 규정으로 이어졌다. 그리고 같은 해 6월에는 '소학교축일대제일의식규정(小學校祝日大祭日儀式規定)'에 제정되어 어진영과 교육칙어를 통한 황도 이데올로기 교육 강화의 기반을 마련하게 된다.

---

12 窪田祥宏, 前揭論文, 2면.

3. 모리 아리노리와 국가주의 교육

메이지 초기 일본의 식자들은 교육을 통해 국민을 계발(啓發)하고, 교육을 통해 교양과 식견을 넓힘으로써 국가 전체의 문화를 서구 열강과 대등한 위치로까지 끌어올릴 수 있다는 생각을 강하게 갖고 있었다. 모리의 경우는 특히 이러한 사고가 강해 교육 관료로 발탁되기 이전부터 국가의 번영을 위해 어떻게 교육을 활용해야 하는지에 대해 강한 관심을 두고 있었음은 메이로쿠샤를 중심으로 하는 계몽활동과 그가 남긴 다양한 자료를 통해 확인할 수가 있다.

모리 아리노리는 1870년 10월 15일 주미 변무공사(弁務公使)로 임명되어 미국에 주재하게 된다. 이때 모리는 외교관으로서의 본무를 충실히 수행하는 한편으로 다방면에 걸친 활약을 한다. 모리는 당시 미국 대통령 그랜트를 비롯한 정치가와 유력한 교육전문가들과 친교를 쌓고 실지조사를 통해 얻은 결과를『미국의 생활과 자원(Life and Resources in America)』(1871),『일본에서의 종교의 자유』(1872),『일본의 교육(Education in Japan)』(1873)을 통해 정리했다.『미국의 생활과 자원』은 미국에 대한 일본인들의 이해를 돕기 위해 미국 국민의 생활실정을 소개하는 계몽적 도서이고,『일본의 교육』은「서장」은 모리가 직접 쓴 일본역사의 약설로 되어 있고, 본문은 미국의 저명한 학자·교육전문가들이 모리의 질문에 대한 회신을 엮은 형태로 구성되어 있다.

모리는「서장」에서 메이지유신의 원인을 황실에 대한 국민의 특별한 숭경심과 서양문명의 영향으로 보고, 일본인의 지적, 도덕적, 신체적 수준을 향상하는 것과 관련된 다섯 가지 질문을 하고 있다. 그것은 일국의 물질적 번영과 농업·공업·상업의 이익, 국민의 사회적·도덕적·신체적 상태, 그리고 법률 통치상의 효과 등에 대해 교육이 어떠한 효과 또는 영향을 갖는가 하는 것이었다. 이 질문에 대해 13명의 저명인사가 답신을 보내 왔는데, 이때 머레이(David Murray, 1830~1905)는 일국의 정치가는 무엇보다도 먼저 국민의 교육을 중시해야 함을 강조하고, 교육개혁의 요점으로는 첫째, 교육제도는 국민성을 기초로 해야 하며 각 국민은 각국에 적합한 교육제도를 만들어야 할 것, 둘째, 국민 일반의 교육을 목적으로 하고, 모든 국민에게 적어도 초등교육을 시행해야 할 것, 셋째, 여자교육은 남자교육만큼 중요해서 여자교육을 중시할 것 등을 들며 개인의 주체로 한 교육이 국가의 번영으로 이어짐을 강하게 주장했다. 이와 같은 머레이의 교육 신념은 모리의 교육이념 형성과 시책에 많은 영향을 주었으며, 머레이는 이때의 답신이 인연이 되어 문부성 고문으로 초빙되어 학제의 개정, 도쿄대학의 정비, 여자사범학교의 창설 등 일본의 근대교육 발전에 큰 공헌을 한다.

이 당시 모리는 이미 국민국가로서의 걸음마를 막 뗀 일본이 서구 열강과 어깨를 나란히 할 수 있는 국력을 갖기 위해서는 무엇보다도 교육을 통한 국민 일반의 지적 수준을 끌어올려야 한다는, 교육을 국가의 번영을 위해 이바지하는 것으로 인식하고 있었음을 알 수 있다. 이처럼 교육의 근본 목적을 국가 부강에 두고 있었다는 것은 문부대신 취임 이전부터의 그의 신념이었으며, 이것은 런던 주재 중에 이토 히로부미에게 보낸 서한을 통해 분명히 확인할 수가 있다.[13] 즉, 모리에게 있어 국가(황실)와 국민, 교육은 국가주의적 내셔널리즘의 시점으로 파악되고 있었던 것인데, 그 내셔널리즘이 지향하는 최상층에 국가의 부강이 있었으며, 언어·체조·문화·산업·기술, 그리고 때로는 황실조차도 국가 부강을 위한 매개로써 의식하고 검토되었다.

안타깝게도 모리에게는 교육에 관한 제대로 된 논문이나 저서가 거의 없다. 그러나 재임 중에는 자주 지방순회에 나섰으며, 이 자리에서 적지 않은 교육에 대한 연설과 훈시를 남기고 있어 그의 국가주의 교육의 목적과 방법 등, 교육관에 대해서 알 수가 있다.

모리는 또한 장래의 교원들에게 철저한 국가주의적 이데올로기를 심어주기 위한 기관으로서 사범학교의 교육을 특히 중시하였다. 주지하는 바와 같이 1872년 학제의 포달과 더불어 시작된 일본의 근대교육은 소학교와 사범학교에 특히 중점을 두고 남녀 모두 균등하게 교육을 받을 수 있도록 하는 고도의 중앙통제식 교육행정체제로서 출발하였다. 초등교육의 내용과 방법을 구체화하기 위해 메이지 신정부는 미국으로부터 교육학 분야의 전문가를 초빙하여 그들의 자문을 통해 학제가 포달된 같은 해에 바로 도쿄에 사범학교를 설립하였으며, 각 학문 영역별로 다수의 외국인교사를 채용하였다. 사범학교 졸업생들은 대부분이 초등교육에 종사했고, 또한, 많은 유능한 인재들을 국비유학생으로 선발하여 해외에 파견함으로써 선진 학문을 배워오게 했는데, 이들이 귀국 후에는 고급관료가 되거나 외국인 전문교사를 대신하며 고등교육을 담당하게 된다.

구체적으로 모리는 특히 교사의 '훈도(薰陶)'에 의한 인물 양성을 중시

---

13 大久保利兼 編, 앞의 책, 335~336면.

했다. 여기서 말하는 인물이 천황제 국가주의 국가를 떠받치는 충량한 신민을 의미함을 말할 나위도 없다. 따라서 교사에게는 식견은 물론이고 도덕적으로나 인격적으로 학생들의 모범이 되는 교사상을 요구하였다. 모리는 문무성 고요가카리[御用掛] 시절이었던 1885년 12월 9일 사이타마사범학교[埼玉師範学校]을 시찰하는데, 이때 교원들에게 사범학교 학생들에게는 '순량(純良)', '우애(友愛)', '위중(威重)'의 세 가지 기질이 필요하다는 훈시를 한다. 이 세 가지 기질은 이듬해 공포하는 사범학교령에도 그대로 들어가 있다.[14]

보통교육을 더욱 더 선량한 방향으로 나아가게 함에 가장 주의를 필요로 하는 것은 사람, 부현립의 사범학교와 문부성 직할의 사범학교이다. 이 사범학교로 하여금 그 생도를 양성하여 완전한 결과를 얻는 것은 보통교육 사업의 이미 10분의 9를 마쳤다고 해야 할 것이다.[15]

전술한 바와 같이 모리는 지방순회 시에 각 현의 군장(郡長), 현회상치위원(縣會常置委員), 사범학교장 등을 모아 놓고 자주 연설을 했는데, 이 자리에서 그는 늘 교원의 인물 됨됨이의 중요성을 강조하고, 특히 사범

---

14 "師範学校令 (明治十九年四月十日勅令第十三号) 朕師範学校令ヲ裁可シ茲ニ之ヲ公布セシム 師範学校令 第一条 師範学校ハ教員トナルヘキモノヲ養成スル所トス 但生徒ヲシテ順良信愛威重ノ気質ヲ備ヘシムルコトニ注目スヘキモノトス". 일본 문부과학성 홈페이지(http://www.mext.go.jp) 『學制百年史』, 資料編. 한국어 역은 인용자.

15 "普通教育ヲシテ益々善良ニ趣カシメントスル上ニ於テ最モ注意ヲ要スベキモノ人, 府県立ノ師範学校ト文部省直轄ノ師範学校トナリ, 此師範学校ニシテ其生徒ヲ教養シ完全ナル結果ヲ得ハ普通教育ノ事業ノ既ニ十分ノ九ヲ了シタリト云フベキナリ". 「文部省諮問会議において第一地方部府県学務課長及び師範校長に対する演説」, 大久保利兼編, 앞의 책, 489면. 한국어 역은 인용자.

학교 학생 양성의 중요성을 강조했다. 교원은 학생들의 모범이 될 만한 덕성의 기량을 갖춰야 하며, 몸 바쳐 교육에 헌신하며, 천황제 국가에 몸 바쳐 아이들에게 모든 범행(範行)을 몸소 실천해 보여야 한다는, 교사가 갖춰야 할 덕목과 바람직한 교사상은 이미 1881년 「소학교교원심득(小學校教員心得)」을 통해 제시된 바 있었는데, 모리는 여기에 더해 학교 교원은 '교육의 승려(僧侶)'라 규정하였다.

1887년 가을 「제3지방부학사순시 중의 연설[第三地方巡視中の演說]」에서 모리는 다음과 같이 말하고 있다.

> 사범학교의 졸업생들은 교육의 승려라 해도 된다. 즉, 사범학교 졸업생은 교육사업을 본존으로 삼아 교육 때문에 즐겁고 교육 때문에 괴로운, 일신을 다해 교육에 시종하고, 나의 언행으로 생도들의 의범이 되므로 사범학교 생도는 장래 융성한 국가를 만들어 갈 토대 밑에 매립되는 자갈로 공급되는 것이다. 일본의 운명은 아직 안심하기에 이르기 때문에 사람들의 모범이 될 중임에 앉으려 하는 사람은 처음부터 생명을 던져 교육을 위해 진력할 결의가 있어야 함은 나의 믿어 의심치 않는 부분이다.[16]

그야말로 천황제국가의 충량한 신민을 양성하기 위해 헌신적으로 봉사하는 근대 일본의 성직적(聖職的) 교육사상의 원형이다. 또한, 모리는

---

[16] "師範学校ノ卒業生ハ教育ノ僧侶ト云テ可ナリ. 即チ師範学校卒業生ハ教育事業ヲ本尊トシ, 教育ニ楽ミ教育ニ苦ミ一身ヲ挙テ教育ト始終シ而シテ己ノ言行ヲ以テ生徒ノ儀範トナルヘキモノナレハ, 師範学校生徒ハ将来隆盛ナル国家ヲ組立ル土台下ニ埋立ル小石ニ供セラルルモノナリ. 日本ノ運命ハ未ダ高枕ノ秋ニアラサレハ, 人ニ模範タルヘキ重任ニ当ラントスル者ハ素ヨリ生命ヲ抛チ教育ノ為メニ尽力スルノ決意アルベキハ余ノ信シテ疑ハサル所ナリ". 大久保利兼 編, 앞의 책, 608면. 한국어 역은 인용자.

이러한 인민들을 양성하기 위해 전료제(全寮制)를 시행해 군대적 질서 하에서 규율을 몸에 익히게 하였고, '비밀충고법(秘密忠告法)'이란 비인간적 제도를 만들어 학생들을 감시·평가했다.[17]

4. 모리 아리노리의 국가주의 교육의 실체

모리의 국가주의적 교육관은 1886년 3월의 '제국대학령'(전 14조)을 필두로, 종래의 교육 전체를 포괄하는 교육령을 대신하는 '소학교령'(전 16조)·'중학교령'(전 9조)·'사범학교령'(전 12조)의 네 개의 종별 학교령의 포고를 통해 구체화된다.[18] 이를 총칭하여 '제학교령(諸教育令)'이라 부르기도 한다. 이로써 의무교육으로서의 소학교, 즉 심상소학교를 중심으로 한 학교 계통과 그 기본 노선이 확정되었는데, 학교 계통의 구조화는 구조화된 각 학교에 대해서 각각 독자적 성격과 역할을 요구하는

---

17 학생들의 심술(心術)을 교정하고, 학생들의 인물 여하를 사정(査定)하여 장래의 근무지를 결정하기 위한 재료로 삼았다. 이것은 기질을 양성하기 위한 심술단련법이라 여겨져 학생 상호간에 충고하는 습관을 기르는 것이었다. 공공연한 충고는 폐해가 많고 인정에 맞지 않음으로 비밀을 유지하며 이루어진다. 일주일씩 충고를 받을 사람을 정해 서면으로 성격·성행의 좋고 그름을 충고하고, 월말에 학교장이 이것을 징수하여 인물 사정의 재료로 삼았다. 이런 식으로 인물을 양성함과 동시에 평가를 겸할 수 있었는데, 그야말로 비인간적 제도였다고 할 수 있다.

18 총칭하여 '학교령(學校令)'이라 부른다. 학교령의 반포에 이르러 일본의 모든 학교, 즉, 소학교부터 제국대학에 이르기까지의 교육연구제도와 교수 내용이 정비되기에 이른다.

것이었다. 제국대학은 그야말로 일본의 근대화에 필요한 서양의 실학적 학문을 수학한 고급관료를 키우기 위한 기관으로, 중학교는 제국대학에 입학하기 위한 학문적 소양과 자격을 갖추기 위한 준비과정 기관으로 자리매김했으며, 소학교·중학교·사범학교를 심상(尋常)과 고등(高等)의 2단계로 나누어 조직하는 방침을 취했다.

제국대학령 제1조에서는 "국가의 수요에 응할 수 있는 학술기예를 교수하고 그 온오(蘊奧)를 공구(攻究)"하는 것을 제국대학의 목적이라 정의하고 있는데,[19] 이는 모리의 국가주의 교육사상은 잘 나타내고 있다 할 수 있다. 제국대학은 각 분과대학(分科大學)과 대학원으로 이분하여 편제했다. 또한, 의무교육에 대해서는 그 규정을 명확히 하여 심상소학교까지의 졸업을 의무로 정하였다. 취학에 관해 '의무(義務)'라는 표현이 사용된 것은 이때가 처음이다. 그러나 지방의 상황에 따라서는 그 시행이 곤란한 곳도 있었음을 고려하여 소학간이과(小學簡易科)를 설치하여 심상소학교를 대신할 수 있도록 하였다. 또한, 전술한 바와 같이 사범학교는 장래의 교원들에게 철저한 국가주의적 이데올로기를 심어주기 위한 기관으로서 특히 중시되었다.

제학교령의 제정은 특별히 기초위원 등을 두고 거창하게 진행된 것이 아니라 모리의 입안을 중심으로 하여 문안 정비가 급속히 진행되었다고 한다.[20] 이 개혁의 주안은 각 학교 종별로 학교령을 제정하여 학교의 기본

---

19 "帝国大学令 (明治十九年三月二日勅令第三号) 第一条 帝国大学ハ国家ノ須要ニ応スル学術技芸ヲ教授シ及其蘊奧ヲ攷究スルヲ以テ目的トス". 일본 문부과학성 홈페이지(http://www.mext.go.jp) 『學制百年史』, 資料 編. 한국어 역은 인용자.

20 일본 문부과학성 홈페이지(http://www.mext.go.jp) 『學制百年史』第二章「近代教育制度の確立と整備」(明治十九年~大正五年)」第一節 概説「一 森文相と諸学校令の公布」참조 바람.

체제를 만드는 데 있었는데, 그 입안이라는 것이 너무나도 간단히 이루어졌다. 소학교령의 경우는 모리가 스스로 조문을 기초하고 비서관이나 그 밖의 몇몇 사람들의 의견만을 참고로 해 만들고는 이를 바로 각의(閣議)에 상정해 승인을 받는 식이었다. 다른 학교령도 대체로 비슷한 절차를 거쳐 입안되었는데, 이러한 점에서 단시간 내에 종래의 전통에서 벗어난 과감한 학교제도에 대한 개혁을 시행할 수 있었다. 그리고 이것이 가능했던 데에는 이토 히로부미의 전폭적인 지지가 있었다고 보여진다.

모리의 개별 학교령 공포 이후, 1990년에는 새로운 소학교령이, 1894년에는 고등학교령이 공포되었고, 1900년대에 들어서는 중등학교에 대해서도 새로운 학교령이 제정·공포되었다. 또한, 고등교육 부문도 정비되어 근대 학교제도의 완성을 보는데, 모리의 제학교령은 일본 학교제도의 기초를 확립했다는 데에 있어 그 의의를 인정할 수 있다.

또한, 모리는 국가 부강을 최고의 이념으로 삼고 학교의 목적에 대해 무엇보다도 좋은 인물을 양성하는 것을 우선시했으며, 학력을 키우는 것을 그다음 목적으로 삼았다.[21] 좋은 인물을 양성하기 위해 모리가 생각해 냈던 것이 바로 '어진영' 배례를 중심으로 하는 학교의식과 군대식 집단적 훈련법의 하나인 병식체조(兵式體操)를 학교 교육에 도입하는 것이었다. 병식체조는 1886년 개별 학교령이 반포된 이후 중학교와 사범학교의 체조 과목에 도입되었고, 소학교에서는 '대열운동(隊列運動)'이라 부르며 아이들의 신체를 근대적 규율로 통제하였다.[22] 학교 교육에 '훈

---

21 1887년 5월 25일, 大久保利兼 編, 「第一地方部府縣尋常師範學校長に対する演説」, 앞의 책, 524면.
22 소학교의 '대열운동'(대열행진)은 1888년 병식체조라 이름이 바뀌었다.

련(訓練)' 혹은 '단련(鍛鍊)'이라는 개념을 도입한 것은 이때가 처음으로, 모리는 문부성에 들어오기 이전부터 이와 같은 신념을 갖고 있었다.[23]

모리는 1879년 「동경학사회원기사(東京學士會院紀事)」에 「교육론(敎育論)」을 발표했는데, 여기서 그는 신체개조론(身體改造論), 즉 병식체조론(兵式體操論)을 주장하였다.[24] 그 내용을 간략히 살펴보면, 인간은 지식(智識)·덕의(德義)·신체(身體)라는 세 가지 능력을 갖고 있는데 일본인에게 가장 부족한 것은 신체적 능력이다. 본래 신체능력은 인생의 지중(至重)한 덕(德)의 하나로, 선을 행함에 절대로 빠뜨릴 수 없는 것이라고 하며, 일본인이 서양인에 비해 신체 능력이 떨어지는지에 대해서는 그 원인이 자연·풍토·주거와 심지어 종교에 있음을 지적했다. 그리고 그것을 극복하기 위해서는 신체의 능력을 연마해야 할 것이며, 신체능력 연마를 위해서는 병식체조가 최량이어서 이를 교육에 도입해야 할 것을 강력히 주장하고 있다. 즉, 기질과 신체능력을 단련함에 가장 효과적인 방법을 병식체조로 보고 있는 것이다. 모리는 1882년 8월 파리에서 이토 히로부미를 만나 일본의 교육에 대해 의기투합 이후 이토에게 보낸 「학정편언(學政片言)」 안에서 이미 이와 같은 구상을 밝힌 바 있다.[25]

---

23 병식체조의 주안점은 국민에게 필요한 기질습관(氣質習慣)을 양성하고, 더불어 신체를 완미(完美)시키는 데 있다. 그 기질습관이라는 것은 규율을 지키고, 약속을 이행하고, 사물에 주의를 기울이고 진정으로 활발하고 민첩하게 행동하는 것이다. 기질체격의 두 가지 점에 주의하며 충분히 생도를 도야(陶冶)하면 생애 완전한 체격자세를 보지하며, 규율의 습관을 얻어 심신 공히 건강유위(健康有爲)한 인물을 배출해 훗날 육·해군의 병사관(兵士官)이 되어도 지장이 없는 자격을 얻어, 농-공-상, 혹은 관리(官吏), 학자가 되더라도 그 사상과 완력 모두 충일(充溢)하여 그 직분을 잘 수행하며 국가의 의무를 다하는 양민을 육성함에 있다.
24 大久保利謙 編, 앞의 책, 603면.
25 위의 책, 330~334면.

모리가 '훈련'의 구체적인 방법으로 생각해 낸 것은 병식체조 이외에도 행군여행(行軍旅行), 운동회와 같은 신체적 훈련과 제복과 제모(制帽), 군대식 생활규율, 생도품행검정법(生徒品行檢定法) 등과 같은 학교에서의 집단생활규율훈련을 들 수 있는데, 국민교육을 담당할 교원을 양성하는 사범학교에서는 특히 엄격한 '훈련'이 강요되었다. 그중에서 병식체조는 아동들 사이에 '순종(順從)의 습관'과 '상조(相助)의 정', '엄숙한 예의'를 양성해 가기 위해 '이용해야 하는 하나의 선택'이었다.[26] 다시 말해 모리가 학교 교육에 병식체조를 도입한 목적은 근대 일본이 서구 열강과 어깨를 나란히 하기 위해서는 문화·문명의 발달뿐만이 아니라 일본인들의 신체 그 자체를 서구 사람들과 대적할 수 있을 정도까지 개조하는 데 있었고, 그 조교 시스템을 군대로부터 빌려와 이용하고자 했다는 것이다.[27] 그러나 또 다른 배경으로 1889년 징병령의 개정에 따른 징병기간 단축을 보충하기 위한 군사적 예비교육으로써의 병식체조 도입을 생각할 수도 있을 것이다.

어쨌든 모리는 이와 같은 병식체조의 학교 교육으로의 도입과 그 정신, 방법, 평가 등에 대해서 지방순회, 학교 교육순시 시에 각 학교장이나 시학(視學), 또는 군장(郡長)과 지방행정관 등에게 지시하고 연설하였다. 이에 대해서는 비난의 목소리도 적지 않았지만, 실제로 모리의 이러한 구상은 병식체조의 시행을 통해 국가주의적 시점에서 황국부익(皇國扶翼)의 정신을 배양하는 데 큰 역할을 했음이 틀림없다.

---

26 「埼玉県尋常師範学校ニ於テノ演説」, 大久保利兼 編, 앞의 책, 481~486면.

27 大熊廣明, 「わか国学校体育の成立と再編における兵式体操·教練採用の意味」, 『筑波大学体育科学系紀要』, 2001, 62면.

모리는 또한, 교과서에 대한 검정제를 시행하였다. 일본의 교과서는 1872년의 학제 포달 당시에는 자유발행, 자유채택제의 형태로 발족했다. 1881년에 이르러서는 개신제(開申制)라 하여 각 학교에서는 자유롭게 교과서를 채택하여 이를 감독관청에 보고만 하면 되었다. 그러던 것이 1883년부터 인가제를 시행함으로써 교과서 채택에 일정한 규제가 가해지기 시작한다. 그러나 당시는 교과서의 발행에 대해서 정부가 이를 직접적으로 통제하거나 하지는 않았다. 그 후 1886년 모리 아리노리는 소학교령 제13조를 통해 교과서에 대한 검정제도를 공포하였다.[28]

정부는 교과서 검정에 관한 구체적 내용, 즉 검정요령(檢定要領)과 검정 절차 등을 1886년 5월의 '교과용도서검정조례(敎科用圖書檢定條例)'를 통해 제시했고, 같은 해 12월 '교과용도서검정요지(敎科用圖書檢定要旨)'를 관보에 공시해 다시 한 번 교과서 검정에 대한 취지를 분명히 밝혔다.

문부성에서 교과서를 검정하는 요지는 해당 도서가 교과용으로 사용하기에 폐해가 없음을 증명함에 그친다. 즉, 국체법령을 경모할 뜻을 일으킬 우려가 있는 책, 또는 풍교를 해칠 염려가 있는 책, 혹은 사실에 오류가 있는 책 등은 채택하지 않으며, 그 교과용에서의 우열 여하는 묻지 않기로 했다.[29]

---

28 小学校令 第十三条, "小学校ノ教科書ハ文部大臣ノ検定シタルモノニ限ルヘシ". 일본 문부과학성의 '學制百年史 資料編'에서 인용. 한국어 역은 인용자.

29 "文部省ニ於テ教用用図書ヲ検定スルノ要旨ハ該図書ノ教科用タルニ弊害ナキヲ証明スルニ止リ即国体法令ヲ軽侮スルノ意ヲ起サシムヘキ恐アル書又ハ風教ヲ敗ルヘキ憂アル書若クハ事実ノ誤アル書等ハ採択セサルモノトシ其ノ教科用上ノ優劣如何ハ問ハサルコトトナセリ". 1886년 12월 발행한『官報』第1034號 教育事項, 文部省報告, 教育史編纂偕会 編, 『明治以降 教育制度發達史』第三卷, 龍吟社, 1938, 707면. 한국어 역은 인용자.

위의 내용을 보면, 실제 모리의 검정제는 기본적으로 교과용으로 사용하기에 폐해가 없음을 증명하면 족한 것으로, 교과서의 내용에 대한 통제라기보다는 폐해에 대한 예방적 조치였음을 알 수 있다. 1887년 문부성은 전년의 '교과용도서검정조례'를 폐지하고 '교과용도서검정규칙(敎科用圖書檢定規則)'을 제정하는데, 검정의 취지에는 변화가 없었다. 오히려 전체적으로 볼 때 벌칙규정이 삭제되는 등, 검정조건은 오히려 완화되었다고 볼 수 있다.

소학교와 마찬가지로 중학교·사범학교 등에 대해서도 교과서에 대한 검정제가 시행되었는데, 모리의 구상은 어디까지나 '관(官)'의 지도·권장에 의한 교과서의 수준 향상에 중점이 놓여 있었으며, 국체법령을 경모(輕侮)하고 풍교를 해치는, 게다가 사실의 오류를 배제하는 것 이외에 특히 내용을 일정한 방향으로 향하게 하여 통제하려는 정신은 약했다고 보인다.[30] 그러나 앞에서도 언급했듯이 자유민권운동이 1884년의 '격화사건(激化事件)'을 계기로 쇠퇴하기 시작했다고는 하나 자유주의 교육에 대한 열망의 목소리는 끊이질 않았다. 자유민권파의 교육운동은 국가에 의한 공교육 조직화에 대항하여 '교육의 자유'에 기초한 '인민의 협의(協議)에 따른 공교육의 자주적 조직화'를 지향했다.[31] 즉, 자유민권운동이 비록 국회개설, 헌법제정, 조세경감 등의 국민의 권익 확립을 요구한 정치운동으로서의 성격이 강하기는 했지만, 그와 동시에 국민이 정치의 단순한 수용자에서 주체자가 될 수 있음을 자각시킨 일대 학습운동이었다는 점은 주목할 만하다.

---

30 窪田祥宏, 前揭論文, 8면.
31 黒崎勲, 「自由民権運動における公教育理論の研究」, 『教育学研究』 第三八巻 第一号, 1971.

자유민권운동의 교육에의 영향은 교육의 발전을 위해 자주적 집단을 형성하고, 교육의 내용을 국가의 요구로 정하는 것이 아니라 민중의 생활과 지역 실정에 따라 자주적으로 편성하려는 노력, 그리고 특히 청년의 교육에서는 지식을 단순한 인식의 레벨로 인식하지 않고 그것을 활용하는 정신과 함께 자기 것으로 획득하려 노력했다는 점에서 교육사적 의의를 인정할 수가 있는데, 이러한 자유주의적 교육사상은 천황 절대주의에 기초한 국체관(國體觀)을 분명히 규정하고, 이에 따른 국민의 행동규범을 제시하려 했던 모리의 국가주의 교육사상과는 당연히 대치되는 이질적 교육이념이었음이 틀림없다.

국체법령을 경모(輕侮)하고 풍교를 해치는, 게다가 사실의 오류를 배제하는 것에 주안점을 두고 있는 모리의 교과서 검정제의 취지는 그러한 의미에서 종래의 인가제 등과는 달리 교과서의 편집·발행·채택의 전과정에 대해 이를 통제하겠다는 국가의 의지를 나타낸 것이었다고 할 수 있다.[32]

---

[32] 소학교 교과서의 채택에 대해서는 1887년 3월 「공사립소학교교과용도서채정방법 (公私立小學校敎科書採定方法)」을 훈령(訓令)하여 소학교 교과서의 채택은 각 부현에 설치된 소학교교과용도서심사위원(小學校敎科用圖書審査委員)이 결정하기로 했다. 그 위원에는 심상사범학교장(尋常師範學校長) 또는 장보(長補)·부현학무과원(府縣 學務課員) 1인, 심상사범학교 교두(敎頭)와 부속소학교 상석훈도(上席訓導)·소학교 교원 3인, 지방경제 사정에 능통한 자 2인 등 모두 9인이 임명되었으며, 채정하는 교과서는 종류에 상관이 없었다. 교과서 검정제도는 소학교령에 대한 개정이 이루어진 1903년 이전까지 시행되었는데, 교과서 채택을 둘러싸고 회사 측과 교육관계자들 간에 부정한 거래가 적발되어 전국적으로 157명이 검거된 '교과서의옥사건(敎科書疑獄 事件)'이 일어났다. 이를 계기로 1903년 국어독본·수신·일본역사·지리 교과서에 대해서 국정제를 시행하게 되었다.

5. 맺음말

1872년의 학제는 번교와 데라코야를 중심으로 이루어지던 소규모 개별교육을 국가가 이를 직접 관리하는 집단적 교육체제로 바꾸어 놓았다. 서구 선진 제국의 교육제도의 영향 하에서 시작한 일본의 근대교육이 서구의 그것과 다른 점이 바로 여기에 있었다. 학제가 지향하는 교육이념의 핵심은 개인의 입신과 치산의 중요성을 강조하는 실학적 주지주의 교육이었으며, 국민개학이라는 원칙하에 남녀노소의 구별과 부모의 사회적 지위고하와 관계없이 원하는 자 모두가 교육을 받을 수 있도록 하는 것이었다.

그러나 학제는 여러 가지 면에서 당시 일본의 현실과는 맞지 않았다. 당시 일본사회는 학제를 수행할 만큼 근대화되어 있지도 않았을 뿐만 아니라, 학제에서 정하고 있는 교육제도조차 시행할 수 있는 여건을 갖추고 있지 않았기 때문이었다. 무엇보다도 학제 내 시행규칙은 인위적 제도에 의해 인간의 자유를 구속하는 제도와 규정이었으며, 각 지역의 특수한 사정을 고려하지 않은 일률적·획일적인 것이었다. 이에 학제의 간섭주의교육에 대한 반성과 자유민권사상의 영양하에 1879년 학제를 대신하여 교육령이 공포되었다.

47조로 이루어진 교육령은 소학교에 한정시켜 말해 보면, 취학 연한과 연간 출석 일수의 단축을 용인하는 조항, 혹은 소학교 이외의 시설에서의 취학을 용인하는 등, 소학교의 설치와 운영, 개인과 교육의 자율성을 보장하고 있었던 점에서 자유교육령이라 불렀다. 그러나 이 또한 실패했다. 교육령에서 추구했던 자유주의 교육사조가 당시의 실정과는 맞지 않는 이상주의적 교육제도였기 때문이다. 이러한 상황을 타개하기 위해 문부성은 교육령이 포고된 이듬해인 1880년 교육령을 개정하게 되는데, 일반적으로 이를 개정교육령 또는 간섭교육령(干涉敎育令)이라 부른다.

간섭교육령이 등장하게 되는 배경에는 당시 일본사회 전반에 걸친 서구화 만능 사상에 대한 자성의 목소리와 더불어, 때마침 전국적인 규모로 확산되고 있던 자유민권운동의 교육운동으로의 확산을 막고자 한 정부 측의 강한 의지 표명이 있었음에 주목하고 싶다. 즉, 1880년의 간섭교육령 공포에는 전통유학과 존황사상을 합체시켜 강력한 신민을 형성한다는, 교육을 통한 황도 이데올로기의 형성이라는 정치적 노림수가 있었다. 이는 1879년 메이지 천황의 명의로 발표된 '교학성지'에서 제시한 '덕육'을 중시하는 교육이념의 설정과 무관하지 않을 터인데, 이것은 앞으로의 교육이 천황 중심의 절대주의 국가체제에 걸맞은 '신민 만들기'라는, 신정부의 구체적이며 실체적인 교육이데올로기의 창출과 통제를 예고하는 것이기도 하였다.[33]

그러나 모리는 1880년 이래의 유교주의적 수신교육(修身敎育) 체제에 대해서는 반대하였다. 학교에서 수신교과서의 사용을 금지시켰을 뿐만 아니라 이와는 이질적인 '국가주의(國家主義)'라는 새로운 교육이념을 창출하고 이를 적극적으로 도입했다. 그것은 다름 아닌 교육을 통해 국가

---

33 소학교에서 배워야 하는 과목 중 '수신(修身)'이 이전 학제(1872) 교육령(1879)에서는 맨 마지막에 들고 있었던 것에 비해 1880년 개정된 교육령에서는 이른바 '필두교과(筆頭敎科)'가 되었다는 것이 이를 잘 뒷받침한다.

의 운명을 책임 질 수 있을 만큼의 지성(知性)을 지닌 개인이라는, 새로운 타입의 근대 일본인을 만들어내고, '신민'이 아닌 '시민'의 육성을 목표로 하는 것이었다.[34] 모리에게 있어 천황은 '국가' 그 자체가 아니라 애국심 형성을 위한 하나의 기재(器材)에 지나지 않았다. 즉, 모리에게 있어 천황은 국가의식을 형성하는 데 있어 하나의 매개체로서 인식되었을 뿐 인격적 · 도덕적 복종의 대상으로서의 황도주의자들의 그것과는 다른 것이었다. 반복되지만, 모리는 기독교에서의 신을 천황으로 치환해 국가의 상징인 천황을 중심으로 전 국민의 의식이 '국가'라는 상위개념으로 통일됨을 기대했던 것이지 천황 자체가 국가라는 국체주의사상을 견지하고 있지는 않았다.

이를 위해 모리는 병식체조를 비롯하여 '어진영'이라 불리는 메이지 천황 부부의 사진을 전국 학교에 배부하고 국가 경축일인 기원절, 천장절, 시원제, 신상제(神嘗祭), 신상제(新嘗祭) 등과 1월 1일 원단(元旦)에는 '어진영'에 대한 배례를 중심으로 한 학교의식의 시행과 더불어 법제화의 기틀을 만들고, 의식창가(儀式唱歌)를 부르게 하는 등, 다양한 방식을 통해 국가에 대한 절대적 복종, 필요에 따라서는 그 상징인 천황에 대한 절대적 복종을 통해 당시의 신도주의적 황도주의 교육과는 이질의 국가주의 교육을 지향했다.

---

34 小田陽二, 前揭論文, 75면.

제8장 국가주의 교육과 의식창가

축일대제일창가(祝日大祭日唱歌)를 중심으로

1. 들어가는 말

근대 일본의 음악 교육이 1872년의 학제의 포달과 더불어 시작되었다는 것에 대해서는 이견이 없는 듯하다. 그러나 종래 학제 안에 창가 과목을 포함하고 있는 이유, 다시 말해 메이지 신정부의 교육 수뇌들이 국민교육과정에 음악 교육을 포함시킨 이유에 대해서는 다양한 논의가 이루어져 왔다. 그중에서 많은 이들의 지지를 받는 정론이라 한다면 이자와 슈지와 메가타 다네타로를 중심으로 한, 학동의 신체 발달과 정조 교육에 중점을 두는 순수예술론에 입각한 교육적 측면에서 학교 교육에 음악 교육을 도입했다는 것과 이와 더불어 속악(俗樂) 개량과 국악창성(國樂創成) 등의 사회적 기능에 대한 의의를 더하는 정도였다고 할 수 있다.

그렇게 시작했던 음악 교육이 1880년대를 전후로 서구화 만능 사상에 대한 반성과 자유민권운동의 교육계로의 확산에 대한 견제, 거기에

다가 청일전쟁(1894)과 러일전쟁(1904)을 치르는 과정에서 교육의 국가주의적 성향이 강해짐에 따라 음악 교육 또한 본연의 목적에서 변질되어 갔다는 식의 연구가 종래 주류를 이루어 왔다. 그러나 저자는 앞에서 근대 일본의 음악 교육, 즉 창가 교육은 애초부터 어린아이들에게 일본이라는 통일된 근대 국민국가를 떠받치는 신민으로서의 자각과 국가에 대한 애착, 나아가 군주에 대한 경외심과 충성심을 신체적·정서적으로 전수한다는 애국심 교육의 일환으로 추진되었다는 사실을 밝혔다. 메이지 신정부는 개인의 자립과 사적 이익추구라는 공리주의적 가치와 공공성 형성, 이를 바탕으로 도덕 교육의 강조를 통한 애국심 함양(涵養)이라는 교육의 궁극적 목표를 실현하기 위한 도구로써 처음부터 음악 교육을 이용하려 했다는 점에 주목했던 것이다.

이와 같은 맥락에서 본 장에서는 종래의 메이지기 일본의 교육사상에 대한 축적된 연구 성과를 원용하면서, 학교의식(學校儀式)과 의식창가(儀式唱歌)의 제정, 보급을 중심으로 메이지 후기 국가주의 교육체제의 확립과 전개에 이들 학교의식과 의식창가가 지니는 의의를 살펴보고자 한다. 지금까지 메이지기의 국가주의 교육을 고찰함에 의식창가의 존재는 그다지 주목을 받지 못했다. 이에 본 장에서는 1890년대 이후에 강제적으로 시행했던 학교의식과 의식창가의 분석을 통해 천황제를 내실화하고, 국가주의 교육사상을 침투시킴에 학교의식과 의식창가 제창(齊唱)이 적지 않은 효과를 거두었음을 이야기하고자 한다. 이를 통해 국가주의 교육의 일환으로 시행되었던 근대기 일본의 음악 교육이 담당했던 교육사상적 의미는 한층 더 명료해질 것이라 기대한다.

2. 국가주의 교육과 창가

제6장에서 살펴본 바와 같이, 메이지 신정부가 일본의 근대교육 과정에 창가라고 하는 서양음악을 도입했던 이유에 대해서는 순수예술론적 입장을 필두로, 국악창성, 속악개량, 애국심 교육, 여성 교육, 기독교의 보급 등, 다양한 각도에서의 접근이 가능하며 이에 대한 연구 또한 활발하다. 그러나 메이지 신정부가 음악 교육을 통해 얻고자 했던 다양한 국민교육의 효과에 대해 이를 인정하면서도 절대로 간과해서는 안 되는 것은 메이지 초기, 그야말로 근대 국민국가로서의 체제를 갖추기에도 요원했던 시점에 그 어떤 제도나 인프라의 정비에 앞서 창가 교육을 중심으로 하는 음악 교육 정책이 먼저 수립되고 시행되었다는 의미일 것이다.

1872년 학제에는 소학교 하등소학교 과정에 창가가, 하등중학교 과정에 주악이라는 교과목이 각각 맨 마지막인 14번째, 16번째로 기재되어 있었는데, 모두 "당분간 이것을 뺀다[当分之ヲ欠ク]" 혹은 "당분간 뺀다 [当分欠ク]" 하여 실제의 교습은 유보하였다. 그리고 학제의 구체적 실행 규칙이라 할 수 있는 '소학교칙'이 학제가 포달된 1872년에 반포되었는데, 여기에서도 마찬가지로 창가 과목에 대해서는 아무런 기재도 보이지 않는다. 이것은 창가나 주악이라는 과목이 오랜 음악적 토양 속에서 학교에서의 음악 교육이 절대적으로 필요하다는, 음악 교육의 필요에 대한 자생적 요구로 설치된 것이 아니라 학제 제정 시에 참고했던 서구 제국의 교육과정에서 시행하고 있던 창가나 음악이라는 교과목을 모방

해 그대로 옮겨놓은 것에 불과했기 때문이다. 따라서 학제 포달 당시 음악 교육을 시행할 수 있는 조건은 전무했었다고 해도 과언이 아닐 것이다.[1] 그러나 당장 교육이 이루어지지는 않았더라도 여러 교과목 중에 창가를 교과목의 하나로 지정했다는 것만으로도 이전까지의 교육에서는 찾아볼 수 없는 획기적인 의미를 부여할 수 있는데, 이는 당시의 교육 수뇌부가 어떠한 의미에서든 음악 교육의 필요성을 인지하고 있었고, 음악 교육을 통해 얻고자 했던 무언가를 기대하고 있었기 때문이 아니었겠는가.

이후 이자와 슈지를 중심으로 시험적인 음악 교육이 시행되기는 하였으나 본격적인 음악 교육은 1880년대의 음악조사계의 설치와 더불어 시작되었다고 해야 할 것이다. 메이지 신정부는 1879년 문부성 산하에 음악조사계(音樂取調掛)를 설치해 동서양의 음악을 절충하여 신곡을 만들고, 장래 국악을 일으킬 인물을 양성하며, 이를 토대로 음악 교육을 시행한다는 구체적인 목표를 설정하고, 외국인 교사 메이슨을 초빙하여 서양음악을 도입하고 이를 교육·발전시키기 위한 지반을 형성하였다. 그러나 1872년의 학제를 대신하는 교육령이 반포된 1879년의 단계에서도 여전히 창가는 "토지의 정황에 따라[土地ノ情況ニ隨日ヒテ]" 가설을 할수도 있고 하지 않아도 되는 가설과목(加設科目)에 불과했다. 그 후 처음으로 심상소학교를 의무제로 정한 1907년의 소학교령(小學校令) 개정을

---

[1] 서양음악인 창가나 주악을 누가 무엇을 가지고 어떻게 가르쳐야 할지 문교(文敎) 당국도 학교 측도 아무런 해답을 갖고 있지 않았기에 "당분간 이것을 뺀다[当分之を欠 く]"는 단서를 달았고 실제로 창가나 주악교육은 이루어지지는 않았다. 실제로 학제가 시행되었을 당시 일본에서 서양음악의 5선기보법(五線記譜法)을 해독할 수 있었던 것은 육군과 해군의 군악대원 정도였다고 한다. 中村理平, 『洋学導入者の軌跡』, 刀水書房, 1993, 462면.

통해 처음으로 창가 과목이 필수과목으로 지정되기는 했지만 여기에서
도 사정이 있으면 "당분간 이것을 뺄 수 있다[当分ノ内之ヲ欠くコトヲ得]"는
부칙(附則)이 붙어 있었다. 따라서 엄밀하게 말하자면 다이쇼[大正] 시대
말기라고 할 수 있는 1926년의 칙령 제73호에 의해 이루어진 소학교령
의 개정에서 "메이지 40년 칙령 제52호 부칙 제5항을 삭제한다[明治四十
年勅令第五十二号附則第五項ヲ削ル]"고 할 때까지 창가는 가설과목의 성격에
서 벗어나지 못했다.[2]

　비록 음악 교육에 필요한 조건이 갖추어지지 않아 전국적인 시행까지
는 꽤 많은 시간을 필요로 했지만, 근대 일본의 음악 교육은 '음악 교육
을 통한 국민국가 만들기'라는 국가적 차원에서 구상된 '교육지대계(教
育之大計)'였다. 그리고 이러한 계획은 해외 체류 시 경험했던 교회음악을
통해 의식(儀式)에 음악의 중요성과 효과를 잘 알고 있던 모리 아리노리
의 주도하에 면밀히 진행되었음은 앞에서 살펴본 바와 같다. 이자와 슈
지와 더불어 근대 일본의 음악 교육, 즉 창가 교육을 시행함에 필요한 토
대를 만들었다고 높게 평가 받고 있는 어용 외국인교사 메이슨을 일본으
로 초청하는데 결정적인 역할을 한 것도 바로 모리 아리노리였다.[3] 야스

2　1880년의 교육령(教育令) 개정에 따라 1881년 그 세부 시행규칙으로 발표된 '소학교
　교칙강령(小學校敎則綱領)'에도 창가 과목에 대한 언급이 보이기는 하지만 여기에서
　도 역시 "단, 창가는 교수법 등이 정비되는 것을 기다려 이것을 설치할 것[但唱歌ハ敎
　授法等ノ整フヲ待テ之ヲ設クヘシ]"이라는 단서를 달고 있다.
3　메이슨은 보스턴 음악아카데미에서 수학한 음악 교육 전문가로 루이빌과 신시내티에
　서 초등교육의 음악교사를 역임하였고, 음악 교육에 관한 많은 저서를 출판하였다.
　그 공적에 의해 1864년부터 보스턴에 초빙되어 학제 개혁을 시행하는 등 커다란 성과
　를 올린 인물이다. 일본정부에 고용되어 음악조사계에서 2년 반 동안 외국인교사로서
　활약하며 창가 교과서 제작, 창가 교습, 교원 양성 등 근대 일본의 음악 교육에 커다란
　발자취를 남긴 어용 외국인교사이다.

다 히로시[安田寬]에 의하면 모리는 1870년 10월 15일 주미 변무공사로 임명되어 미국에 재임 중이던 1872년에 이와쿠라사절단 일행이 보스턴을 떠나 유럽으로 향했을 때 혼자 보스턴에 남아 뉴잉글랜드음악원의 창설자였던 E·트루제(E·Tourjee)를 만나 일본으로 초청할 음악 교육 전문가의 추천을 의뢰했었고, 그때 트루제가 추천했던 사람이 바로 음악원 교원이었던 메이슨이었다는 것이다.[4]

모리 아리노리는 1885년 12월, 태정관제(太政官制)에서 내각제(內閣制)로의 정치제도가 쇄신된 이후 발족한 초대 이토 히로부미 내각의 문부대신(文部大臣) 자리에 올라 교육제도와 조직의 정비를 위한 법령의 검토와 제정하는 한편으로, 지방순시를 통해서는 지방행정관·교육행정관·학교장 등에 대한 훈시와 연설, 그리고 교과서와 교수법 등에 대한 지시를 통해 근대 일본의 국가주의 교육체제를 확립해 나갔다고 평가되는 메이지 시대의 대표적 교육·행정 관료이다. 모리는 일찍이 서구 유학을 통해 서구 사회의 통합의 기재로 작용하는 신의 존재에 착목하여 기독교의 신을 천황으로 치환함으로써 신생국가인 일본이 천황을 중심으로 하는 의식의 통일을 교육을 통해 실현하려 했는데, 그와 같은 계획을 모리는 학교의식과 창가의 접목이라는 형태로 구체화하였다. 이렇게 본다면 오히려 근대 일본의 음악 교육은 적어도 1886년 이후 모리 아리노리의 '국가주의' 교육의 일환으로 시행한 학교의식과의 접목을 통해 전국적인 규모로 시행될 수 있는 기틀이 마련되었다고 봐야 할 것이다.

1872년 학제 포달 이후 학교에서는 '학과(學科)'를 중심으로 하는 정

---

4 安田寬, 「唱歌導入の起源について」, 『山口芸術短期大学紀要』第25卷, 1993, 13~24면.

규 과업(課業)이 교육의 주를 이루었으며, 비정기적으로 이루어지는 특별교육활동은 '과외활동(課外活動)'이라 불리었다.[5] 그러던 것이 1890년 교육칙어 발포 이후에는 입학식·시업식·졸업식 등의 행사나 각종의 학교의식은 정규 과업과 과외활동 이상의 특별한 의미를 갖고 국가주의 교육의 일익을 담당하게 된다. 학교의식을 정비해 이를 국가주의 교육의 차원으로 승화시킨 인물 또한 모리 아리노리이다.

3. 학교의식과 의식창가(儀式唱歌)

1873년 10월 태정관 포고 「연중제일의 휴가일을 정한다[年中祭日ノ休暇日ヲ定ム]」에 따라 기원절(紀元節), 천장절(天長節) 등의 축일(祝日)이 정해졌다. 1878년에는 춘분과 추분 날에 춘기황령제(春季皇靈祭)와 추기황령제(秋季皇靈祭)가 추가되어 축일의 수는 모두 10일이 되었다. 그러나 축일에 학교에서 의식이 거행되는 일은 없었는데, 모리가 1885년 이토 히로부미 내각의 초대 문부대신 자리에 오른 이후 처음으로 축일에 학교에서 의식을 거행하게 되었다.

모리는 국민이 보지(保持)해야 할 품위자질의 향상을 위해서 "기원절 천장절의 대축일에는 축하의식을 거행하고[紀元節天長節ノ大祝日ニ当リテ

---

5 고등학교, 대학 등의 고등교육 과정에서는 연설회, 토론활동, 운동경기활동 등의 과외활동이 학제 반포 시부터 정규 과목과 병행하여 시행되었다.

ハ, 祝賀ノ式ヲ擧ゲ]", 이것을 "학생들의 뇌리에 인명시킬[生徒ノ脳裏ニ印銘セ
シメ]"것을 주장했다.[6] 이 방침을 받아 문부성은 1888년에 기원절·천
장절에 학교의식을 시행할 것을 내명했는데, 이때 의식 때 부를 '기원절
(紀元節)', '천장절(天長節)'이라는 창가를 만들어 배포했다[7]. 이때 내려진
내명에 대해서는 잘 알려져 있지 않지만, 내명을 받아 내린 부현의 훈령
에는 "축하식은 절대로 창가에 의할 것[祝賀式ハ專ラ唱歌ニ由ラシムヘシ]"이
라 되어 있는 것으로 보아 모리의 문부성이 학교의식에 얼마만큼 창가를
중요하게 생각했는지를 추측해 볼 수가 있다.[8]

또한, 모리는 '어진영(御眞影)'이라 불리는 메이지 천황 부부의 사진이
전국 학교에 배부하고 국가 경축일인 기원절(초대 천황 진무의 즉위일, 2월
11일), 천장절(메이지 천황의 생일, 11월 3일), 시원제(始元祭, 1월 3일), 신상제
(神嘗祭, 10월 17일), 신상제(新嘗祭, 11월 23일) 등과 원단(元旦, 1월 1일, 관례
상의 축일)에는 어진영에 대한 배례(拜禮)를 중심으로 창가 제창 등의 축
하의식을 거행할 것을 장려했다. 게다가 천황 축하를 위해 '천황폐하 만
세' 의례를 적극적으로 도입한 것도 바로 모리였다.[9] 각 학교에 봉안전
(奉安殿)이 만들어지고, 그때까지만 해도 구름 위의 존재로서 일반인들과
의 접점이 전혀 없었던 천황의 존재를 그나마 가깝게 느낄 수 있는 어진
영이 봉치되어 각종 학교행사 시에 이를 엿볼 수 있었다는 것만으로도
모리가 목표했던 천황제 이데올로기를 바탕으로 하는 국가주의 교육이

6 　大久保利兼 編, 앞의 책, 80면.
7 　창가 기원절(紀元節)은 모리 아리노리가 궁내성(宮内省) 어가소장(御歌所長) 高崎正
　　風에게 작곡을 의뢰하였고 동경음악학교장 이자와 슈지가 직접 작곡했다.
8 　入江直樹,「儀式用唱歌の法制化過程」,『教育学雑誌』第28号, 1994, 210면.
9 　1891년 4월의 '소학교설비준칙'을 발령을 통해 어진영·교육칙어의 '봉치(奉置)'에
　　관한 구체적 규정으로 명시화되었다.

념의 확립에 크게 이바지했음은 부정할 수 없다.

이와 같은 모리의 학교의식을 이용한 국가주의 교육체제의 형성이라는 교육목표는 그의 사후(死後) 학교의식에 대한 법제화로 나타났다. 문부성이 의식에 관한 규정을 정식으로 정한 것은 '교육칙어'가 발포된 이듬해인 1891년 6월 17일이다. 축일대제일(祝日大祭日) 의식에 관한 구체적 시행규칙인 문부성령 제4호 '소학교축제일의식규정(小学校祝日大祭日儀式規定)'이 바로 그것인데, 이는 전년에 반포된 소학교령(小學校令)의 제15조에 의거하여 만들어진 것이었다.[10]

메이지 23년 10월 칙령 제215호 소학교령 제15조에 근거하여 소학교에서의 축일대제일의 의식에 관한 규정을 설치하는 것 왼쪽과 같다.

10 "明治二十三年十月勅令第二百十五號小學校令第十五條ニ基キ小學校ニ於ケル祝日大祭日ノ儀式ニ關スル規程ヲ設クルコト左ノ如シ 小學校祝日大祭日儀式規程 第一條 紀元節, 天長節, 元始祭, 神嘗祭及新嘗祭ノ日ニ於テハ學校長, 教員及生徒一同式場ニ參集シテ左ノ儀式ヲ行フヘシ 一 學校長教員及生徒皇陛下及皇后陛下ノ御影ニ對シ奉リ最敬禮ヲ行ヒ且兩陛下ノ萬歲ヲ奉祝ス 但未タ 御影ヲ拜戴セサル學校ニ於テハ本文前段ノ式ヲ省ク 二 學校長若クハ教員, 教育ニ關スル 勅語ヲ奉讀ス 三 學校長若クハ教員, 恭シク教育ニ關スル 勅語ニ基ヅキ 聖意ノ在ル所ヲ誨告シ又ハ歷代天皇ノ盛德 鴻業ヲ敍シ若クハ祝日大祭日ノ由來ヲ敍スル等其祝日大祭日ニ相應スル演説ヲ爲シ忠君愛國ノ志氣ヲ涵養センコトヲ務ム 四 学校長, 教員及生徒, 其祝日大祭日ニ相応スル唱歌ヲ合唱ス 第二條 孝明天皇祭, 春期皇靈祭, 神武天皇祭及秋期皇靈祭ノ日ニ於テハ學校長, 教員及生徒一同式場ニ參集シテ第一條第三款及第四款ノ儀式ヲ行フヘシ 第三條 一月一日ニ於テハ學校長, 教員及生徒一同式場ニ參集シテ第一條第一款及第四款ノ儀式ヲ行フヘシ 第四條 第一條ニ揭クル祝日大祭日ニ於テハ便宜ニ從ヒ學校長及教員, 生徒ヲ率キテ體操場ニ臨ミ若クハ野外ニ出テ遊戲體操ヲ行フ等生徒ノ心情ヲシテ快活ナラシメンコトヲ務ムヘシ 第五條 市町村長其他學事ニ關係アル市町村吏員ハ成ルヘク祝日大祭日ノ儀式ニ列スヘシ 第六條 式場ノ都合ヲ計リ生徒ノ父母親戚及其他市町村住民ヲシテ祝日大祭日ノ儀式ヲ參觀スルコトヲ得サシムヘシ 第七條 祝日大祭日ニ於テ生徒ニ茶菓又ハ教育上ニ裨益アル繪畫等ヲ與フルハ妨ナシ 第八條 祝日大祭日ノ儀式ニ關スル次第等ハ府縣知事之ヲ規定スヘシ".

소학교축일대제일의식규정

제1조 기원절, 천장절, 원시제, 신상제 및 신상제 날에는 학교장, 교원 및 생도 일동 식장에 참집하여 왼쪽의 의식을 거행할 것.

一 학교장 교원 및 생도

천황폐하 및 황후폐하의 어영에 대해서 최경례를 한다. 또한, 양 폐하의 만세를 봉축한다. 단, 아직 어영을 배대하지 못한 학교에서는 본문 전단의 의식을 생략한다.

二 학교장 혹은 교원, 교육에 관한 칙어를 봉독한다.

三 학교장 혹은 교원, 삼가 교육에 관한 칙어에 기초해 성의가 있는 곳을 회고하고 또는 역대천황의 성덕 홍업을 서술하고 혹은 축일대제일의 유래를 서술하는 등, 그 축일대제일에 상응하는 연설을 해서 충군애국의 사기를 함양하려 힘쓴다.

四 학교장, 교원 및 생도, 그 축일대제일에 상응하는 창가를 합창한다.

제2조 고메이천황제, 춘기황령제, 진무천황제 및 추기황령제 날에는 학교장, 교원 및 생도 일동 식장에 참집하여 제1조 제1관 및 제4관의 의식을 거행할 것.

제3조 1월 1일에는 학교장, 교원 및 생도 일동 식장에 참집하여 제1조 제3관 및 제4관의 의식을 거행할 것.

제4조 제1조에서 드는 축일대제일에는 편의에 따라 학교장 및 교원, 학생을 인솔해 체조장이나 야외로 나가 유희체조를 시행하는 등, 생도의 심정을 쾌활하게 할 것에 힘쓴다.

제5조 시정촌 그 밖에 학사에 관계가 있는 시정촌 리원은 가능한 한 축일대제일의 의식에 참석할 것.

제6조 식장의 사정을 보아 생도의 부모친척 및 그 밖의 시정촌 주민을 축일대제일 의식을 참관할 수 있도록 할 것.

제7조 축일대제일에 생도에게 다과 또는 교육상에 비익한 회화 등을 주어도 상관없다.

제8조 축일대제일의 의식에 관한 절차 등은 부현지사가 이것을 규정할 것.

이와 같은 학교의식은 천황제를 내실화하고, 국민에 대한 국가주의적 교육사상을 침투시킴에 적지 않은 효과를 거두었다. 공공의 장(場)에서 치러지는 의식(儀式)의 본질은 개개인이 일정한 장(場)에 참여함으로써 개별의사(個別意思) 위에 성립하는 공공의 공동 의사를 우선하는 장을 형성하는 데 있다. 특히 축일대제일창가의 가사와 더불어 이를 합창하고, 엄숙한 분위기 속에서 시행되는 '교육칙어' 봉독식(奉讀式) 등의 학교의식은 그 엄숙함과 동시에 시각과 청각의 양면에 아이들 마음속에 국가적 공동성에 멸사봉공(滅私奉公)적 참여를 자명시하는 신민 의식을 자주적 숭배(崇拜)·공순(恭順)으로 여기는 공동의 의사를 함양시키는 역할을 했다. 그 밖의 학교의식을 통해 기대했던 교육적 목적 또한 이와 크게 다르지 않을 것이다. 게다가 고래의 연중행사인 원단(元旦), 축제일 등을 학교의식으로 거행함으로써 자연스럽게 지역 성원들을 학교생활 속에 끌어들일 수 있었고, 이를 통해 학생들뿐만 아니라 지역 주민들에게도 국가구성의 일원이라는 귀속의식을 심어줌으로써 천황제 이데올로기를 바탕으로 하는 국가관을 자연스럽게 갖게 하는 기능을 하였다.[11]

---

11 축일대제일의식규정(祝日大祭日儀式規定)은 1893년에 간소화되어 1월1일, 기원절, 천장절의 이른바 삼대절(三大節)의 의식은 반드시 거행하고 나머지는 임의대로 해도

여기서 '소학교축제일의식규정(小学校祝日大祭日儀式規定)' 제1조 4관에는 "학교장, 교원 및 생도, 그 축일대제일에 상응하는 창가를 합창한다[学校長, 教員及生徒, 其祝日大祭日ニ相応スル唱歌ヲ合唱ス]"고 규정하고 있음에 주목하고 싶다. 그러나 1891년 단계에서는 의식에 사용할 창가를 아직 정하지 못했다. 현장으로부터 어떤 창가를 불러야 하는지에 대한 문의에 대해서 문부성은 처음에는 현장의 상황에 따라 적당히 판단해 부를 것을 지시했고, 그 후 1891년 10월 8일 훈령을 통해 소학교 의식에서 사용할 창가의 가사와 악보에 대해서 다음과 같이 지시를 내리고 있다.[12]

문부성훈령 제2호 축일대제일의 소학교창가용으로 제공하는 가사 및 악보 건

설명

창가가 인심을 감동시키는 힘이 크다는 것은 널리 알려진 바와 같다. 따라서 이것을 교육상에 적용시키려면 반드시 그 가사악보가 아정하고 심정을 쾌활순미하게 만드는 것을 채택하여야 한다. 특히 소학교에서 축일대제일

좋게 되었다. 쇼와[昭和] 시대에 들어서는 1927년에는 사방절(四方節, 1월 1일), 기원절, 천장절(쇼와 천황의 생일, 4월 29일)에 더해서 메이지절[明治節, 11월 3일]을 신설해 사대절(四大節)이 되었는데, 여전히 소학교에서 시행하는 가장 중요한 의식으로 자리 잡고 있었다. 이들 축일은 아시아·태평양전쟁 패전 후인 1948년에 모두 폐지되어 '국민의 축일에 관한 법률[国民の祝日に関する法律]'로 대체되었으며 의식도 없어졌다.

12 "文部省訓令第二号 祝日大祭日ノ小学校唱歌用ニ供スル歌詞及楽譜ノ件 説明 唱歌ノ人心ヲ感動スルカノ大ナルハ普ク人ノ知ル所ナリ, 故ニ之ヲ教育上ニ適用セシニハ修ラク其歌詞楽譜ノ雅正ニシテ心情ヲ快活純美ナラシムルモノヲ採択スヘシ, 殊ニ小学校ニ於テ祝日大祭日ノ儀式ヲ行フニ当リ用フル所ノ歌詞楽譜ハ, 主トシテ尊皇愛国ノ志気ヲ振起スルニ足ルヘキモノ, 所謂国歌ノ如キモノタラサルヘカラサルハ論ヲ俟タス, 然ルニ未タ適当ノ歌詞楽譜ナキカ為メ往々杜撰ノモノヲ用フルモノアリ, 是レ教育上深ク憂フヘキコトナルヲ以テ本令ヲ発シタルナリ". 教育史編纂偕会 編, 『明治以降 教育制度発達史』第三巻, 龍吟社, 1938, 89면.

의 의식을 행함에 사용하는 가사악보는 주로 존황애국의 사기를 진기하기에 족한 것, 소위 국가 같은 것이어야 할 것임은 논할 필요도 없다. 그러나 아직 적당한 가사 악보가 없어 왕왕 두찬한 것을 사용하는 자가 있다. 이것은 교육상 깊이 우려해야 할 일임에 본령을 발한다.

학제 반포 이래 대략 20여 년간 여러 번의 학교령의 개정과 개별 학교령의 반포를 통해 비록 단서가 달리기는 했어도 창가 과목은 언제나 교과목의 하나로 명시되어 있었다. 그러나 직접 문부성에서 그 구체적인 지도 내용에까지 이처럼 자세히 설명한 적은 한 번도 없었다. 이것은 문부성이 축일대제일의식을 학교와 지역의 차원을 넘어선 국가적 행사로서 거행함에 큰 의미를 두고 있었으며, 의식 중에서는 무엇보다도 창가의 합창에 특히 주의를 기울이고 있었음을 알 수 있다. 또한 창가수업 일반보다도 오히려 축일대제일의식에서 부르는 창가를 훨씬 중요시하고 있었다는 것을 여실히 보여주는 것이라 할 수 있다. 훈령에 의하면 기존의 창가 중에서 그것에 어울리는 창가를 선택하라는 방침이 명확히 나타나 있다.[13] 즉, 학교의식의 장에서 창가를 부르게 하는 이유는 창가를 부르거나 들음으로써 생기는 마음의 감동을 '존왕애국'의 사기를 진흥시키는 방향으로 유도하기 위함이었다.

학교의식의 장에서 부를 축일대제일창가(祝日大祭日唱歌) 제정과 보급은 근대 일본의 음악 교육에 전기를 마련하게 된다. 학제 포달 이후 오랫동안 수의과목(隨意科目) 혹은 가설가목(加設科目) 취급을 받아왔던 창가

---

13 山住正巳, 『唱歌教育成立過程の研究』, 東京大学出版会, 1967, 20면.

과목은 사정이 여의치 않으면 얼마든지 시행을 유보할 수 있었다. 그러던 것이 축일대제일을 중심으로 전국적으로 거행되는 학교의식의 철저와, 거기에서 반드시 불러야만 하는 축일대제일창가의 교습을 위해서라도 창가 과목을 설치하지 않을 수 없었으며, 이는 자연스럽게 음악 교육의 전국적인 확산을 유도하게 되었다. 게다가 이미 창가 교육을 시행하고 있던 학교에서도 일반 창가 교과서에 수록된 노래보다도 축일대제일창가를 중시하는 학교가 적지 않았을 정도이다.[14]

4. 축일대제일창가(祝日大祭日唱歌)

위의 훈령이 하달된 지 얼마 지나지 않은 12월 29일, 이번에는 문부성 보통학무국장(普通學務局長)이 「소학교에서 축일대제일에 사용하는 가사 및 악보의 건[小学校ニ於テ祝日大祭日ニ用フル歌詞及楽譜ノ件]」을 통해 〈우리 군주님[我大君]〉, 〈기미가요[君が代]〉, 〈천자[天津日嗣]〉, 〈태평성대[栄ゆく御代]〉, 〈5일의 바람[五日の風]〉, 〈태평곡[太平の曲]〉, 〈경하하라, 우리 군주를[祝へ吾君を]〉, 〈우리나라[瑞穂]〉, 〈안정된 세상[治る御代]〉, 〈군주의

---

14 아키타[秋田]의 어느 지역에서는 창가 과목을 설치할지 안 할지에 대해서 의논했을 때, 소학교 교육에 그다지 필요성을 인정할 수는 없지만 새로운 소학교령이 시행되어 축일대제일 규정이 적용되면 창가를 불러야 하기에 이를 설치해야 한다고 주장했다고 하며(「北秋田郡私立教育会決議」, 『音楽雑誌』, 第十七号, 1892.2), 하코다테[函館]의 창가강습회에서는 "창가는 축일대제일에 합창해야 하는 것을 우선시해야 한다"고 했다. 위의 책, 268면.

세상의 초봄[君が代の初春]〉, 〈기원절(紀元節)〉, 〈천장절(天長節)〉, 〈기미가요[君が代]〉 등, 식전에서 부를 창가로 적합한 노래 13곡을 『유치원창가집(幼稚園唱歌集)』,[15] 『소학창가집(小學唱歌集)』,[16] 『증등창가집(中等唱歌集)』[17] 등에서 선정해 각 도도부현에 통보했다.[18] 〈주군의 세상의 초봄[君が代の初春]〉은 1월 1일에, 〈천자[天津日嗣]〉는 원시제일(元始祭日) 진무천황제일(神武天皇祭日)에, 〈기원절(紀元節)〉은 기원절에, 〈우리나라[瑞穗]〉는 신상제일(新嘗祭日)에, 또한, 〈우리나라[瑞穗]〉 가사 중에 신상(新嘗)의 신(新)을 신(神)이라 수정하여 신상제일(神嘗祭日)에, 〈천장절(天長節)〉, 〈우리 군주님[我大君]〉은 천장절에, 그 밖의 것은 적당히 사용하면 될 것이라 하여, 어떤 노래는 어떤 의식에서 부르라는 식의 지시도 함께 보인다.[19]

---

15 1887년 12월에 만들어진 창가집. 전 29곡 수록. 표제(標題)에 '유치원'이라고 되어 있어 유치원생을 대상으로 하는 창가집이라 생각하기 쉽지만, 실제로는 유치원생뿐만 아니라 소학교 저학년들도 사용했다. 서언(序言)을 통해 "유덕(幼德)을 함양하고 유지(幼智)를 개발"하는 것을 편찬의 목적으로 하고 있음을 알 수 있다. 노래는 대체로 『소학창가집』과 마찬가지로 외국곡이 주를 이루고 있으며 음악조사계에서 만든 곡도 소수 보인다. 노래 제목의 한국어 역은 인용자에 의함.

16 『소학창가집』은 1882년 4월부터 1884년 3월에 걸쳐 모두 3편이 출판되었는데, 메이슨이 미국학교 음악 교육에서 사용했던 주로 스코틀랜드나 아일랜드의 유명한 민요에 이나가키 지카이[稻垣千穎]·사토미 다다시[里見義]·가베 이즈오[加部嚴夫] 등의 문학자가 가사를 만들어 붙였다. '소학창가집'이란 제목에서 알 수 있듯이, 주로 소학교에서 사용되는 교재로 만들어진 것이기는 했지만, 당시에는 이것 이외에 달리 창가교재가 없었기 때문에 음악조사계의 전습생(傳習生)은 물론 창가 교습을 시행하던 전국의 사범학교 생도용의 교과서로써도 사용되었다. 더욱 구체적인 내용은 이권희, 『근대 일본의 국민국가 형성과 교육』, 케포이북스, 2013을 참조 바람.

17 『중등창가집』은 1889년 심상중학교(尋常中学校) 용 교재로 편찬되었다. 이 창가집에 수록된 〈埴生の宿〉(원곡 〈Home, sweet home〉)은 지금도 같은 가사로 많은 일본인에게 애창되어지고 있다.

18 일단 문부성 보통학무국장의 통첩(通牒) 방식으로 축일대제일에 부를 13곡의 창가를 지정해 하달했지만, 각각의 도도부현에서는 이를 실행함에 곡목의 이동 등 다소의 변동이 있었다.

19 『文部省普通学務局例規類纂』第一編, 43면. 국립국회도서관 근대디지털라이브러리

〈기미기요[君が代]〉의 경우는 같은 제목의 노래가 두 곡 선정되었는데, 가사는 거의 같으나 곡절은 전혀 다르다.

이후 1891년 10월 20일 도쿄음악학교장 오카무라 한이치[岡村範為馳]를 위원장으로 하는 17명의 위원을 임명하여 축일대제일가사 및 악보심사위원회(祝日大祭日歌詞及樂譜審査委員會)를 조직하였고, [20] 가사와 곡의 선정에 들어가 마침내 1893년 8월 12일 문부성 고시 제3호 관보 제3037호 부록『축일대제일가사 및 악보[祝日大祭日歌詞並樂譜]』의 형태로 〈기미기요[君が代]〉, 〈칙어봉답[勅語奉答]〉, 〈1월 1일(一月一日)〉, 〈원시제(元始祭)〉, 〈기원제(紀元節)〉, 〈신상제(神嘗祭)〉, 〈천장절(天長節)〉, 〈신상제(新嘗祭)〉의 8곡을 축일에 불러야 창가로 공포했다. 이른바 '축일대제일창가(祝日大祭日唱歌)'이다.[21] 이에 따라서 학교 교육의 현장에서는 문부성에서 선정한, 이른바 관선(官選)의 의식용 창가를 중심으로 음악 교육이 보급되게 되었으며, 축일대제일에는 그날을 기념하는 창가와 더불어 〈기미

(http://kindai.ndl.go.jp/info:ndljp/pid/797579/52).

20 멤버는 도쿄제국대학[東京帝國大學], 고등사범학교(高等師範學校), 여자고등사범학교(女子高等師範學校), 도쿄음악학교[東京音樂學校], 학습원(學習院)의 교수, 문부성 직원, 궁내성(宮內省) 아악부(雅樂部)의 영인(伶人)들로 구성되었다.

21 8곡의 선정 경위는 엔도 히로시[遠藤宏]의『明治音楽史考』(有朋堂 1948)를 통해 알 수가 있는데, 엔도에 의하면 1891년 10월에 발령을 받은 축일대제일가사와 악보의 심사위원에는 위원장에 村岡範為馳,, 黒川真頼, 野尻精一, 瓜生繁, 上原六四郎, 鳥居忱, 上真行, 渡辺薫之助(文部視学官), 篠田利英, 佐藤誠実(文部属), 루돌프・데잇트리히 등이고, 그 후 神津専三郎, 林広守, 小山作之助, 山井基万, 林広継, 納所弁次郎기 추가 임명되었다고 한다. 먼저 가사가 신중한 심의 끝에 결정되고 이 가사에 곡을 붙일 위원을 다수 위촉하여 작곡을 시켜 수합된 곡 가운데에서 가장 적당한 곡을 선정해 1893년 8월『소학교축일대제일의식창가용 가사 및 음보 선정[小学校祝日大祭日儀式唱歌用歌詞及び楽譜選定]』으로 고시했다고 한다. 그 후 의식용 창가집이 민간의 출판사에서 다수 출판되었다. 관보 제3037호의 부록은 서관 디지털 컬렉션에서 확인할 수 있다(http://dl.ndl.go.jp/info:ndljp/pid/2946301/8).

기요[君が代])·〈칙어봉답(勅語奉答)〉을 반드시 부르도록 했다.

　8곡의 축일대제일창가의 가사는 다음과 같다.[22] 가사에 대한 설명은
지면의 제약도 있고 해서 필요최소한에 한한다.

君が代	기미가요
君が代は	군주의 세상은
ちよにやちよに	헤아릴 수 없는 오랜 세월
さざれいしの	조약돌이
巌なりて	바위가 되고
苔のむすまで	이끼가 낄 때까지

勅語奉答	칙어봉답
あやに畏き 天皇の	말로 표현할 수 없을 정도로 경외하는 천황의
あやに尊き 天皇の	말로 표현할 수 없을 정도로 존귀한 천황의
あやに尊く 畏くも	말로 표현할 수 없을 정도로 존귀하고 황송하게도
下し賜へり 大勅語	하사해 주신 대칙어
是ぞめでたき 日の本の	이것이야말로 상스러운 일본의
国の教の基なる	국교의 기본이다
是ぞめでたき 日の本の	이것이야말로 상스러운 일본의
人の教の 鑑なる	인교의 귀감이다
あやに畏き 天皇の	말로 표현할 수 없을 정도로 경외하는 천황의

22　문부성 관보 발표 이후 악보는 민간에서 다양하게 출판되었다. 본장에서는 宮田六左衛
　門, 『祝日大祭日歌詞並楽譜』(共益社, 1893)에서 인용. 한국어 역은 인용자.

勅語のままに 勤みて　　칙어의 말씀대로 노력하여

あやに尊き 天皇の　　말로 표현할 수 없을 정도로 존귀한 천황의

大御心に 答へまつらむ　마음에 보답하리라

一月一日　　　　　　　1월 1일

年のはじめの 例とて　　연초의 항례의 관습으로

終なき世の めでたさを　끝없이 이어지는 세상의 경사를

松竹たてて 門ごとに　　송죽을 세워 입구마다

いはふ今日こそ たのしけれ　축하하는 오늘이 정말 즐겁구나

初日のひかり あきらけく　첫날의 태양 빛은 청명하고

治まる御代の 今朝のそら　안정된 치세의 아침 하늘

君がみかげに 比へつつ　군주의 모습과 비교하며

仰ぎ見るこそ たふとけれ　우러러 보니 존귀하구나

元始祭　　　　　　　　원시제

天津日嗣の 際限なく　　황위를 계승하는 천자는 무궁하고

天津璽の 動きなく　　황위의 상징은 흔들림이 없이

年のはじめに 皇神を　　연초에 황조신을

祭りますこそ かしこけれ　제사 지내는 것이야말로 경외로워라

四方の民くさ うち靡き　사방의 민초들은 사랑하는 마음으로

長閑けき空を うち仰ぎ　맑게 갠 하늘을 우러러보며

豊栄のぼる 日の御旗　아름답게 떠오르는 일장기를

たてて祝ははぬ 家ぞなき　　内걸고 축하하지 않는 집이 없구나

紀元節　　기원절

雲に聳ゆる 高千穂の　　구름 속에 우뚝 솟은 다카치호의

高根おろしに 草も木も　　다카치호에서는 불어 내려오는 바람에 풀

　　　　　　　　　　　도 나무도

なびきふしけん 大御世を　　납죽 엎드려 머리를 들지 못하는 성대를

あふぐ今日こそ たのしけれ　　우러러보는 오늘이야말로 즐겁구나

海原なせる 埴安の　　창해를 만드신 하니야스의

池のおもより 猶ひろき　　연못의 수면보다 더 넓은

めぐみの波に 浴みし世を　　은혜의 파도를 입은 세상을

あふぐけふこそ たのしけれ　　우러러보는 오늘이야말로 즐겁구나

天津ひつぎの 高みくら　　황위를 계승하는 천자의 높은 자리

千代よろづよに 動きなき　　억만년이 지나도 움직임 없는

もとゐ定めし そのかみを　　근본을 정하신 그 신을

仰ぐけふこそ たのしけれ　　우러러보는 오늘이야말로 즐겁구나

空にかがやく 日のもとの　　하늘에 빛나는 태양 아래

万の国に たぐひなき　　어느 나라에도 비할 것이 없는

国のみはしら たてし世を　　나라의 기둥을 세우신 세상

あふぐけふこそ たのしけれ　　우러러보는 오늘이야말로 즐겁구나

神嘗祭   신상제

五十鈴の宮の 大前に   이스즈궁의 대전에

今年の秋の 懸税   올 가을의 현세

御酒御帛を たてまつり   어주와 어백을 바친다

祝ふあしたの 朝日かげ   경하하는 내일의 아침 햇살

靡く御旗も かがやきて   펄럭이는 깃발도 빛을 내며

賑ふ御代こそ めでたけれ   번성하는 성대야말로 경사로다

天長節   천장절

今日の吉き日は 大君の   오늘의 좋은 날은 천황이

うまれたひし 吉き日なり   태어나신 좋은 날이다

今日の吉き日は みひかりの   오늘의 좋은 날은 영광이

さし出たまひし 吉き日なり   빛이 나는 좋은 날이다

ひかり遍き 君が代を   두루두루 빛이 닿는 군주의 세상을

いはへ諸人 もろともに   경하하라 모두 다 함께

めぐみ遍き 君が代を   두루두루 은혜를 입은 군주의 세상을

いはへ諸人 もろともに   경하하라 모두 다 함께

新嘗祭   신상제

民やすかれと 二月の   백성들이 편안하도록 2월의

祈年祭 験あり   기년제 효험이 있어

千町の小田に うち靡く   수많은 논에서 춤추는

垂穂の稲の 美稲   고개 숙인 벼이삭의 좋은 쌀로

御饌に作りて たてまつる　　공양떡을 만들어 바친다

新嘗祭 尊しや　　신상제 고귀하구나

〈기미가요〉는 905년 편찬의 일본 최초의 칙찬(勅撰) 와카집[和歌集] 『고킨와카슈[古今和歌集]』 속에 실려 있는 작자미상의 노래에 오쿠 요시이사[奧好義]가 곡을 붙여 완성했다. 1999년 8월 '국기국가법(國旗國歌法)'에 따라 일본의 국가로 지정된 현재의 〈기미가요〉와는 가사만 같을 뿐 멜로디는 전혀 다르다.[23] 천황의 치세가 영원히 이어지기를 기원하는 내용으로 되어 있다.

〈칙어봉답〉은 가쓰 야스요시[勝安芳], 즉 가쓰 가이슈[勝海舟] 작사, 고야마 사쿠노스케[小山作之助] 작곡. 1890년 10월 30일 천황의 이름으로 발표된 교육칙어에 대한 찬가(賛歌)이다. 식전에서는 교육칙어 봉독에 이어서 이 노래를 불렀는데, 선율(旋律)은 4/4 박자의 양악조(洋楽調)로 되어 있다. 당시에는 오히려 서양의 선율에 익숙하지 않아 부르기 어려웠던 저학년들은 생략해도 좋다고 되어 있었다.

〈1월 1일〉은 센게 다카토미[千家尊福] 작사, 우에 사네미치[上真行] 작곡. 이른바 '파'음과 '시'음이 없는 일본 고래의 '요나누키[ヨナ抜き]' 단음계와 크게 다르지 않은 장음계로 되어 있어 아주 부르기 쉬운 노래로

23　현재의 '기미가요'의 멜로디는 독일인 음악가 프란츠 에케르트가 만든 것인데, 여기의 것은 도쿄여자사범학교[東京女子師範学校]에서 궁내성(宮内省) 식부료(式部寮) 아악부(雅楽部)에 의뢰해 1877~83년에 걸쳐 만든 『보육 및 유희창가[保育並ニ遊戱唱歌]』(일명 『보육창가(保育唱歌)』)에 19번째로 수록되었던 노래이다. 『보육창가(保育唱歌)』에는 작곡가가 하야시 히로모리[林広守]로 되어 있으나 하야시는 당시 곡을 만든 궁내성 아악부의 대표였기 때문에 그의 이름으로 곡을 제출했을 뿐이고 실제 작곡가는 오쿠 요시이사이다.

되어 있다. 가사는 신년 정월의 풍경을 그대로 잘 묘사하고 있다. 특히 2절의 '청명하고 안정된 치세[明らけく 治まる御代]'는 '메이지[明治]'의 치세를 나타내고 있다.

〈원시제〉는 스즈키 시게네[鈴木重嶺] 작사, 시바 후지쓰네[芝葛鎭] 작곡. 원시제는 1월 3일 일본의 시작이라고 할 수 있는 '원(元)', 즉 천신지기(天神地祇)와 역대 황령(皇靈)을 제사 지내는 행사이다. '황위의 상징(天津璽)'은 야타노카가미[八咫鏡], 구사나기노쓰루기[草薙劍], 야사카니노마가타마[八坂瓊曲玉]의 3종의 신기를 가리킨다. 한해의 시작인 연초에 황조신을 제사 지내는 경외로움을 노래하고 있다.

〈기원절〉은 다카사키 마사카제[高崎正風] 작사, 이지와 슈지 작곡. 기원절은 초대 천황 진무천황(神武天皇)이 즉위했다는 2월 11일을 기념하는 행사. '하니야스의 연못[埴安の池]'은 나라현[奈良縣] 가시와라시[橿原市]의 구네비야마[畝傍山] 동쪽 기슭에 자리한 '가시와라신궁[橿原神宮]' 옆에 있는 연못인데, 가시와라신궁은 진무천황을 제신으로 삼고 있다. '억만년이 지나도 움직임 없는 근본을 정하신', 즉, 일본의 '국체'를 정한 진무천황을 칭양하는 내용으로 되어 있다.

〈신상제(神嘗祭)〉는 기무라 마사코토[木村正辭] 작사, 쓰지 다카미치[辻高節] 작곡. 신상제는 천황이 그해에 수확한 신곡(新穀)을 신께 봉헌하는 행사로 매년 10월 17일에 거행된다. 오곡풍양(五穀豊穰)을 감사하는 감사제(感謝祭)로 궁중(宮中)이나 이세신궁[伊勢神宮]에서 의식이 거행된다. '이스즈[五十鈴]'는 궁 앞을 흐르는 강의 이름이고, '현세(懸稅)'는 신에게 바치는 신곡을 말한다.

〈천장절〉은 구로카와 마요리[黑川真賴] 작사, 오쿠 요시이사 작곡. 선정 당시 천장절은 메이지 천황의 탄생일을 기념하는 국가적 행사로 11월 3일에 거행되었다. 가사는 천황의 탄생을 축하하는 내용으로 일관하고 있다. 다이쇼 시대는 10월 31일, 쇼와[昭和] 시대는 4월 29일에 천장절 행사가 열렸다. 천황이라는 존재가 일반인들에게는 거리감이 있어 행사 자체에 대한 이해도가 가장 낮았고 노래 또한 그러했다. [24]

〈신상제(新嘗祭)〉는 고나카무라 기요노리[小中村淸矩] 작사, 쓰지 다카미치[辻高節] 작곡. 신상제는 그해에 수확한 신곡을 천신지기(天神地祇)에게 봉납하여 신에게 감사하고 천황이 신과 함께 이를 공식(共食)하는 제식으로 매년 11월 23일에 거행된다. '신상(新嘗)'은 그해에 수확한 새로운 곡물을 먹는다는 의미이다. '지마치[千町]'의 마치[町]는 논의 구획을 나타내는 말로, '지마치의 오다[千町の小田]'는 아주 많은 논이라는 의미이다.

위의 축일대제일에 거행되는 학교의식은 대략 시정촌(市町村)의 장과 학사를 담당하는 공무원이 자리한 가운데, 궁내성(宮內省)에서 각 학교에 대여해 봉안전 안에 교육칙어와 함께 보관하고 있던 어진영에 배례로부터 시작한다. 먼저 봉안전을 강당 등의 정면에 놓고 그 문을 열어 학동과 직원 일동이 최경례(最敬禮)로써 요배(遙拜)를 한다.[25] 그러고 나서 천황과 황후에 대해 만세를 외친 후, 교장 또는 그를 대신하는 자가 교육칙어

---

[24] 金田一晴彦・安西愛子, 『日本の唱歌』, 講談社文庫, 1998, 94면.

[25] 천황과 황후의 사진, 교육칙어의 복사본의 배포는 강제가 아니었고 각 학교에서 이를 원하면 그 학교가 '우등(優等)'인지 아닌지를 보고 배부를 결정했다. 궁내성에서 '대여(貸與)'의 형식으로 하부(下付)된 것이니만큼 이를 조심스럽게 다루어야 했는데, 학교에 화재가 났을 때 그것을 지키지 못했다는 이유로 교장이 자살한 사건도 있었다. 그래서 안전을 위해 학교가 아닌 관공서 등에서 이를 보관하기도 했었다. 또한, 이를 직시하면 눈이 먼다는 이유로 학동들아 이를 쳐다보지 못하게 금지한 경우도 있었다.

를 봉독하고, 봉독이 끝나면 교장의 훈화를 듣고 축일에 지정된 창가를
부르고, 봉안전의 문을 닫고 식을 마친다. 엄숙하고도 딱딱한 분위기의
의식이 끝나면 아이들은 담임선생님으로부터 홍백의 과자를 받아 하교
했다.

5. 맺음말

메이지기의 창가 교육은 1872년 학제에서 창가과의 설치를 명시한
이후 오랜 기간 수의과목 혹은 가설가목의 역을 벗어나지 못했다. 즉, 학
교장의 재량에 따라 얼마든지 설치는 얼마든지 유보할 수 있었던 과목이
었다. 그도 그럴 것이 음악일반에 대한 일반인들의 인식도가 그다지 높
지 않았고, 교육을 담당할 교사는 물론이거니와 교재와 반주 악기 등의
보급 또한 늦어졌기 때문이다. 그러던 것이 1893년 8월 12일 문부성 고
시 제3호 관보 제3037호의 부록을 통해 발표된 8곡의 축일대제일창가
가 세상에 나온 이후 학교 교육의 현장에서 창가 교육은 이른바 의식창
가를 중심으로 전국적으로 빠르게 보급되어 갔다. 축일대제일창가는 그
야말로 '음악상의 헌법'으로서 창가 교육의 기본으로 자리매김하게 되
었고,[26] 창가 교육은 학교의 정규 교육과정보다는 오히려 학교의식을 통

---

26 雨宮久美, 「明治期の倫理的唱歌の成立」, 『明治聖德記念学会紀要』, 明治聖德記念学会,
    1998.4, 66면.

해 더욱 친근하게 학생들과 일반 국민에게 보급되어 갔다. 게다가 1880년대 후반 이후 학교의식은 학동들뿐만 아니라 의식에 참석하는 지역 주민들에게 국가 구성의 일원이라는 국민으로서의 귀속의식과 천황제 이데올로기를 바탕으로 하는 국가관을 자연스럽게 심어주는 장으로써 특히 중요시되었다.

의식에서 음악의 효과는 절대적이다. 교회에서 예배를 볼 때 흘러나오는 장중한 음악과 성가대원들의 합창은 임석하고 있는 이들로 하여금 몽환적 기분에 빠져들게 하는데, 그 결과 비일상적 세계의 존재를 믿게 하여 신에게 귀일하게 하는 일종의 최면 효과를 만들어낸다. 여기에 찬송가를 소리 높이 부름으로써 그리스도를 찬양함과 동시에 합창을 통해 소속의식을 고양하며 종교 집단의 성원으로서의 자각과 사상적 통일을 꾀할 수도 있다. 이는 19세기에 유럽에서 일어난 합창운동이나 플라톤의 선법론(旋法論)에 의해 이미 증명된 음악의 기능이다.[27] 비록 법제화를 통해 강제적으로 학교의식이 거행되게 된 것은 모리 아리노리 사후의 일이지만, 모리 아리노리가 학교의식과 의식의 장에서 의식창가를 부르게 함으로써 기대했던 것이 바로 이와 같은 엄숙하고 진중한 분위기 속에서 국가의 상징으로서의 천황을 배례하게 함으로써 비일상적 공간에서 시각적·청각적 효과를 통해 국가주의 사상의 침투와 이를 극대화한다는 것이었다.

"학업으로 지친 심신을 회복시키고, 폐와 장기를 튼튼하게 하며, 발음

---

27 플라톤은 『국가(Politeia)』를 통해 국가의 지도자는 이상적인 국가를 만들기 위해 음악에 대한 지식을 갖고 적절한 때에 적절한 음악을 사용하는 것으로 사람의 마음을 컨트롤하고 용감하고 절도 있는 인격을 갖는 젊은이를 키워가야 하는 것이 필요하다고 역설했다.

을 정확하게 하는 동시에 청력을 좋게 하고, 사고를 치밀하게 하며, 마음을 즐겁게 함과 동시에 선한 심성을 분기케 한다"[28]는 메이지 초기의 음악 교육 본연의 목적은 시간이 지남에 따라 변질되어 갔다고 생각하지만, 근대 일본의 교육과정에 음악 교육을 도입하려 했던 목적은 처음부터 이와 같은 순수예술론에 입각한 아름다운 이유에서가 아니었다. 학교의식 시행의 철저함과 그 안에서 기능할 축일대제일창가(祝日大祭日唱歌) 제정과 보급은 창가를 부르거나 들음으로써 생기는 마음의 감동을 '존왕애국(尊王愛國)'의 사기(士氣)를 진흥시키는 위함이었으며, 이를 계기로 음악 교육의 전국적인 확산을 유도하게 되었다. 충군애국(忠君愛國)과 존황주의사상을 근간으로 19세기 후반에 대두하는 일본의 국가주의 사상의 형성과 침투에 창가, 특히 의식창가가 담당했던 부분이 절대 적지 않았음을 간과해서는 안 될 것이다.

---

28 「장래 학술 진보에 필수의 건[将来学術進歩ニ付須要ノ件]」, 『愛知師範学校年報』, 1875. 2.26. 이 보고서는 문부성에서 간행된 『文部省第二年報』에 실려 있다. 「愛知師範学校 年報」는 국립국회도서관 디지털화자료(http://dl.ndl.go.jp)를 통해 확인할 수 있으나 본서에서는 『音樂敎育研究』, 1973.2, 45면에서 재인용.

제9장 국가주의 교육과 전쟁 · 전쟁영웅

1. 들어가는 말

교육은 특정 이데올로기에 구속되어서는 안 되는 것이다. 하물며 그 대상이 스스로 사물을 판단할 능력이 부족하고 쉽게 감화하는 어린 학생일 경우에는 더욱 그러하다. 그러나 근대기 일본의 교육은 안타깝게도 메이지 신정부가 지향하는 국민국가 형성 과정에서 국민을 교화하는 한 수단으로 이용되었다. 유신 이후 정부는 국가신도적 이데올로기에 바탕을 둔 국체의 형성과 국민국가로서의 일본을 지향함에 거기에 속하는 국민의 통일된 아이덴티티의식을 만들어내는 것을 교육의 중요한 과제로 삼았다. 이에 1879년 메이지 천황의 이름으로 발표된 '교학성지'나 1890년의 '교육칙어'에서 강조하고 있는 덕육을 통한 '덕성 함양'이라는 시대의 가치를 교육 현장을 통해 구현해 갔으며, 문부성창가로 대표되는 창가 교육 또한 수신 · 국어 · 역사 · 지리교육과 함께 충군애국 사상이라는 시대정신을 고양하기 위한 도구, 혹은 매체로써 학교 교육에 활용되었다.

저자가 메이지 시대의 교육제도 변천과 교육이념의 변화 등에 주목하는 이유는, 메이지유신을 통해 전근대적 요소를 과감히 개혁하고, 나아가 서구열강과 어깨를 나란히 하는 근대 국민국가로서의 일본의 완성이 교육제도의 개혁과 그 제도를 바탕으로 하는 국민교육의 구체적 가치 설정, 그리고 이를 실천해 나아가는 과정에서 배출된 인재들의 활약이 뒷받침되었기에 가능했다고 생각하기 때문이다. 게다가 1894년의 청일전쟁, 1904년의 러일전쟁을 필두로, 1914년의 제1차 세계대전 참전, 1931~1945년에 걸친 이른바 15년 전쟁으로 이어지는, 근대기 일본의 전쟁사에 공교육이 담당했던 책임 또한 가볍지 않다고 보기 때문이다.

이에 본 장에서는 메이지기 일본이 수행했던 청일전쟁, 러일전쟁을 전후로 해서, 전쟁을 수행함에 국민의 사상과 총력을 한데로 집약시키기 위해 구축된 황국사관을 비롯한 다양한 국체 이데올로기 형성에 주도적 역할을 담당했던 공교육의 실태를 소학교 교육을 중심으로 살펴보고자 한다. 구체적으로는 청일·러일 전쟁을 전후로 한 역사교육과 창가교육을 중심으로, 제국주의, 군국주의의 길로 치닫는 근대기 일본의 사상적 정체성 확립에 메이지기 공교육이 어떻게 관여하고 이를 이용했는지 살펴볼 것이다. 이를 통해 근대 국민국가 일본의 사상적 규범 형성과, 통일된 사상을 무의식적으로 신봉하며 자행한 근대기 일본의 전쟁에 관여한 공교육의 문제를 규명할 수 있는 작은 실마리를 찾을 수 있을 것이라 기대한다.

2. 교육칙어와 군국주의 교육

1945년의 패전 이전까지 황도주의, 천황제 이데올로기 형성과 그 구현이라는 근대기 일본의 교육사상에 가장 큰 영향을 미친 것은 그 무엇보다도 1890년 10월 30일 칙명으로 공포된 '교육에 관한 칙어[敎育に関する勅語]', 이른바 '교육칙어'라는 것에 이견이 있을 수 없다. 근대기 일본 교육사상의 상징으로써, 근대기 일본이 추구했던 교육이념이 바로 이 교육칙어에 집약되어 있다고 해도 과언이 아니다. 1889년 2월 11일에 '대일본제국헌법'이 반포되고, 이어서 교육칙어가 반포됨으로써 근대 국민국가의 체제는 제도적으로 어느 정도 모습을 갖추어 나가게 된다. 그리고 교육칙어는 국가의 제도적 확립을 학교 교육의 측면에서 보완하기 위한 정치적 작위의 소산이었다.[1]

교육칙어에 담긴 교육사상이 1945년 패전 이전까지 일본인들에게 미친 영향은 가늠할 수 없을 정도로 크다. 교육칙어는 전통주의적 · 유교주의적 입장에서 국민의 덕성 함양을 교육의 기본이념으로 제시하고 있다.[2] 신민이 지극한 충과 효로써 대대손손 천황과 나라를 위해 진력하는

1 　대일본제국헌법의 공포는 근대 일본의 정체(政體)를 확정했으며 이듬해 반포된 교육칙어는 이를 정신적으로 뒷받침하는 것이었다. 대일본제국헌법은 천황을 신성불가침한 존재로 자리매김하며 국가 통치의 대권이 오직 천황에게 만 있음을 명문화하고, 교육칙어를 통해 천황은 모든 도덕의 근원으로서, 도덕적 · 종교적 뿐만 아니라 문화적 · 미적 가치의 원천으로 자리매김 되었다. 이로써 천황은 한사람의 개인으로서가 아니라 법으로 정한 정치적 · 정신적 절대자로서 국가 그 자체가 되었다.
2 　교육에서의 덕육주의 진흥을 원한 것은 1889년의 대일본제국헌법 공포에 따른 새로운 법체제로의 이행, 총선거 시행 등에 의한 정당정치의 확립에 따른 구래의 질서 유지에 불안을 느낀 지방 장관들이 1890년 2월 지방장관회의에서 덕육진흥의 건의를

것이 '국체의 정화'이자 '교육의 근원'이라 정의하며, "일단 위급한 일이 생길 경우에는 의용(義勇)을 다 하며 공을 위해 봉사함으로써 천양무궁의 황운을 부익해야 한다[一旦緩急アレハ義勇公ニ奉シ以テ天壤無窮ノ皇運ヲ扶翼スヘシ]"는 것은, 개인보다는 공(公)을 우선시하며, 교육의 목적이 궁극적으로 황운(皇運)을 부익(扶翼)함에 있다고 명시한 것이다. 이어서 구체적으로 신민이 진력해야 할 14의 덕목을 열거하고, 마지막으로 이러한 덕목은 황조황종(皇祖皇宗)의 유훈(遺訓)에 따라 영원히 준수해야 할 보편적 진리라 맺고 있는데, 이는 교육의 기본은 역대 천황이 남긴 가르침이라는 것을 말하는 것이다. 이로써 1872년의 학제, 1879년의 교육령, 1880년의 교육령 개정, 1886년의 개별 학교령 등, 일련의 교육제도와 교육사상의 우여곡절을 유교주의를 기반으로 하는 덕육으로 최종 귀결시키며, 결과적으로 교육은 천황과 황실을 위한 교육이어야 함을 만천하에 공포한 셈이다.

반포 이듬해인 1891년 '소학교교칙대강(小学校教則大綱)'의 발령을 통해 교육의 내용을 구체적으로 규정하고 있다. 소학교교칙대강 제1조에는 교육은 무엇보다도 국민의 덕성 함양에 가장 주의를 기울여야 하며, 수신 과목뿐만 아니라 모든 과목에서 도덕 교육·국민교육에 관련한 사항은 특히 유의해서 수업할 것을 요구하고 있다. 문부성에서는 교육칙어의 등본(謄本)을 직접 만들어 전국의 학교에 이를 배포하고, 그 내용조차 제대로 이해하지 못할 난해한 문장을 어린아이들에게 암송케 했다. 그리고 천장절·기원절 등의 축일 때 학교에서 열리는 각종 행사나 국가

수합하여 문부성에 덕육교육을 확정해 줄 것을 건의한 것이 계기가 되었다. 辻本雅史 外, 앞의 책, 373면.

적 의례 시에는 1889년부터 시행된 '어진영'이라 불리는 천황과 황후의 사진 배례와 더불어 학교장에게 교육칙어를 봉독케 함으로써 예배의 대상이 되었으며, 국민의 천황에 대한 절대복종의 귀일적 신앙의 대상으로 만든 교육의 절대적 규범으로 자리 잡았다. 또한, 교육칙어는 대일본제국의 신민으로 하여금 천황의 신성성·불가침성의 관념을 유년시절서부터 정신적으로도 육체적으로도 공유시키기 위해 정치적으로 창출된 의식을 통해 국민도덕의 절대적 기준으로, 혹은 최고의 교육이념으로 신성시되었으며, 국어·수신 과목을 비롯한 여러 교과서는 이러한 천황의 신성을 주입하는 내용으로 개정되었다.

원래 의식이라는 것의 본질은 개개인이 일정한 '장(場)'에 참여함으로써 개별의사 위에 성립하는 공공의 공동 의사를 우선하는 장을 형성하게 된다. 그러한 의미에서 교육칙어 봉독식은 국가적 공동성에 멸사봉공적 참여를 자명시하는 신민 의식, 즉 국가가 강제하는 사항을 강제라 느끼지 않고, 오히려 자주적 숭배·공순으로 여기는 공동 의사를 함양하기 위한 절호의 방책으로 기능했다. 교육칙어를 통해 명시된 천황제국가의 사상, 또는 교육이념은 1894년의 청일전쟁과 1904년의 러일전쟁에 참가한 군인들의 충군애국 정신 함양에 절대적 영향을 미쳤으며, 1931년부터 이어지는 이른바 '15년 전쟁' 기간에는 극단적으로 신성시되기도 하였다.

교육칙어의 반포에 앞서 정부는 1882년 1월 4일 '육해군 군인에게 내리는 칙유[陸海軍軍人に賜りたる勅諭]', 이른바 '군인칙유(軍人勅諭)'를 발포한다.[3] "짐은 너희들 군인의 대원수이다[朕は汝等軍人の大元帥なるぞ]"라는 표현에서 알 수 있듯이, 이것을 계기로 천황을 육·해군의 통수권자로

우러르고, 천황에 대한 충절을 군인에게 있어 최고의 가치로 삼는 황군 (皇軍) 관념이 형성된다. 유년시절부터 널리 민중에게 신민 의식을 주입하는 역할을 담당했던 것이 교육칙어라 한다면, 특히 군대교육에서 황군 관념 형성을 직접 담당한 것이 바로 이 군인칙유였다. 게다가 이러한 '칙어'와 '칙유'의 정신을 정치권력 레벨로 통괄했던 것이 '대일본제국헌법'이다.[4]

학교의식을 종교적 권위로서의 '천자(天子)'에 대한 예배라 한다면, 교육칙어는 이른바 '천황교(天皇教)'의 성전(聖典)이었던 셈이다. 즉, 다시 말하자면, 종교적 권위로서의 '천자(天子)'의 교전(敎典)이 '교육칙어'였고, 군사력의 통솔자로서의 대원수(大元帥)의 통수권의 발동이 군인칙유였으며, 정치적 권력자로서의 천황의 통수권의 절대성을 만 천하에 선포한 것이 '대일본제국헌법'이었다.[5] '대일본제국헌법', 소위 메이지헌법[明治憲法]에서는 일본 국민의 신민으로서의 존재, 즉 주군과 신민과의 관계는 명령과 복종이 있을 뿐이며, 독립된 인격, 자주적 인권은 국가에 대한 신민의 의무와 책무를 다한 연후에만 인정받을 수 있다고 정의하고 있다.[6] 개인주의적인 윤리와 책임감에 의한 생활태도보다는 국가 본위

---

3 '군인칙유' 전문은 생략함.

4 대일본제국헌법(1889년 2월 11일)과 교육칙어(1890년 10월 30일)에 의해 국가의 기본조직과 이데올로기가 단순히 원리로서 확정되었을 뿐만 아니라 이것을 기반으로 하는 통치기구와 법체계 및 학교제도 등의 사회제도가 한층 더 정비·강화되었으며, 대규모의 대외침략행동을 감행할 수 있는 군사력이 형성되었다. 고토 야스시 외, 이남희 역, 『천황의 나라 일본』, 예문서원, 2006, 172면.

5 大江志乃夫, 『靖国神社』, 岩波新書, 1984.

6 '대일본제국헌법'은 告文 憲法発布勅語 第1章 天皇(第1条-第17条) 第2章 臣民権利義務(第18条-第32条) 第3章 帝国議会(第33条-第54条) 第4章 国務大臣及枢密顧問(第55条-第56条) 第5章 司法(第57条-第61条) 第6章 会計(第62条-第72条) 第7章 補則(第73条-第76条)으로 구성되어 있다.

의 부국강병의 국가개념을 국민에게 강하게 의식시키는 것이었다.[7]

앞에서도 살펴보았듯이, 학제 반포 이전인 메이지 원년(1868)에 천황
이 서약한 '5개조서문(誓文)' 속의 "지식을 전 세계에서 구하고 '황기(皇
基)'를 진기할 것[智識ヲ世界ニ求メ大ニ皇基ヲ振起スヘシ]"이라는 것은 교육
의 최종 목표가 결국에는 천황제 이데올로기 강화에 부익하며, 국가를
위함이어야 한다는, 메이지기 근대교육이 나아가야 할 방향을 분명하게
표명하고 있었음을 간과해서는 안 될 것이다. 다시 말해, 메이지 시대라
고 하는 근대기 일본의 국민국가 형성기에 교육은 그 출발에서부터 국가
와 민족을 강하게 의식하며, 부국강병을 통한 천황제 국가의 완성이라
는, 국체사상 형성의 충실한 도구로 기능했음을 알 수 있다. 1894년의
청일전쟁과 1904년의 러일전쟁으로 이어지는 일련의 대외전쟁을 수행
하는 군인들은 지금까지 살펴본 메이지의 교육환경 속에서 국가와 민족
을 강하게 의식하며, 정신적으로도 육체적으로도 신민으로서의 책임과
의무를 끊임없이 의식하며 전투에 임했을 것이다. 교육의 전쟁책임이라
는 문제를 제기하지 않을 수 없는 이유가 바로 여기에 있다.

---

7 예를 들면, 제2장 '신민권리의무(臣民權利義務)'의 제31조에 "본 장에서 들고 있는 조
   규는 전시 또는 국가사변이 있을 경우에 천황의 대권 시행에 방해가 되어서는 안 된다
   [本章ニ揭ケタル条規ハ戰時又ハ国家事変ノ場合ニ於テ天皇大權ノ施行ヲ妨クルコト
   ナシ]", 제32조에 "본 장에서 들고 있는 조규는 육해군의 법령 또는 기율에 저촉되지
   않는 것에 한해 군인에 준행한다[本章ニ揭ケタル条規ハ陸海軍ノ法令又ハ紀律ニ牴触
   セサルモノニ限リ軍人ニ準行ス]"고 명시하고 있다. 또한, 제1장 천황의 제1조에서는
   "대일본제국은 만세일계 천황이 이것을 통치한다[大日本帝国ハ万世一系ノ天皇之ヲ
   統治ス]", 제3조 "천황은 신성하며 범할 수 없다[天皇ハ神聖ニシテ侵スヘカラス]", 제
   4조 "천황은 나라의 원수이며 통치권을 총람하고 이 헌법의 조규에 따라 이것을 행한
   다[天皇ハ国ノ元首ニシテ統治権ヲ総攬シ此ノ憲法ノ条規ニ依リ之ヲ行フ]". '제국주의
   헌법'의 인용은 국립국회도서관 디지털라이브러리』(http://www.ndl.go.jp/consti
   tution/etc/j02.html)에 의함.

1872년 8월 학제의 공포와 더불어, 거의 동 시기라 할 수 있는 1872년 11월에 전 국민을 대상으로 하는 징병에 관한 칙령이 내려졌고, 이를 받은 태정관 고유(告諭)에 따라 1872년 1월에 '징병제'가 반포되었다. 이른바 '국민개병'을 목표로 만 20세의 남성을 대상으로 징병검사를 거쳐 육군에 3년간 복무한다는 것을 골자로 하는 근대적 징병제도가 시행되었다는 것은 국민개학과 개명을 목적으로 시작한 일본의 근대 교육의 태동을 병사에게 필요한 교양과 능력의 형성이라는 관점에서도 바라볼 수 있다는 것을 의미하는 것이기도 하다. 실제로 문부성이 학제를 제정함에 태정관에게 제출한 품의서[伺文]를 보면, 국가의 부강안강(富强安康), 즉 국가의 독립과 번영을 위한 부국강병·식산흥업 정책의 한 방법으로써 교육이 유용, 또는 필요하므로 인민에게 취학을 독려해야 한다는 취지의 설명이 보인다.[8] 이렇게 본다면 위에서도 언급했지만, 우리가 지금까지 학제와 그 이후의 교육령을 통해 확인할 수 있었던 근대교육의 이념이 개인주의적·공리주의적 실학사상을 바탕으로 한 개인의 입신·치산·창업을 위한 실학사상을 근간으로 하여 사민평등·계몽주의·지식주의·권학주의라는 실용성과 공리성에 기초한 국민개학을 지향했던 다른 한편으로 그 이면에는 '국민개병'을 위한 기초교육을 위한 학교 교육이라는 또 다른 목적이 있었음을 알 수 있다. 즉, 근대적 학교제도를 출범시킴으로써 정부가 목표했던 국민개학의 목적은, 표면적으로는 개인주의·공리주의적 가치를 우선으로 하는 것이기는 했지만, 그

---

8 학제 반포 후 약 10년간 각 지역의 지도자들이 학문의 필요성과 취학을 강조하기 위해 주민을 대상으로 발표한 취학고유(就學告諭)에서도 품의서의 취지와 일맥상통하는 내용을 확인할 수 있다. 荒井明夫, 『近代日本黎明期における「就学告諭」の研究』, 東信堂, 2008.

본질은 국가주의 사상의 주입에 있었으며, 결과적으로 부국강병책의 일환으로 병사들에게 필요한 기본지식과 소양을 전수하기 위함이었음을 간과해서는 안 될 것이다.[9]

3. 청일·러일전쟁과 교육

메이지 초기 문부성에서 직접 만든 교과서의 기본적 성격은 계몽주의 혹은 개명주의에 있었다. 역사교육의 경우 소학교의 역사교과서는 『사략(史略)』, 『일본사략(日本史略)』, 『만국사략(萬國史略)』이 대표적인 것이었는데, 『사략』을 통해 초보적인 역사지식을 배우고, 『일본사략(日本史略)』, 『만국사략(萬國史略)』을 통해 상세한 일본역사와 외국사를 가르친다는 것이었다. 그러나 역사 교육은 독립된 과목을 통해서가 아닌 '문답(問答)'이나 '독물(讀物)'과목 안에서 시행되었다. 그러던 것이 1879년의 교학성지 발표 후에는 소학교의 모든 과목에서 인의충효를 핵심으로 하는 덕육을 중시하라는 성지(聖旨)에 따라, 역사교육의 목적 '소학교교칙강령'에 "애써 생도들로 하여금 연혁의 인과결과를 이해시키고, 특히 존

9　근대 일본의 교육사상 '소학교(小學校)'라는 명칭이 처음 사용된 것은 학제 반포 이전인 1868년 12월에 개설된 누마즈병학교[沼津兵学校] 부속 소학교였다. 일본 최초의 소학교가 양식병학(洋式兵學)을 가르치기 위한 병학교에 병설(倂設)된 부속 소학교였다는 점은 시사하는 바가 크다고 할 수 있다. 柿沼肇, 『国民の「戦争体験」と教育の「戦争責任」』, 近代文芸社, 2005, 160면.

왕애국의 사기를 양성할 것[努メテ生徒ヲシテ沿革ノ因果結果ヲ了解セシメ 殊ニ 尊王愛国ノ志気ヲ養成センコト]"이라 명시된다.

내용에 대해서는 '건국의 체제, 진무 천황의 즉위, 닌토쿠 천황의 근검, 엔키텐랴쿠의 정적, 겐페이의 성쇠, 남북조의 양립, 도쿠가와 씨의 치적, 왕정복고 등 긴요한 사실[建国ノ体制, 神武天皇ノ即位, 仁徳天皇ノ勤倹, 延喜天暦 ノ政績, 源平ノ盛衰, 南北朝ノ両立, 徳川氏ノ治績, 王政復古等緊要ノ事実]'을 가르치 라 규정하고 있다. 역사교육에서뿐만 아니라, 학교 교육 목적의 중핵을 이루게 되는 '존왕애국(尊王愛國)의 지기(志氣)' 양성은 바로 여기서부터 출발한다고 봐도 무방하다.

1881년의 '소학교교칙강령' 이후 '역사과(歷史科)'는 독립된 교과로 설정되었고, 수신 과목과 함께 황도 이데올로기를 지탱하는 교과로써 중요시된다. 소학교에 외국사 교육은 폐지되고 역사교육은 일본역사에 한정하도록 하고 있는데, 역사교육을 일본사만으로 한정한다는 것은 역 사교육을 통해 만세일계의 황통의 연면성을 강조함으로써 일본국과 그 군주인 천황에 대한 절대적 '충군애국' 정신을 함양하기 위한 노림수였 다. 이러한 목적을 달성하기 위해 민중이 정치 주역으로 등장하는 세계 사의 흐름은 오히려 방해가 되었다는 것이다.

교육칙어가 발포된 직후인 1891년에 발포된 '소학교규칙대강(小学校 教則大綱)' 단계에 이르면 역사교육의 목적은 '존왕애국' 정신을 기르기 위해 국체 관념의 내용을 가르치고, 국민에게 필요한 지조를 키움에 있 음을 명시하기에 이른다.[10] 이와 같은 맥락에서 교과서에 대한 검정제가

---

10 "小学校教則大綱 第七条 日本歴史ハ本邦国体ノ大要ヲ知ラシメテ国民タルノ志操ヲ養 フヲ以テ要旨トス 尋常小学校ノ教材ニ日本歴史ヲ加フルトキハ郷土ニ関スル史談ヨリ

시행된 것도 1891년이다. 교과서의 내용 또한 '건국의 체제, 황통의 무궁, 역대 천황의 성업, 충량현철의 사적, 국민의 무용, 문화의 유래 등의 개략을 가르쳐 국초에서부터 현재에 이르기까지의 사력의 대요를 가르칠 것[建国ノ体制皇統ノ無窮 歴代天皇ノ盛業, 忠良賢哲ノ事蹟, 国民ノ武勇, 文化ノ由来等ノ概略ヲ授ケテ国初ヨリ現時二至ルマテノ事歴ノ大要ヲ知ラシムヘシ]'이라 규정하고 있어, 이 틀 안에서 교과서가 편집되었다. 특히 역사 교과서의 내용 구성의 중심은 천황을 중핵으로 '충량현철(忠良賢哲)'의 인물을 전기적으로 다루며 천황과 국가에 대한 충성심을 육성하는 데 두었다. 즉, 역사상 천황에게 얼마나 충성했느냐 하는 것이 교과서에서 다루는 인물선정의 중요한 기준이었으며, 이른바 '영웅'이라 불릴 수 있는 조건이 역사 속 사건과 인물 속에 마련되었던 것이다. 1900년에 소학교령의 개정에 따라 발령된 '소학교시행규칙(小學校施行規則)'에서 제시한 역사교육의 목표와 교과서의 내용 또한 1891의 '소학교규칙대강'에서 제시한 것을 그대로 계승하고 있다.

1902년 교과서 채택을 둘러싸고 회사 측과 교육관계자들 간에 부정한 거래가 적발되어 전국적으로 157명이 검거된 '교과서의옥사건(教科書疑獄事件)'이 일어났다. 이를 계기로 1903년 국어독본·수신·일본역사·지리 교과서에 대한 국정제를 시행하였다. 국정교과서 제도는 모든 학교에서 학습하는 학습자에 대해서 동일한 교과서를 사용하게 함으로써 학습 내용에 행정기관, 즉 국가의 의지가 여과 없이 반영되며, 그것이

始メ漸ク建国ノ体制皇統ノ無窮 歴代天皇ノ盛業, 忠良賢哲ノ事蹟, 国民ノ武勇, 文化ノ由来等ノ概略ヲ授ケテ国初ヨリ現時二至ルマテノ事歴ノ大要ヲ知ラシムヘシ高等小学校二於テハ前項二準シ之ヲ拡メテ稍詳二国初ヨリ現時二至ルマテノ事歴ヲ授クヘシ".

사회나 역사교육에 나타나면 극단적 자국중심주의 사상을 형성한다. 그 결과 아이들은 자유로운 역사관에 기초한 국가관을 갖기보다는 맹목적으로 국가에서 강제하는 역사관을 가지게 되며, 편협하고 편중된 자국 중심주의 사상에 무의식중에 지배당하게 되는 것이다. 이것이 바로 권력 측이 국정교과서를 채택하려 하는 이유이며, 이에 반대하는 세력이 가장 우려하는 이유이기도 하다.

1904년부터 1909년까지 사용된 일본 최초의 국정 역사교과서 『소학 일본역사(小學日本歷史)』의 특징은 1886년 이후의 대부분의 검정교과서에서 '신대(神代)'를 생략하고 있는 것을 수정하여 '아마테라스오카미[天照大神]'를 역사의 출발점으로 삼고 있다는 데 있다. 이를 기점으로 1945년 아시아·태평양전쟁 패전 시까지 신화와 사실(史實)의 혼동이라는 비합리적 역사관 주입이 교육의 현장에서 자행되었다는 것에 주목해야 할 것이다. 메이지 천황의 조상으로서의 '아마테라스오미카미'는 '건국의 체제, 황통의 무궁[建国ノ体制皇統ノ無窮]'이라는 국체관념을 주입하기 위한 절호의 소재였기 때문이다.

교육칙어가 반포된 지 얼마 지나지 않은 1894년, 일본은 국운을 걸고 청나라와 전쟁을 치르게 된다. 교육칙어 반포와 청일전쟁을 치른 1890년대 초반 시점을 경계로 근대일본의 교육은 군국주의사상 형성과 실천의 첨병 역할을 담당하게 된다. 전쟁 자체만을 놓고 봤을 때 그 정신적·물적 피해야 말할 것도 없겠지만, 여하튼 메이지 신정부가 근대국가로서 발돋움하고, 20세기 들어 서구 열강들과 더불어 선진국 대열에 합류할 수 있었던 것에 전쟁의 역할이 컸다는 점은 부정할 수 없다.[11] 일본의 경우 전쟁은 자국의 경제를 포함한 정치적 목적을 달성하기 위한 수단이었고, 교육 현장은 이러한 목적 실현을 위해 국민 전체의 적극적인 협력 자세를 끌어내기 위한 통합된 이데올로기 형성의 장으로 기능했다.

주지하다시피 청일전쟁이라는 것은 조선에 대한 이권을 놓고 청나라 와 벌였던 전쟁이다. 개전(開戰)이야 1894년이라고는 해도 1975의 '강 화도사건', 1876년의 '조일수호조약(朝日修好條約)', 1882년의 '임오군란 (壬午軍亂)', 1884년의 '갑신정변(甲申政變)' 등 일련의 정치적·군사적 행 동을 보더라도 알 수 있듯이, 일본은 호시탐탐 조선으로의 진출을 모색 하고 있었다는 것은 주지의 사실이다. 조선에 대한 침략을 위한 일련의 정치적·군사적 행동과는 별도로, 정부는 학교 교육을 통해 조선으로의 진출에 대한 당위성 확보를 위해 왜곡된 '조선관(朝鮮觀)'을 아이들에게 교육한다.

청일전쟁 직전인 1893년 당시 대표적인 역사교과서라 할 수 있는 『소 학교용 일본역사(小學校用 日本歷史)』의 체제는 제1장에서 근대에 들어 일 본의 문명이 발전되어 왔음을 홋카이도[北海道]의 아이누와 비교해 설명 을 하고 있고, 제2장은 진무 천황[神武天皇], 제3장이 야마토타케루노미 코토[日本武尊] 제4장이 신공황후(神功皇后) 순으로 되어 있는데, 이러한 구성은 그 후의 소학교용 국정 일본사교과서의 원형이 되었다.[12] 진무

---

11 청일전쟁의 '전후경영(戰後經營)'을 계기로 하여 진전된 산업혁명의 결과로 메이지 30~40년대에 일본자본주의가 확립되었다. 이 일본자본주의는 식민지 및 반식민지 를 재생산권(再生産圈)으로 끌어들이고, 농촌의 반봉건적(전근대적) 기생지주·영 세 소작제를 빼 놓을 수 없는 구성요소로 하면서 군의 공창·하치만[八幡] 제철소·국 유철도·은행 등의 거대한 국가자본(1909년 전체 자본의 54.6%)과 거기에 연결되 어 있는 정상(政商)(재벌자본)을 중심으로 방대한 수에 이르는 중소 영세기업과 자작 농·자영상공업자들에 의해 견인되었다. 고토 야스시 외, 이남희 역, 앞의 책, 151면.
12 山住正巳, 앞의 책, 1997, 11면.

천황의 동정(東征)은 천황에게 복종하지 않는 자들을 차례로 정복해 일본의 통일을 이루었다는 기술로 되어 있으며, 야마토타케루에서도 또한 복종하지 않는 무리들을 차례로 정벌해 나갔음을 기술하고, 그 후 신공황후가 구마소[熊襲]의 배후에 있던 신라·백제·고려(高麗)의 삼한(三韓)을 정벌하는 내용으로 되어 있다. 이러한 역사 기술을 통해 아이들은 왜곡된 조선관을 갖게 되었으며, 역사 교육은 조선에서의 이권을 확보한다는 청일전쟁의 당위성을 아이들에게 납득시키는 장치가 되었음은 충분히 짐작할 수 있다.

반면 창가 교육은 어땠는가 하면, 특히 메이지 후기에 들어서면 역사상의 영웅과 청일·러일전쟁을 겪으면서 당시의 군국미담(軍國美談)이나 전쟁영웅 등을 소재로 한 창가를 적극적으로 보급하는데, 진취적 기상과 전의를 고양하는 노래를 소리 높이 부르게 함으로써 국민의 사기 진작과 애국심의 함양, 나아가서 일본·일본인이라는 공동체 의식과 연대 의식의 강화를 꾀하였다. 정부는 국가 제창이나 교가, 응원가, 아니면 애창곡 등을 함께 부르며 공유한다는 것이 공동체적 환상을 만들어내고, 때로는 이성에 기초한 판단력마저 저하하는 집단적 최면 효과가 있다는 것에 주목했다.[13] 메이지의 교육 관료들은 선망과 극복의 대상이기도 했

---

13 프랑스혁명 시에는 훗날 국가가 되는 〈라 마르세유〉 등, 과격한 가사의 '혁명상송'이라 불리는 노래가 다수 만들어졌다. 혁명군은 물론 시민들이 이러한 노래를 합창하며 혁명의 대열에 참가해 연대감을 느끼며 혁명을 성공으로 이끌었다는 것은 잘 알려진 사실이다. 또한, 19세기 영국과 프랑스, 독일을 중심으로 해서 일어난 합창운동은 유럽 전역으로 퍼져 수많은 시민합창단이 탄생했다. 또한, 플라톤은 『국가(The Republic)』를 통해 국가의 지도자는 이상적인 국가를 만들기 위해 음악에 대한 지식을 갖고 적절한 때에 적절한 음악을 사용하는 것으로 사람의 마음을 컨트롤하고 용감하고 절도 있는 인격을 갖는 젊은이를 키워가야 하는 것이 필요하다고 역설한 것은 유명하다.

던 서구 선진 제국이 근대국가 형성과정에서 '국민음악'을 만들어내고 이를 공유함으로써 귀속 의식과 연대 의식을 고양해 나갔던 것을 잘 알고 있었다.

거듭 이야기하지만, 근대 일본의 교육과정에 창가를 도입한 원래의 목적 중 하나는 노래를 통해 '지각심경'을 활발히 하며 정신을 쾌락하게 하고, 마음에 감동을 일으켜 즐겁게 함과 동시에 선한 심성을 분기케 하기 위함이었다. 그러나 메이지기의 창가 교육은, 전기의 '정조'를 중심으로 하는 덕목교육에서 후기로 가면 갈수록 '충군애국'사상의 주입과 전의 고양을 위한 도구로 이용되었다. 1881년의 '소학교교칙강령'의 발령 이후, 수신·역사교육 등과 마찬가지로, 주로 천황에 대한 직접적인 칭송이나 천황에 충성을 다한 역사적 인물 등을 소재로 한 노래들이 다수 만들어지고 교습되었다. 이러한 경향은 이후 만들어진 다양한 창가집에서도 확인할 수 있는데, 여기에 청일전쟁을 전후로 해서는 '충군애국'과 '전의고양'을 위해 전쟁을 소재로 한 '군국미담'과 전쟁영웅을 소재로 한 노래들이 더해져 갔다.

大和男児	일본 남아
我君のためには	내 주군을 위해서는
身をすてゝつとめ	몸 바쳐 섬기고
我国のためには	내 나라를 위해서는
家もすてゝはげみ	가정도 버리고 진력한다
あめ あられふりくる	비바람 몰아치는
弾丸なかをおかし	탄환 속을 뚫고

いなづまのきらめく	번개 번뜩이는
太刀のもともおぢず	칼날도 두려워하지 않는
ますらたけをこれぞ	대장부다움, 이것이야말로
これぞ ますらたけを	이것이야말로 대장부다움임을
やまと男児 これぞ	일본 남아여, 이것이야말로
これぞ, やまと男児	이것이야말로 일본 남아로다

1901년『유년창가(幼年唱歌)』제3편 하에 수록된 〈야마토남아[大和男児]〉라는 노래이다. 몇 번의 전쟁을 거치며 이러한 창가를 보급함으로써 충군애국 정신과 전의 고양을 위한 군국·충용미담을 설파하는, 심리적·정서적 수단으로 창가가 이용되었음을 여실히 보여준다. 또한, 교과서를 통한 교실 내의 교육은 물론이거니와, 병식체조, 운동회 등, 전의 고양과 애국심 배양을 위한 다양한 현장에서도 창가는 중요한 역할을 담당했다. '축일대제일창가(祝日大祭日唱歌)' 8곡의 제정이 바로 그것이다. 1890년 교육칙어가 반포되자 바로 이듬해부터 축일(祝日)에는 학교를 중심으로 봉축(奉祝)의식이 거행되었고, 만세봉축, 교육칙어의 봉독(奉讀)과 더불어, 1893년에는 '축일대제일의식창가(祝日大帝日儀式唱歌)' 제창이 법으로 정해졌다.

〈기미가요[君が代]〉, 〈칙어봉답(勅語奉答)〉, 〈1월 1일(1月 1日)〉, 〈원시제(元始祭)〉, 〈기원절(紀元節)〉, 〈신상제(神嘗祭)〉, 〈천장절(天長節)〉, 〈신상제(新嘗祭)〉 등의 8곡이 '문부성 고시 제3호 관보 제3037호(文部省告示第三号官報第3037号)'를 통해 지정 공시되었으며, 쇼와[昭和] 시대에 들어 메이지 천황의 유덕(遺德)을 기리는 11월 3일의 '명치절(明治節)'이 새로 만들어졌다.[14] 축일에는 집 앞에 국기를 게양하며, 소학생들은 가장 좋은 옷을 입고 등교를 한다. 의식은 먼저, '어진영'의 개비(開扉), 두 번의 기미가요 제창, '어진영'에 대한 경례가 이어지고, 이후 '교육칙어' 봉독과 교장의 훈화, 축일창가 제창, '어진영' 폐비(閉扉)의 순으로 진행되었다. 의식이 끝난 후에 아이들은 담임으로부터 홍백의 과자를 받아 하교했다.

勅語奉答	칙어봉답
あやに畏き 天皇の	신묘하게 외경스러운 천황의
あやに尊き 天皇の	신묘하게 존귀한 천황의
あやに尊く 畏くも	신묘하게 존귀하고 외경스럽게
下し賜へり 大勅語	내려주신 대칙어
是ぞめでたき 日の本の	이것이야말로 축복 가득한 일본의

---

14 메이지 신정부에 의해 근대화 정책이 추진되는 과정에서 1873년 10월 '연중제일의 휴가일을 정한다[年中祭日ノ休暇日ヲ定ム]'는 태정관(太政官) 포고에 따라 기원절, 천장절 등의 축일이 정해졌다. 1878에는 '춘계황령제(春季皇霊祭)' 즉, 춘분과 '추계황령제(秋季皇霊祭)', 추분이 추가되어 축일의 수는 10일이 되었다. 제정 당시 축일에 학교에서 의식이 거행하지는 않았으나, 모리 아리노리가 초대 문부대신으로 취임하여 축일에 학교에서 처음 의식을 거행할 것을 지시했다. 1890년 '교육칙어'가 발포되자, 1891년 6월부터 '축일대제일(祝日大祭日)' 의식에 관한 구체적 시행규칙인 문부성령 제4호『소학교축일제일의식규정(小学校祝祭日儀式規定)』이 제정되었다. 이 규정에서는 紀元節(神武天皇의 즉위 날, 2월 11일), 天長節(천황탄생일, 11월 3일), 元始祭(1월 3일), 神嘗祭(10월 17일), 新嘗祭(11월 23일) 날에는 '어영(御影)'에 최고의 경례(最敬礼)를 하고 만세(万歳). '교육칙어 봉독(教育勅語奉読)', 교장 훈화, 축일에 부르게 제정한 창가를 합창을 하라고 하고 있으며, 1월 1일(관례상의 축일)은 어영에 최경례와 만세, 창가합창, 그 밖의 4대 제일에는 교장훈화와 창가합창만을 하는 등, 식의 순서를 자세히 정하고 있다. 또한, 의식에는 시정촌장(市町村長)과 학사와 관련된 공무원이 가능한 한 참가하도록 했으며, 학생들에게는 과자와 상을 줘도 된다는 조항도 보인다. 이 규정은 1893년에 간소화되어 삼대절(1월 1일, 기원절, 천장절) 의식은 반드시 거행하고 나머지는 임의대로 해도 된다고 했다. 메이지 시대 이후에는 특히 四方節(1월 1일), 紀元節, 明治節, 天長節(昭和天皇의 誕生日, 4월 29일)의 사대절(四大節)로 고정되어 국가적 의식으로 큰 의미가 있다.

国の教の 基なる	국가의 가르침의 기초이다
是ぞめでたき 日の本の	이것이야말로 축복 가득한 일본의
人の教の 鑑なる	인교의 귀감이다
あやに畏き 天皇の	신묘하게 외경스러운 천황의
勅語ままに 勤みて	칙어의 말씀대로 정진하여
あやに尊き 天皇の	신묘하게 외경스러운 천황의
大御心に 答へまつらむ	위대한 마음을 답해 받들자

가쓰 가이슈[勝海舟] 작사로 유명한 〈칙어봉답〉 창가이다. '교육칙어' 봉독 후에 거기에 적혀 있던 취지를 일상생활 속에서 지켜 나아가겠다는 결의를 나타내고 있는 가사로 되어 있다. '교육칙어' 반포 후, 이른바 '칙어창가(勅語唱歌)'라 불리는 창가는 모두 28곡이나 세상에 유포되었다.

축일제일(祝日祭日) 행사는 시간이 지날수록 간소화되어 갔지만, 창가 제창이 생략된 경우는 없었다.

4. 창가 교육과 전쟁·전쟁영웅

戰鬪歌 전투가

陸軍 육군

一. 寄せ来るは敵よ敵よ 進め筒を手にとりて

몰려오는 것은 적들 진격하라 총을 들고

くだけちる玉のあはれ 野辺を走る稲光

빗발치는 총탄 들판에 번뜩이는 섬광

見よや騎兵はつき入りぬ 敵のそなへはくづれたり

보아라 기병은 적진을 뚫고 들어갔다 적의 방비는 무너졌다

二. 崩るゝは敵よ敵よ あれにひゞく鬨の声

무너지는 것은 적들이다 울려 퍼지는 함성

我ははや勝利なるぞ 追へや追へや追ひつめて

우리들의 승리다 쫓아라 쫓아라 끝까지

蹄にかけよ敵兵を とりこになせや敵兵を

짓밟아라 적병을 포로로 잡아라 적병을

海軍　해군

一. 黒烟空に吐きて すすみ来る敵の船

검은 연기 내뿜으며 다가오는 적선

一. うちに打ち沈めて 敵の肝をひやさせよ

쏘고 또 쏴 침몰시켜 적의 간담을 서늘케 하라

わが東洋の海原に わが国守るつはものよ

우리 동양의 드넓은 바다에 우리나라 지키는 병사들아

二. 見渡せば沈みかゝる 船のマスト旗のかげ

둘러보니 침몰하는 적선의 마스트 기의 모습

矛とりし敵はいづこ 残るものは波の声

창을 들었던 적은 어디 남은 것은 파도 서리뿐

とむらへ彼の敗軍を 祝へや我の戦捷を

애도하라 저 패군을 축하하라 우리의 전첩을

　　1901년 고야마 사쿠노스케[小山作之助]가 편찬한 개성관(開成館) 판『신찬 국민창가(新撰 國民唱歌)』제5집에 실려 있는 〈전투가〉라는 노래이다. 청일전쟁 당시를 배경으로 해서 만들어진 노래로, 제목도 호전적일 뿐만 아니라, 그 내용 또한 '전의고양'을 위해 만들어졌음을 알 수 있다.

　　메이지기의 창가 교육은 주로 전기의 '정조'를 중심으로 하는 덕목교육에서 후기로 가면 갈수록 '충군애국'과 전의 고양을 위한 교육의 일환으로 시행되었다. 전쟁을 소재로 한 군국미담과 전쟁영웅을 소재로 한 이른바 문부성창가라 불리는 일련의 창가집에 수록된 창가들이 바로 그러한 역할을 담당했다. 문부성창가는 한마디로 1910년부터 1944년까지 문부성이 편찬한 심상소학교, 고등소학교, 국민학교의 예능과 음악 교과서에 실려 있는 창가의 총칭이다.[15] 당시는 소학교령의 '교과통합(教科統合) 시행규칙'에 의해 수신, 국어독본, 일본역사 등의 교과서와 공통된 소재를 다루고 있는데, 『심상소학독본창가(尋常小学読本唱歌)』라는

---

15 구체적으로는 『심상소학독본창가(尋常小学読本唱歌)』(1910), 『심상소학창가』(1~6학년, 1911~1914), 『고등소학창가(高等小学唱歌)』(1930), 『신정심상소학창가(新訂尋常小学唱歌)』(1~6학년, 1932), 『신정고등소학창가(新訂高等小学唱歌)』(1~3학년, 남녀 별, 1935), 『우타노홍[ウタノホン]』상·하(국민학교 초등과 1,2학년, 1941), 『초등과음악(初等科音楽)』一~四(초등학교 초등과 3~6학년, 1942~1943년까지), 『고등과음악(高等科音楽)』一(남녀 별, 1944) 등의 창가집에 실려 있는 노래가 문부성창가의 범주에 속한다.

명칭에서 알 수 있듯이, 국어독본에 실려 있는 시(詩)를 가사로 하여 그 내용을 노래라는 형식을 빌려 이해하기 쉽고 효과적으로 학습시키기 위한 목적으로 만들어진 창가집이었다. 이하 메이지 후기의 창가집을 예로 청일전쟁과 러일전쟁을 거치면서 군국미담과 전쟁영웅을 소재로 하여, 충군애국 정신의 함양과 전의고양을 목적으로 만들어진 메이지 후기 창가 교육의 특징에 대해 살펴보기로 하자.

『심상소학독본창가』(1910)에 수록된 27곡은 와라베우타[童謠]인 〈가조에우타[かぞへ歌]〉를 제외하곤 모두 문부성이 동경음악학교에 의뢰하여 그곳 교수를 중심으로 구성된 편찬위원들의 합의 하에 만들어졌다.[16] 앞에서 살펴본 『소학창가집』과 『유치원창가집』은 비록 문부성 산하의 음악조사계에서 만들어지긴 했지만, 서양음악의 선율을 그대로 차용하고 있다는 점에서 문부성창가의 범주에 들어가지 않는다. 따라서 『심상소학독본창가』는 이전 창가집과는 일 획을 긋는 획기적 창가집이라 할 수 있다. 수록된 전곡은 『심상소학창가』에도 그대로 실려 있다. 그뿐만 아니라 약간의 개사는 있었지만 1932년의 『신정심상소학창가』와 1941년부터 소학교에서 이름을 바꾼 국민학교(國民學校)의 예능과 음악교과서에도 계속해서 이어졌으며, 몇몇 노래들은 1945년 이후의 검정교과서에도 수록되었고 심지어 100년이 지난 지금도 일본인들에게 친숙한 노래를 담고 있다.

또한, 『심상소학독본창가』는 1903년 소학교 교과서에 대한 국정제도가 결정된 이후 처음으로 만들어진 창가집이다. 창가 교과서는 문부성에

---

16 同編集委員会 編, 『東京芸術大学百年史 東京音楽学校篇 第二巻』, 音楽之友社, 2004, 749~772면.

서 저작권을 소유하는, 이른바 준(準) 국정교과서이긴 했지만, 문부성에서 직접 이를 출판하였기 때문에 일반인들은 국정교과서와 마찬가지로 이를 인식했다.[17] 국정교과서는 정부의 방침에 따라 취사 · 선택된 내용으로 구성되며, 이를 학생들에게 강제적으로 사용하게 함으로써 학습 내용에 행정기관, 즉 국가의 의지가 적극적으로 반영된다. 더구나 그것이 사회나 역사교육에 나타나면 극단적 자국중심주의 사상을 형성하게 되는 것이다. 그 결과 아이들의 자유로운 역사관에 기초한 국가관을 갖기보다는 맹목적으로 국가에서 강제하는 역사관을 가지게 되며, 편협하고 편중된 자국중심주의 사상에 무의식중에 지배당하게 됨은 말할 필요도 없다.

『심상소학독본창가』가 만들어진 이듬해에 편찬되기 시작한『심상소학창가』(1911~14)는『심상소학독본창가』에 수록된 27곡의 창가에 새롭게 만들어진 창가를 더한 120곡을 1학년에서 6학년까지 각 학년별로 1책 20곡씩을 수록하여 전 6권으로 구성되어 있다.[18]『심상소학창가』는 1911년 4월부터 신정판(新訂版)이 만들어지는 1932년 3월까지 약 21년이라는 오랜 기간 동안 창가 교과서의 표준으로 사용되었다. 노래는 보통 2~3절의 구성으로 되어 있고, 4절 혹은 〈我は海の子〉, 〈同胞すべて六千万〉, 〈水師営の会見〉과 같이 길게는 7~9절의 가사를 갖는 노래들도 보인다. 먼저 1학년부터 6학년까지의 120곡 전체를 놓고 봤을 때, '화조풍월(花鳥風月)'을 소재로 한 '아문조(雅文調)'의 가사로 된 자연과 경물(景物)을 소재로 한 노래가 41곡(〈我は海の子〉를 포함한다면 42곡)으로, 전체의

---

17 1903년 소학교령(小學校令)에서는 교과서에 대해 "修身・日本歴史・地理ノ教科用図書及ビ国語読本ヲ除キ其ノ他ノ教科用図書ニ限リ文部省ニ於テ著作権ヲ有スルモノ及ビ文部大臣ノ検定シタルモノニ就キ府県知事ヲシテ之ヲ採定セシム"라 규정하고 있다.
18 5학년용에는 21수, 6학년용에 19수.

약 3분의 1을 차지한다. 이것은 창가 교육 본연의 목적에 충실한 결과라고 할 수 있겠다.

1학년을 대상으로 한 창가는 〈日の丸の旗〉와 같이 자국을 상징하는 국기 '히노마루'를 찬양하는 노래와, 예부터 전해져 내려오는 이야기 속 인물을 소재로 한 노래가 포함되어 있기는 하지만, 대부분이 동물과 식물 등의 경물(景物)을 소재로 한 노래로 20곡 중의 12곡을 차지하고 있다. 이러한 경향은 2학년을 대상으로 하는 노래에도 그대로 나타나, 20곡 중 10곡이 자연물을 소재로 한 노래들이다. 그러던 것이 3학년을 대상으로 할 경우에는 20곡 중의 5곡, 4학년의 경우에도 5곡, 5학년의 경우에는 4곡, 6학년의 경우에는 5곡으로 점점 그 비중이 줄어들고 있는데, 이것과는 대조적으로 효행과 충의(忠義)를 중심으로 하는 노래와 애국심 고양을 위해 일본의 사물(事物)을 소재로 한 노래의 숫자가 점점 많아진다. 〈日の丸の旗〉, 〈富士山〉, 〈日本の国〉, 〈靖国神社〉 등 국가적 심벌을 소재로 한 노래는 물론이거니와, 〈天皇陛下〉, 〈皇后陛下〉, 〈八岐の大蛇〉, 〈天照大神〉 등과 같이, 신화에 등장하는 신이나 천황가 사람들을 직접 소재로 한 노래는, 그야말로 국가신도적 이데올로기에 바탕을 둔 국체(國體)의 형성이라는, 문부성창가가 지향하는 궁극적이면서도 직접적인 역할을 수행했음이 틀림없다.

또한, 『심상소학독본창가』에는 두 곡밖에 수록되어 있지 않았던 역사나 전설·설화 등을 포함하는 옛날이야기 속 주인공들을 소재로 한 노래가 『심상소학창가』에는 무려 18곡이나 새롭게 만들어졌다는 것에 주목하고 싶다. 물론 이것은 앞에서 살펴본 바와 같이 당시의 교과서가 교과통합이라는 방침에 따라 교육의 소재를 공유함으로써 나타난 현상일 수도 있겠지만, 이들 대부분이 무장(武將)이며, 소가[曽我]형제나 사이토 사네모리[斎藤実盛], 고지마 타카노리[児島高徳] 등과 같이 전세의 불리함에도 불구하고 주군을 위해 끝까지 고군분투하며 끝내는 장렬히 전사한 역사적 인물들에 초점을 맞추고 있다는 점은 흥미롭다. 충군애국의 정신과 전의를 고양하기 위해 이러한 '충용미담(忠勇美談)'이 호재로 활용되었다는 것을 쉽게 짐작할 수가 있다.

加藤清正	가토 기요마사
一. 勝ちほこりたる敵兵を	승리에 취해 있는 적병을
一挙に破る賤が嶽	일거에 격파하는 시즈가다케의
七本槍の随一と	일곱 무장 중에 최고로
誉は高き虎之助	명예도 드높은 도라노스케
蛇の目の紋の陣羽織	고리 모양 문양의 진바오리
十字の槍の武者振は	십자창의 무사의 모습은
後の世までの語りぐさ	후대까지 이야기 소재
二. 友危しと 身をすてて	벗이 위험하자 몸을 돌보지도 않고
赴き救ふ蔚山や	달려가 구한다 울산이로다
百万余騎の明軍の	백만이 넘는 명군 기병도
荒胆ひしぐ鬼上官	간담을 서늘케 하는 무서운 상관
黒地に白き七文字の	검은 바탕에 하얀 일곱 문자의
妙法蓮華の旗風に	묘법연화의 깃발 바람에
異国までも靡きけり	이국까지 휘날리누나

1901년『유년창가』2에 수록되었던 노래를 재수록하고 있는 〈가토 기요마사[加藤淸正]〉라는 노래이다. 가토 키요마사의 무용(武勇)은 당시 만들어졌던 창가집의 단골 소재였고, 이 노래는 1933년『신정심상소학 창가』에도 재수록되었다. 또한, 〈모모타로[桃太郎]〉나 〈우라시마타로[浦島太郎]〉와 같이 옛날이야기 주인공들의 모험을 소재로 의협심을 고취하는 전승동화를 소재로 하는 노래가 소수 있는가 하면, 대부분은 역사적 실존인물들을 소재로 하고 있다. 학제 반포 이후 소학교 교과서에 전승 동화는 그다지 교육소재로 활용되지 못했다. 문부성에서 동화는 비속(卑俗)하다고 하여 채택하지 않았기 때문이다.[19] 전승동화를 소재로 한 노래 는 1900년부터 1902년에 걸쳐 언문일치(言文一致)체 가사로 만들어진 『교과적용 유년창가』(전 10권)에 처음 등장한다. 당시의 창가 가사는 아 이들이 평소 사용하는 말과는 다른 아문조(雅文調)로 되어 있어 위화감이 있다는 주장에 따라 만들어진 창가집이다.[20]

이어서『심상소학창가』에도 동명이곡(同名異曲)의 모모타로의 노래가 실리게 되는데 이 두 노래의 가사는 전혀 다르다.『유년창가』초편 상권 에 실려 있는 〈모모타로〉(총 4절)는 복숭아에서 태어났고, 마음씨는 착 하지만 힘이 장사라고 하는, 우리가 흔히 알고 있는 내용에 대한 묘사에 서부터 노래가 시작하는 데에 비해(1절 モモカラウマレ, タモモタロー, キハヤ サシクテ, チカラモチ, オニガシマヲバ, ウタントテ, イサンデイヘヲ, デカケタリ), 『심상소학창가』(총 6절)에는 이 부분을 생략하고 바로 오니가시마[鬼ヶ

---

19 山住正巳, 앞의 책, 60면.
20 이어서 고등소학교(高等小学校) 용『教科統合 少年唱歌』전 8권도 1903년 4월부터 1905 년 10월에 걸쳐 발행되었다. 고학년을 대상으로 하는 이 창가집의 가사는 문어(文語) 로 되어 있다.

島] 정벌을 위해 길을 떠난다는 이야기부터 가사가 시작되고 있다(1절, 桃太郎さん桃太郎さん, お腰につけた黍団子, 一つわたしに下さいな). 게다가 4절의 가사를 보면 『유년창가』라고 하는 창가집의 이름에서는 상상치도 못할, 아이들의 노래로써는 어울리지 않는 과격한 가사를 담고 있다(そりや進めそりや進め, 一度に攻めて攻めやぶり, つぶしてしまへ鬼が島). 그야말로 전의 고양을 위한 가사라 할 수 있다.

또한, 〈히로세 주사[広瀬中佐]〉나 〈다치바나 주사[橘中佐]〉와 같이, 러일전쟁 당시 나라와 전우를 위해 극한 상황에서 목숨을 버린 전쟁영웅을 소재로 한 노래도 눈에 띈다.

広瀬中佐	히로세 주사
一. 轟く砲音 飛来る弾丸	울려 퍼지는 포음 날아드는 탄환
荒波洗ふ デツキの上に	거친 파도 덮치는 덱키 위에
闇を貫く 中佐の叫	어둠을 관통하는 중령의 외침
"杉野は何処 杉野は居ずや"	스기노는 어디 있나 스기노 있는가
二. 船内限なく 尋ぬる三度	배 안을 구석구석 찾기를 세 번
呼べど答へず さがせど見えず	불러도 대답 없고 찾아도 보이질 않네
船は次第に 波間に沈み	배는 서서히 파도 속으로 가라앉고
敵弾いよいよ あたりに繁し	적탄은 마침내 사방에 떨어진다
三. 今はとボートに うつれる中佐	지금이라고 보트로 옮겨타는 주사
飛来る弾丸に 忽ち失せて	날아오는 탄환에 바로 쓰러져

旅順港外 恨ぞ深き	여순항외 원한은 깊어
軍神広瀬と 其の名残れど	군신 히로세라 그 이름 길이 남아

橘中佐	다치바나 주사
一. かばねは積りて 山を築き	시체는 쌓여 산을 이루고
血汐は流れて 川をなす	피는 흘러 강을 이룬다
修羅の巷か 向陽寺	아수라장인가 샤온즈이
雲間をもるる 月青し	구름 사이에서 새나오는 달빛도 파랗구나
二. みかたは大方 うたれたり	아군은 모두 쓰러졌다
暫く此処をと 諫むれど	잠시 여기를이라고 훈계를 해도
恥を思へや つはものよ	창피한 줄 알라 병사여
死すべき時は 今なるぞ	죽어야 할 때는 바로 지금이다
三. 御国の為なり 陸軍の	나라를 위해서다 육군의
名誉の為ぞと 諭したる	명예를 위해서라 설득하는
ことば半ばに 散りはてし	말도 대부분 땅에 흩어진다
花橘ぞ かぐはしき	귤꽃이여 향기롭도다

히로세 다케오[広瀬武夫]와 다치바나 슈타[橘周太]는 모두 러일전쟁에서 큰 공을 세운 영웅이다. 히로세 다케오는 여순(旅順)항구 폐쇄라는 특별작전에 참가하여 행방불명이 된 부하를 찾아 배를 3번 수색하고, 구명보트 위에서 러시아의 포탄에 맞아 전사하는 등, 상사로서 부하를 배려

하는 행동과 평소의 성품도 훌륭했다는 점에서 대중에게 군신으로 추앙받았다. 다치바나 슈타는 수산보(首山堡) 공략에서 부대원의 맨 앞에 서서 적진에 뛰어들었으며 장렬한 전사로 인해 '군신(軍神)'으로 추앙되었다. 히로세와 다치바나는 청일전쟁에서는 이렇다 할 군신이 탄생하지 않았기 때문에 근대 일본 최초의 군신이라고 말할 수 있다. 이에 애국심 고취와 전의 고양, 나아가 민족적 자긍심을 강조하는 사회통합의 방법으로서의 전쟁영웅의 창출과 수용이라는 점에서 미디어를 포함한 여러 매체와 더불어 창가가 그 일익을 담당했음은 부정할 수 없을 사실이다.

그 밖에 1894년 제1편이 발행된 이후 7편까지 나온 『교과적용 대첩군가(大捷軍歌)』에는 〈황해의 전투[黃海の戰鬪]〉, 〈용감한 수병[勇敢なる水兵]〉 등 청일전쟁·러일전쟁 당시는 물론 아시아·태평양전쟁 시에도 많이 불리게 되는 노래가 다수 실려 있다.

勇敢なる水兵　용감한 수병

1_ 煙も見えず雲もなく　風も起こらず浪立たず

　　　　연기도 보이지 않고 구름도 없다 바람도 일지 않고 파도도 없다

　　鏡のごとき黄海は　曇りそめたり時の間に

　　　　거울 같은 황해는 먹구름 드리울 사이에

2_ 空に知られぬ雷か　浪にきらめく稲妻か

　　　　하늘에 알 수 없는 천둥인가 파도에 번뜩이는 번개인가

　　煙は空を立ちこめて　天つ日影も色暗し

　　　　연기는 하늘에 가득 차 하늘 햇살도 색이 어둡다

3_ 戦い今か たけなわに 務め尽せる ますらおの

　　　　전투가 한창일 때 임무를 다하는 일본 장부들의

尊き血もて 甲板は から紅に 飾られつ

　　　　존귀한 피로 갑판은 진홍색으로 물들었구나

4_ 弾丸のくだけの 飛び散りて 数多の傷を身に負えど

　　　　탄환 빗발처럼 쏟아져 내려 다수의 상처를 몸에 입어도

その玉の緒を 勇気もて 繋ぎ留めたる 水兵は

　　　　그 목숨을 용기로 매어두는 수병은

5_ 間近く立てる 副長を 痛むまなこに 見とめけん

　　　　바로 옆에 서있던 부함장을 상처 입은 눈으로 확인하고는

彼は叫びぬ 声高に "まだ沈まずや 定遠は"

　　　　그는 소리쳤다 소리 높이 "아직 가라앉지 않았습니까, 정원은"

6_ 副長の眼は うるおえり されども声は 勇ましく

　　　　부함장의 눈에는 눈물이 고이고 하지만 목소리는 늠름하게

"心安かれ 定遠は 戦い難く なしはてぬ"

　　　　"안심해라 정원은 이제 더 이상 싸울 수 없게 되었다"

7_ 聞きえし彼は 嬉しげに 最後の微笑を もらしつつ

　　　　그 말을 들은 그는 기쁜 듯 마지막 미소를 지으며

"いかで仇を 討ちてよ』と いうほどもなく 息絶えぬ

"어떻게든 적을 무찌르세요"라고 말할 틈도 없이 목숨이 끊어졌다.

8_ "まだ沈まずや 定遠は" その言の葉は 短かきも

　　"아직 가라앉지 않았습니까, 정원은" 그 말은 짧아도

皇国を守る 国民の心に永く しるされん

　　황국을 지키는 국민의 마음에 영원히 새겨질 것이다.

　1894년 9월 17일 일본해군 연합함대는 황해의 압록강 하구 부근에서 청국(清國)의 북양함대(北洋艦隊)를 포착, 격전 끝에 이것을 격파했다. 이 해전이 바로 황해해전(黃海海戰)이고 〈용감한 수병〉은 그 당시 일화를 바탕으로 만들어졌다. 일본함대의 기함(旗艦) '마쓰시마[松島]'는 청나라 함대의 전함 '진원(鎭遠)'의 포격에 큰 피해를 입었지만, 그 격전 중에 부상을 입은 미우라 도라지로[三浦虎次郎] 삼등수병(三等水兵)은 부함장인 무코야마 신키치[向山愼] 쇼사[少佐]에게 "아직 정원(定遠)은 침몰되지 않았습니까"라고 묻고 적의 전함 '정원(定遠)'이 전투불능이 됐다는 말에 미소를 지으며 죽는다. 이 일화가 신문에 보도되자 국민적인 감동을 불러일으켰고, 사사키 노부쓰나[佐佐木信綱]도 감동하여 10절로 구성된 가사를 하룻밤에 만들었다고 한다. 『대첩군가』는 당시 7편이나 발행되었는데, 당시 일반 민중들이 쉽게 신문보도를 접하기 어려웠으므로 창가(군가)는 신문을 대신하는 미디어의 기능을 동시에 갖고 있었다고도 할 수 있다.[21] 황해에서 전투가 벌어지면 그것을 소재로 노래가 만들어지고 바로 보급

21　山住正巳, 앞의 책, 21면.

되었다.

　메이지 신정부가 근대국가로서 자리매김할 수 있었던 것에 전쟁의 역할이 컸다는 점은 부정할 수 없다. 전쟁은 국가가 정한 정치적 목적을 달성하기 위한 수단이었고, 교육은 이러한 목적 실현을 위해 자발적 국민의 협력을 끌어내기 위한 통합된 이데올로기 형성의 장으로 변질되어 갔다. 1881년에 발표된 '소학교교칙강령'은 국가의 교육에 대한 의지와 지향점을 보여주는 좋은 예이다. 소학교교칙강령에서는 소학교의 역사교육은 일본역사만을 가르치도록 규정하고 있다. 역사교육을 일본사만으로 한정시킨 것은 역사교육을 통해 만세일계의 황통의 연면성을 강조함으로써 일본국과 그 군주인 천황에 대한 절대적 '충군애국' 정신의 함양하기 위한 노림수였다. 이러한 목적을 달성하기 위해 민중이 정치 주역으로 등장하는 세계사의 흐름은 오히려 방해가 되었다는 것이다. 그후 1886년에 시행된 교과서에 대한 검정제와 1903년의 국정제 시행은 이러한 국가권력의 의지를 여실히 보여주는 것이라 할 수 있다.

5. 맺음말

　메이지 신정부는 학교 교육에 창가 과목을 포함시킴으로써 합창을 통한 대동단결 정신을 강화하고, 특히 메이지 후기에 들어서는 역사상의 영웅과 청일·러일전쟁을 겪으면서 당시의 군국미담이나 전쟁영웅 등을 소재로 한 창가를 보급한다. 진취적 기상과 전의를 고양하는 노래를 소리 높이 부르게 함으로써 국민의 사기 진작과 애국심 함양, 나아가서 일본·일본인이라는 공동체 의식과 연대 의식 강화를 꾀하였다. 신정부는 국가 제창이나 교가, 응원가, 아니면 애창곡 등을 함께 부르며 공유한다는 것이 공동체적 환상을 만들어내고, 때로는 이성에 기초한 판단력마저 저하하는 집단적 최면 효과가 있다는 것에 주목했다. 이는 선망과 극복의 대상이기도 했던 서구의 선진 제국이 근대국가 형성과정에서 '국민음악'을 만들어내고 이를 공유함으로써 귀속 의식과 연대 의식을 고양해 나갔던 것을 잘 알고 있었기 때문이다.

창가 교육을 포함한 메이지 전기의 학교 교육의 지향점이, 국체의 형성이라는 국민의 공통된 이데올로기 창출과 이를 강제적으로 주입해 충실한 신민 만들기에 있었다면, 메이지기 중반 이후, 즉 청일전쟁 무렵부터 창가 교육을 위한 텍스트에, 충군애국의 사상과 전의고양을 목적으로 창작된 가사를 갖는 노래가 다수 등장하는 것은, 몇 번의 전쟁을 거치면서 충군애국 정신과 전의 고양을 위한 군국·충용미담을 설파하는 심리적·정서적 수단으로 창가가 이용되었음을 여실히 보여주고 있다.

또한, 교과서를 통한 교실 내의 교육은 물론이거니와, 병식체조, 운동회 등, 전의고양과 애국심 배양을 위한 다양한 현장에서도 창가는 중요한 역할을 담당한다. 문부성에 의한 '축일대제일창가(祝日大祭日唱歌) 8곡의 제정이 바로 그것이다. 1890년 교육칙어가 반포되자 바로 이듬해부터 축일(祝日)에는 학교를 중심으로 봉축의식이 거행되었고, 만세봉축, 교육칙어의 봉독과 더불어, 1893년부터는 〈기미가요〉를 비롯해 〈1월 1일의 노래〉, 〈천장절〉, 〈기원절〉 등, '축일대제일의식창가(祝日大帝日儀式

唱歌)'를 제창할 것이 정해졌다. 그리고 시간이 지날수록 의식의 간소화는 있었을지언정 창가 제창이 생략된 경우는 없었다.

근대 일본의 교육과정에 창가를 도입한 원래의 목적은 노래를 통해 '지각심경'을 활발히 하며 정신을 쾌락하게 하고, 마음에 감동을 일으켜 즐겁게 함과 동시에 선한 심성을 분기케 하기 위함이었다. 그러나 메이지기의 창가 교육은, 전기의 '정조'를 중심으로 하는 덕목교육에서 후기로 가면 갈수록 '충군애국'과 전의 고양을 위한 도구로 변질되어 갔다. 말할 나위도 없이 1945년의 패전 이전까지 이러한 경향은 라디오 방송 개시와 레코드 음반의 유통이라는 새로운 기재의 출현과 더불어 그 정도를 더해간다. 본 장에서는 그 시기를 메이지기에 한정해 주로 창가 교육을 대상으로 제국주의, 군국주의로 치닫는 20세기 초 일본의 사상적 정체성 확립에 교육, 특히 창가 교육이 어떻게 관여하고 진행되었는가를 살펴보았다. 이를 통해 국가의 정치적 목적을 위해 치러졌던 일련의 전쟁을 직접 수행한 병사들은 메이지기 이후 새롭게 만들어진 교육시스템 안에서, '교육칙어'로 대표되는 국가의 일방적 교육이념 설정과 통제에 의해 강한 국가관과 존황사상으로 세뇌되어 있었으며, 교육의 현장은 국민 전체의 적극적인 협력 자세를 끌어내기 위한 통합된 이데올로기 형성의 장으로 중요한 역할을 담당했음을 확인하였다.

일본의 근대기는 그야말로 전쟁의 역사라고 해도 과언이 아니다. 이 시기의 창가와 대중가요를 중심으로 하는 이른바 '소리문화'가 만들어내는 전쟁과 전쟁영웅의 제 상에 관한 고찰은 앞으로의 과제로 남겨둔다.

참고문헌

1. 1차 자료

文部省音樂取調掛, 『小學唱歌集』初編, 大日本圖書, 1887.

_____, 『幼稚園唱歌集』第1編, 大日本圖書, 1887.

宮田六左衛門, 『祝日大祭日歌詞並楽譜』, 共益社, 1893.

帝國敎育會 編, 『維新前東京私立小学校敎育法及維持法取調書』, 大日本敎育會, 1892.

伊沢修二 編, 『小學唱歌』第1編, 大日本圖書株式會社, 1893.

堀內敬三・井上武士偏, 『日本唱歌集』, 岩波文庫, 1958.

町田嘉章・浅野建二 編, 『わらべうた』, 岩波文庫, 1962.

海後宗臣 仲新 編, 『日本教科書大系 近代編 第25巻 唱歌』, 講談社, 1965.

堀內敬三, 『定本 日本の唱歌』, 実業之日本社, 1970.

文部科學省 編, 『學制百年史 記述編』, 文部省, 1972.

_____, 『學制百年史 資料編』, 文部省, 1972.

井上武士偏, 『日本唱歌全集』, 音楽之友社, 1972.

大久保利謙 編, 『森有礼全集』1卷, 宣文堂書店, 1972.

金田一春彦・安西愛子 編, 『日本の唱歌(上)明治編』, 講談社文庫, 1977.

_____, 『日本の唱歌(中)大正昭和編』, 講談社文庫, 1977.

_____, 『日本の唱歌(下) 學生歌・軍歌・宗教歌編』, 講談社文庫, 1982.

2. 2차 자료

伊沢修二君還暦祝賀会 編, 『樂石自轉教界周遊前記』, 1912.

岩倉公舊蹟保存會 編, 『岩倉公實記』中卷, 岩倉公舊蹟保存會, 1927.

井田麟鹿 編, 『七生報国廣瀬中佐』, 廣瀬家, 1928.

日本教育音樂會 編, 『本邦音樂教育史』, 音樂教育出版協會, 1938.

教育史編纂会 編, 『明治以降 教育制度發達史』 第一三, 龍吟社, 1938.

田部先生還暦記念論文集刊行会 編, 『東亜音楽論叢』, 山一書房, 1943.

遠藤宏, 『明治音楽史考』, 有朋堂, 1948.

仲新, 『現代學校論』, 目黒書店, 1949.

宮田丈夫 編著, 『道德教育資料集成』 1, 第一法規出版, 1959.

堀松武一, 『日本近代教育史』, 理想社, 1959.

土屋忠雄, 『明治前期教育政策史の研究』, 講談社, 1962.

小島憲之, 『上代日本文学と中国文学』 上, 塙書房, 1962.

文部省調査局 編, 『文部時報 日本の教育90年』, 1962.10.

倉澤剛, 『小学校の歴史』 I, ジャパンライブラリービューロー, 1963.

ルース・ベネディク 著, 長谷川松治 驛, 『菊と刀 日本文化の型』, 社會思想社, 1967.

大久保利謙編, 『明治啓蒙思想集』 明治文学全集 3卷, 筑摩書房, 1967.

山住正巳, 『唱歌教育成立過程の研究』, 東京大学出版会, 1967.

_____, 『日本教育小事』, 岩波新書, 1987.

_____, 『戦争と教育』, 岩波書店, 1997.

海後宗臣 仲新 編, 『近代日本教科書總說 解說篇』, 講談社, 1969.

伊沢修二(山住正巳 校注), 『音樂事始』, 平凡社, 1971.

大久保利兼 編, 『森有礼全集』 第三卷, 宣文堂書店, 1972.

國立教育研究所 編, 『日本近代教育百年史』 1, 教育研究振興會, 1973.

松本三之介 編, 『明治思想集』 近代日本思想大系 30, 筑摩書房, 1976.

東京芸術大学音楽取調掛研究班, 『音樂教育成立への軌跡』, 音楽之友社, 1976.

井上光貞 外編, 『律令』 日本思想体系 3, 岩波書店, 1976.

信夫清三郎, 『明治維新』, 南窓社, 1978.

羽仁五郎, 『明治維新研究史』, 岩波文庫, 1978.

尾形裕康, 『日本教育通史研究』, 早稲田大学出版部, 1980.

田甫桂三 編, 『近代日本音楽教育史』, 學文社, 1980.

大槻健, 『学校と民衆の歴史』, 新日本出版社, 1980.

勝部真長・渋川久子, 『道德教育の歴史』, 玉川大学出版部, 1984.

堀松武一 編, 『日本教育史』, 国土社, 1985.

東京芸術大学百年史編集委員会 編, 『東京藝術大學百年史』, 音楽之友社, 1987.

藤田圭雄, 『歌の中の日本語』, 朝日新聞社, 1970.

日本史籍協会 編,『大久保利通文書』3, 日本史蹟協会叢書 30, 東京大学出版会, 1983.

小學校音樂教育講座 2巻,『音楽教育の歴史』, 音楽之友社, 1983.

大江志乃夫,『靖国神社』, 岩波新書, 1984.

大久保利謙,『大久保俊謙歴史著作集4明治維新と教育』, 吉川弘文館, 1987.

東京芸術大学百年史編集委員会 編,『東京藝術大學百年史』, 音楽之友社, 1987.

田中克桂 編,『教育史』, 川島書店, 1987.

遠山茂樹 校注,『天皇と華族』日本近代思想大系 2, 岩波書応, 1988.

山住正己 編,『教育の体系』日本近代思想大系 6, 岩波書店, 1990.

司馬遼太郎,『明治という国家』, 日本放送出版協会, 1991.

中村紀久二,『教科書の社会史』, 岩波新書, 1992.

Eric Hobsbawm, 前川啓治 訳,『創られた伝統』, 紀伊国屋書店, 1992.

毛利敏彦,『明治維新の再発見』, 吉川弘文館, 1993.

中村理平,『洋学導入者の軌跡』, 刀水書房, 1993.

坂本是丸,『明治維新と国学者』, 大明堂, 1993.

安田寛,『唱歌と十字架』, 音楽之友社, 1993.

_____,「歌導入の起源について」,『山口芸術短期大学紀要』第25巻, 1993.

_____,『「唱歌」という奇跡 十二の物語』, 文藝春秋, 2003.

堀尾輝久, 심성보・윤종혁 역,『일본의 교육』, 小花, 1996.

石島庸男・梅村佳代 編,『日本大衆教育史』, 梓出版社, 1996.

加藤陽子,『徴兵制と近代日本』, 吉川弘文館, 1996.

_____,『戦争の日本近現代史』, 講談社現代新書, 2002.

石島庸男・梅村佳代 編,『日本大衆教育史』, 梓出版社, 1996.

松本三之介,『明治思想における伝統と近代』, 東京大学出版会, 1996.

團伊玖磨,『日本人と西洋音楽』, NHK人間大学テキスト, 1997.

鈴木正幸, 류교열 역,『근대 일본의 천황제』, 이산, 1998.

本山幸彦,『明治国家の教育思想』, 思文閣, 1998.

小沢耕一・芳賀登 監修,『渡辺崋山集』, 日本図書センター, 1999.

김광혜 외,『일제강점기 대중가요연구』, 박이정, 1999.

遠山茂樹,『明治維新』, 岩波書店, 2000.

井上勝也,『国家と教育』, 晃洋書房, 2000.

鎌谷静男,『尋常小學讀本唱歌編纂秘史』, 文芸社, 2001.

赤沢四郎 外編, 『戦時下の宣伝と文化』, 現代史料出版, 2001.

에드워드 사이드, 김성곤 외역, 『문화와 제국주의』, 창, 2001.

犬塚孝明, 『密航留学生たちの明治維新』, NHKブックス, 2001.

猪瀬直樹, 『唱歌誕生』, 小学館, 2002.

吉見俊哉 編, 『1930年代のメディアと身体』, 青弓社, 2002.

加藤陽子, 『戦争の日本近現代史』, 講談社現代新書, 2002.

福沢諭吉, 『西洋事情』, 『福沢諭吉著作集』 第1巻, 慶応義塾大学出版社, 2002.

_____, 『学問のすすめ』 初編, 『福沢諭吉著作集』 第3巻, 慶應義塾大學出版社, 2002.

田中彰, 『明治維新と西洋文明』, 岩波書店, 2003.

_____, 『明治維新』, 講談社学術文庫, 2003.

松尾正人 編, 『明治維新と文明開化』, 吉川弘文館, 2004.

김순전 외, 『수신하는 제국』, 제이엔씨, 2004.

박진우, 『근대 일본 형성기의 국가와 민중』, 제이엔씨, 2004.

柿沼肇, 『国民の「戦争体験」と教育の「戦争責任」』, 近代文芸社, 2005.

藤原正彦, 『国家の品格』, 新潮社, 2005.

立花隆, 『滅びゆく国家』, 日経BP社, 2006.

고토 야스시 외, 이남희 역, 『천황의 나라 일본』, 예문서원, 2006.

이영미, 『한국 대중가요사』, 민속원, 2006.

山室建徳, 『軍神』, 中新公書, 2007.

장인성, 『메이지유신 현대일본의 출발점』, 살림, 2007.

吉見俊哉 外, 이태문 역, 『운동회 근대의 신체』, 논형, 2007.

松尾正人, 『木戸孝允』, 吉川弘文館, 2007.

藤田昌士, 『学校教育と愛国心』, 学習の友社, 2008.

山室信一・中野目徹 校注, 『明六雑誌』(中), 岩波文庫, 2009.

방광석, 『근대 일본의 국가체제 확립과정』, 혜안, 2008.

윤종혁, 『한국과 일본의 학제 변천 과정 비교 연구』, 한국학술정보, 2008.

奥中康人, 『国家と音楽』, 春秋社, 2008.

山東功, 『唱歌と国語』, 講談社新書, 2008.

戸ノ下達也, 『音楽を動員せよ』, 青弓社, 2008.

荒井明夫, 『近代日本黎明期における「就学告諭」の研究』, 東信堂, 2008.

山東功, 『唱歌と国語』, 講談社新書, 2008.

渡辺裕, 『歌う国民』, 中公新書, 2010.

坂野潤治・大野健一, 『明治維新』, 講談社現代新書, 2010.

石井孝, 『日本開国史』, 吉川弘文館, 2010.

北桐芳雄 外, 이건상 역, 『일본 교육의 역사』, 논형, 2011.

森川輝紀, 『教育勅語への道』, 三元社, 2011.

한용진, 『근대 이후 일본의 교육』, 문, 2010.

강명숙 외, 『식민지 교육연구의 다변화』, 교육과학사, 2011.

辻本雅史 外, 이기원・오성철 역, 『일본교육의 사회사』, 경인문화사, 2011.

加藤陽子・佐高信, 『戦争と日本人』, 角川oneテーマ21, 2011.

久米邦武, 정애영 역, 『특명전권대사 미구회람실기』 제1권 미국, 소명출판, 2011.

_____, 방광석 역, 『특명전권대사 미구회람실기』 제2권 영국, 소명출판, 2011.

_____, 박삼헌 역, 『특명전권대사 미구회람실기』 제3권 유럽대륙(상), 소명출판, 2011.

_____, 서민교 역, 『특명전권대사 미구회람실기』 제4권 유럽대륙(중), 소명출판, 2011.

_____, 정선태 역, 『특명전권대사 미구회람실기』 제5권 유럽대륙(하) 및 귀향일정, 소명출판, 2011.

明治維新史学会 編, 『幕末政治と社会変動』講座明治維新 第2巻, 有志社, 2011.

_____, 『立憲制と帝国の道』講座明治維新 第5巻, 有志社, 2011.

石島庸男・梅村佳代 編, 『日本大衆教育史』, 梓出版社, 1996.

伊藤哲夫, 『教育勅語の真実』, 致知出版者, 2012.

三谷博, 『明治維新を考える』, 岩波書店, 2012.

역사교육자협의회, 김한종 외역, 『학교사로 읽는 일본근현대사』, 책과함께, 2012.

박삼헌, 『근대 일본 형성기의 국가체제』, 소명출판, 2012.

김한종, 『역사교육으로 읽는 한국현대사』, 책과함께, 2013.

이권희, 『근대 일본의 국민국가 형성과 교육』, 케포이북스, 2013.

竹中暉雄, 『明治五年「学制」』, ナカニシヤ出版, 2013.

山本正身, 『日本教育史』, 慶應義塾大學出版會, 2014.

한국실학학회 외편, 이권희 외역, 『동아시아 실학사상가 99인』, 학자원, 2014.

3. 논문 자료

林竹二, 「森有礼とナショナリズム」, 『日本』, 講談社, 1965.4.

都築享, 「近代国家の教育とナショナリズム」, 『名古屋大学教育学部附属中高等学校紀要』11,

1966.3.

岡義武,「日露戦争後における新しい世代の成長(下)−明治三八〜大正三 年」,『思想』, 1967.3.

小田陽二,「明治初期知識人森有礼をめぐって」,『上智史学』14, 上智史学会, 1969.10.

尾形利雄,「明治初期国民教育理念に関する考察」,『ソフィア』第20巻 第3号, 上知大学, 1971.2.

黒埼勲,「自由民権運動における公教育理論の研究」,『教育学研究』第三八巻 第一号, 1971.3.

千葉昌弘,「自由民権運動の教育史的意義に関する若干の考察」,『教育学研究』三九巻 第一号, 1972.3.

窪田祥宏,「森文相の国民教育政策」,『教育学雑誌』第16号, 日本大学教育学会, 1982.3.

沖田行司,「王政復古期の教育と伝統主義」,『人文学』, 同志社大学人文学会, 1983.9.

森部英生,「明治維新期の教育法制」, 人文・社会科学 編,『群馬大学教育学部紀要』, 1988.

武田晃二,「明治初期における普通教育の概念」,『岩手大学教育学部研究年報』第50巻 第1号, 1990.10.

安田寛,「唱歌導入の起源について」,『山口芸術短期大学紀要』第25巻, 1993.

入江直樹,「儀式用唱歌の法制化過程」,『教育学雑誌』第28号, 1994.3.

雨宮久美,「明治期の倫理的唱歌の成立」,『明治聖徳記念学会紀要』37-69, 1998.4.

森山茂樹,「日本における近代学校の誕生と役割」,『東京家政大学研究紀要』, 2001.

大熊廣明,「わが国学校体育の成立と再編における兵式体操・教練採用の意味」,『筑波大学体育科学系紀要』, 2001.

藤田友治,「福沢諭吉の教育思想」,『大阪経大論集』第53巻 第2号, 2002.7.

藤原保利,「明治維新期の教育理念と教育政策」,『日本大学人文科学研究所研究紀要』, 日本大学人文科学研究所, 1981.

水田聖一,「近代日本における教育制度の形成と道徳教育」,『人文社会学部紀要』2, 富山国際大学, 2002.3.

畠長順, 「森有礼の教育改革と儒教主義−森有礼と元田永孚・西村茂樹との交渉を通じて」,『史苑』, 2002.11.

角谷昌則,「學制再考」,『研究室紀要』, 東京大學大學院教育學研究科 教育學研究室, 2003.6.

馬新媛・西村正登,「近代日本における道徳教育の変遷」,『研究論叢』58, 山口大学教育学部, 2008.

所功,「「教育勅語」の成立と展開」,『産大法学』44(4), 京都産業大学, 2011.2.

毛内嘉威・佐藤三三,「明治前期における道徳教育と社会教育の関係に関する一考察」,『弘前大学教育学部紀要』107, 弘前大学教育学部育学部, 2012.3.

4. 디지털 자료

한국 국립국어원 표준국어대사전, http://stdweb2.korean.go.kr

일본 국립국회도서관 디지털콜렉션, http://dl.ndl.go.jp

일본 국립국회도서관 근대 디지털라이브러리, http://kindai.ndl.go.jp

일본 문부과학성, 『학제백년사』 「자료편」, http://www.mext.go.jp

찾아보기